LES ANCIENS ET LES MODERNES – ÉTUDES DE PHILOSOPHIE
sous la direction de Chantal Jaquet et Pierre-Marie Morel
11

L'Empirisme d'Épicure

Julie Giovacchini

L'Empirisme d'Épicure

PARIS
CLASSIQUES GARNIER
2012

Julie Giovacchini, ancienne élève de l'École normale supérieure, est docteure en philosophie ancienne et spécialiste de philosophie hellénistique. Elle est l'auteure de plusieurs articles consacrés à ce domaine, ainsi que d'une monographie, *Épicure* (Paris, 2008). Elle est actuellement ingénieure de recherche au CNRS.

ISBN 978-2-8124-0504-4
ISSN 2109-8042

ABRÉVIATIONS

Aër.	*De aëre, aquis, locis*
APo	*Analytica posteriora*
De Fin.	*De finibus*
De Nat. Deor.	*De natura deorum*
De sectis	*De sectis ad eos qui introducuntur*
Epid.	*Epidemiorum liber VI*
Exp.Med.	*De experientia medica*
GA	*De generatione animalium*
Grg.	*Gorgias*
Her.	*Epistula ad Herodotum*
M.	*Aduersus mathematicos*
Marc.	*Epistula ad Marcellam*
Max. Cap.	*Ratae sententiae*
Mem.	*De memoria*
Men.	*Epistula ad Menoeceum*
Metaph.	*Metaphysica*
Morb.Sacr.	*De morbo sacro*
Natur. Quaest.	*Quaestiones Naturales*
Off.	*De officina medici*
P.	*Pyrrhonianae institutiones*
PA	*De partibus animalium*
Ph.	*Physica*
Pol.	*Politica*
Praec.	*Praeceptiones*
Prog.	*Prognosticum*
Prt.	*Protagoras*
Pyt.	*Epistula ad Pythoclem*
Rh.	*Rhetorica*
SE	*Sophistici elenchi*
Sens.	*De sensu*
Sent. Vat.	*Gnomologium Vaticanum Epicureum*

Sign.	*De signis (PHerc.1065)*
Strom.	*Stromateis*
Subf. Emp.	*Subfiguratio empirica*
Top.	*Topica*
VM	*De uetere medicina*

INTRODUCTION

Aborder la question de l'empirisme dans l'Antiquité n'est pas aisé, puisqu'il convient d'abord de s'entendre exactement sur ce que l'on désigne par ce terme, sujet à bien des anachronismes et des ambiguïtés. Au sens strict, le seul usage historiquement avéré de ce substantif renvoie à l'appellation polémique d'un courant médical de la période hellénistique, qui de fait occupera une vaste partie de notre propos. Notre projet a néanmoins une envergure plus étendue, puisque nous prétendons dans ce livre faire état dans certaines doctrines antiques de la présence, implicite, de la posture épistémologique dite empiriste, que l'on associe plus volontiers à l'histoire de la philosophie moderne. Nous ne réduirons donc pas notre approche au simple examen de l'empirisme médical historique ; bien plus, si ce dernier joue bien évidemment un rôle crucial dans la reconstitution que nous suggérons, il n'en est pas à proprement parler l'objet principal.

Le terme premier de notre analyse sera effectivement la doctrine épicurienne, que nous associons à l'empirisme, comme à son concept fondamental. C'est à partir de la conception épicurienne du savoir que nous nous proposons de tisser des parallèles avec celle qui se dessine dans l'antiquité au sein de certains corpus techniques, en particulier le corpus médical. Nous adoptons ainsi un point de vue nouveau sur l'épicurisme antique, d'une part en le situant dans une histoire des idées qui déborde le cadre conceptuel antique à proprement parler, d'autre part en l'insérant dans un débat intellectuel propre à la période hellénistique, qui n'a pas pour seuls acteurs les philosophes au sens strict, mais qui concerne plus largement les scientifiques, les techniciens et tous ceux qui s'intéressèrent sur le plan pratique et théorique à la question de l'origine de la connaissance dans l'esprit humain. Ce décloisonnement n'est pas sans présenter un certain nombre de difficultés ; il impose dans un premier temps de faire le point sur l'histoire des études épicuriennes au cours du dernier siècle, histoire fertile en rebondissements et inflexions herméneutiques.

L'épicurisme est une médecine de l'âme. Cette expression nous renvoie à des exégèses bien connues de l'épicurisme et de sa fin première, son Souverain Bien, son *telos*. Car la définition thérapeutique de la philosophie épicurienne est revendiquée dès sa naissance, et par la suite assumée par tous les successeurs d'Épicure à la tête du Jardin[1]. Cette présence du modèle médical dans l'épicurisme peut être abordée de deux façons. La première consiste à n'envisager cette insertion qu'en fonction de ses conséquences sur le plan éthique. La seconde cherche à évaluer l'impact de cette insertion sur le plan de l'épistémologie. La première de ces deux voies a été jusqu'à présent la plus généralement suivie. On a fait usage de la médecine comme clef herméneutique pour répondre à des questions portant sur la définition épicurienne de la vertu, du plaisir, du bonheur et des moyens de l'obtenir. L'application à l'éthique épicurienne du modèle médical apporte ainsi à sa compréhension, dans la mesure où elle permet de donner un contenu dense sur le plan conceptuel à certains termes récurrents autrement difficiles à interpréter philosophiquement – c'est le cas par exemple du terme de « guérison[2] ».

La deuxième voie a été beaucoup plus négligée. À titre d'exemple, on peut ainsi souligner l'attitude curieuse de J. Salem qui, dans *Tel un dieu...* relève dans un article de F. Longo Auricchio et A. Tepedino Guerra[3] une hypothèse faisant état d'une filiation épistémologique directe entre la Collection Hippocratique et Épicure, par l'intermédiaire de l'éventuelle rédaction par Nausiphane de deux traités hippocratiques – entre autre le traité dit des *Préceptes (Praeceptiones)*. L'hypothèse en question n'est même pas examinée par l'auteur qui la considère comme de toute façon douteuse. Plus audacieuse est la démarche de Martha Nussbaum qui

1 J. Salem a pu ainsi parler de philosophie « analgésique » (*Cf. Tel un dieu parmi les hommes. L'éthique d'Épicure*, Paris, Vrin, 1989, p. 19). On pourra aussi se reporter aux différentes synthèses de F. Wolff sur cette question : « Être disciple d'Épicure » in *L'être, l'homme, le disciple*, Paris, PUF, 2000, p. 253-289, et surtout « Maîtres et disciples », in *Magazine Littéraire*, 425, novembre 2003, p. 36-39. Sans proposer un relevé systématique d'occurrences qui n'offre que peu d'intérêt vu le faible état de transmission de l'œuvre écrite d'Épicure, on relève des apparitions de termes désignant la médecine et la pratique médicale en *Men.* 122 et 128, en *Sent. Vat.* 54, chez Diogène d'Œnoanda, chez Porphyre (*Marc.* 31 par ex.), et surtout chez Philodème, dans le *De Signis* (*Sign.* XXV 34), le traité *Sur la Liberté de parole* et le traité *Sur la colère* (*Cf.* M. Gigante, « "*Philosophia medicans*" in Filodemo », in *Cronachè Ercolanesi* 5/1975, p. 53-63.)

2 *Cf.* par exemple J. Salem, *Tel un dieu parmi les hommes*, p. 20-21, sur le type de guérison « psychiatrique » proposé par la philosophie. Sur la pratique épicurienne de la méditation comme assimilation, *cf.* J. Salem, *Tel un dieu...* p. 15-17.

3 « Per un riesame della polemica epicurea contro Nausifane », *Sic. Gymn.* XXXIII, 1980, p. 467-477.

aborde, dans « Therapeutic arguments : Epicurus and Aristotle[1] », la médicalisation du discours philosophique dans le Jardin. Sa démonstration, appuyée sur les multiples analogies établies entre autres par Philodème entre la philosophie et l'art de guérir, aboutit à l'idée qu'il faut bel et bien identifier terme à terme le logos du philosophe avec un médicament. Ceci est possible dans la mesure où le discours philosophique d'Épicure est défini comme un acte, en un sens performatif, et non comme un simple contenu linguistique.

On a bien, avec cette lecture, l'exemple d'une démarche herméneutique qui prend au sérieux l'analogie de la philosophie épicurienne avec une médecine. Néanmoins, la dimension technique de la médecine philosophique n'y est abordée qu'en termes toujours très généraux – et sans que les textes épicuriens ne soient véritablement confrontés aux corpus proprement médicaux. En d'autres termes, la médecine à laquelle M. Nussbaum fait référence est une médecine philosophique, ce n'est pas celle des praticiens.

Et pourtant, la philosophie épicurienne a largement puisé dans la pensée médicale grecque ; les apports et les influences de l'une à l'autre sont tout à fait assumés, rationnels, et convergent vers une conception commune de la nature empiriste du savoir.

En 1887, Victor Brochard, dans un article intitulé « La méthode expérimentale chez les Anciens[2] » tente de démontrer, à rebours des interprétations habituelles à cette époque, qu'il est légitime de postuler l'existence d'un véritable courant empiriste dans l'Antiquité – et il identifie, bien naturellement pour un contemporain de Claude Bernard, l'empirisme à la méthode d'observation et d'expérimentation que ce dernier a déjà popularisée dans tous les milieux savants sous le nom de « méthode expérimentale ». Certes, ce raccourci bien anachronique prête aujourd'hui à sourire. Toutefois la pertinence de la démarche de Brochard réside dans l'attention que son postulat l'entraîne à porter à deux courants de pensée jusqu'alors considérés comme mineurs dans les études classiques : la médecine empirique d'une part, et la philosophie épicurienne d'autre part. Victor Brochard, qui attribue au médecin Ménodote de Nicomédie le mérite d'être celui « qui a le premier porté cette conception de la science à son plus haut degré de rigueur et de netteté, et connu bien avant Bacon, aussi bien que lui, le véritable esprit

1 M. Nussbaum in *The Norms of Nature – Studies in hellenistic ethics*, édit. M. Schofield et G. Striker, Cambridge university press, Cambridge, 1986.

2 *Revue de Métaphysique et de Morale*, 1887, p. 37-49.

de la méthode expérimentale[1] », est à notre connaissance le premier à avoir suggéré un tel rapprochement, et à avoir par là-même, et sans s'en douter aucunement, tracé un chemin novateur pour formuler avec rigueur les contours de ce problématique empirisme antique.

Cette hypothèse est par la suite tombée dans un oubli quasi total. On ne trouve pendant une très longue période aucune trace de son exploitation, aussi bien dans les études épicuriennes, concentrées sur l'éthique, que dans les différents travaux consacrés à la médecine antique.

Les choses changent, comme souvent dans les sciences de l'Antiquité, à la faveur d'une redécouverte : en l'occurrence, celle de l'œuvre de Philodème de Gadara, restituée de façon bien incertaine et difficile par le sauvetage, entamé au XVIIIe siècle, de la bibliothèque épicurienne retrouvée dans la Villa des Pisons, à Herculanum, et contenant de très nombreux rouleaux de papyrus carbonisés[2]. En 1969, le professeur Marcello Gigante fonde, à Naples, le CISPE (*Centro internazionale per lo studio dei papiri ercolanesi*), afin de rénover l'approche scientifique de ces papyrus en développant des méthodes de reconstruction bibliologique et d'édition et en concevant de nouvelles normes critiques plus adaptées à la nature de ces textes que les normes de la philologie traditionnelle. Ces travaux permettent de redécouvrir, avec beaucoup plus de précision et d'aisance, de nombreux textes épicuriens – et partant, infléchissent de façon notable la connaissance de la doctrine d'Épicure. La revue du CISPE, les *Cronache Ercolanesi*, accueille à partir de 1971 les résultats des travaux menés par les différents chercheurs sur la reconstruction des rouleaux du *Peri Phuseos* d'Épicure, mais aussi sur les textes des autres scholarques retrouvés à Herculanum : Hermarque, Polystrate, Zénon de Sidon, Démétrius Lacon, Philodème, peut-être Lucrèce…

En 1978, Marcello Gigante, en collaboration avec l'*Istituto Italiano per gli Studi Filosofici*, fonde au sein des éditions Bibliopolis de Naples la collection « *La Scuola di Epicuro* » ; le premier volume paru la même année est un symbole parfait de cette petite révolution critique. Il s'agit de la nouvelle édition, rectifiée et augmentée après un examen des originaux dicté par les nouveaux principes éditoriaux du CISPE, du livre de Philodème consacré à la méthode sémiologique[3]. Ce texte permet à la communauté scientifique de redécouvrir, d'une façon absolument

1 p. 49.

2 *Cf.* Delattre, *La Villa des papyrus et les rouleaux d'Herculanum : la bibliothèque de Philodème*, Cahiers du Cedopal n° 4, Université de Liège, 2006.

3 Philodemus, *On Methods of Inference (De signis)*, édit. by P.H. De Lacy and E. A. De Lacy, Bibliopolis, 1978.

inédite, les subtilités de la canonique épicurienne ; la réputation de rudesse et de cuistrerie logique du Jardin n'est alors plus tenable. On peut reconstituer le dialogue historique entre canonique épicurienne et dialectique stoïcienne, éclaircir ses fondements et tracer la ligne de sa fortune philosophique.

Le produit philosophique magistral de cette redécouverte philologique est, en 1984, l'ouvrage d'E. Asmis, *Epicurus' scientific method*[1]. Asmis propose une refonte totale de l'approche de l'épistémologie épicurienne, au double sens de théorie de la connaissance et théorie des hypothèses scientifiques, sous le triple point de vue de ses découvertes, de ses normes et de leur validation. L'ouvrage se penche de très près, d'une part sur les nouveaux textes d'Épicure reconstitués à partir des fragments conservés à Herculanum, d'autre part sur le *De Signis* de Philodème qu'il confronte et harmonise avec les problématiques générales de la physique épicurienne. Asmis à cette occasion souligne à nouveau la tonalité profondément empiriste de ces différents textes, dans un sens réactualisé : l'empirisme d'Épicure n'est plus associé à la méthode expérimentale, mais à la définition du savoir telle que définie par l'empirisme anglais classique : une généralisation inductive établie à partir d'éléments collectés par des observations répétées.

Le rapprochement effectué près d'un siècle plus tôt par Victor Brochard entre épicurisme et médecine empirique trouve alors du fait de ces lectures une pertinence renouvelée, en un sens sans doute différent et inattendu mais bien plus rigoureux sur le plan scientifique.

C'est à Michael Frede que revient le mérite d'avoir proposé une formulation actualisée de ce parallèle. En 1985 il publie une traduction avec commentaire de trois petits traités de Galien consacrés aux définitions respectives de l'empirisme, du méthodisme et du rationalisme médical. Il développe ensuite les conclusions de son interprétation dans deux articles majeurs, en 1988 puis 1990[2]. Le résultat le plus important de cette analyse est la mise en évidence d'un courant empiriste radical, que Frede désigne par le terme de « mémorisme », qui attribue à la mémoire enrichie par l'expérience les fonctions habituellement dévolues

1 *Epicurus' scientific method*, Cornell studies in classical philology (42), Cornell university press, 1984.

2 Frede, Walzer, *Three treatises on the nature of science*, Hackett publishing company, Indianapolis, 1985 ; Frede, « The empiricist attitude towards reason and theory », in *Method, medicine and metaphysics*, édit. Hankinson, volume spécial de la revue *Apeiron*, XXI, 2, 1988, p. 79-97 ; Frede, « An empiricist view of knowledge : memorism », in *Epistemology*, édit. Everson, Cambridge University press, Cambridge, 1990, p. 225-250.

au raisonnement. L'appréhension de cette forme particulière d'empirisme, associée par l'auteur à la médecine empirique et méthodique et à la doctrine d'Épicure, et l'étude de ses implications épistémologiques permet également à Frede de faire apparaître sur la scène un nouveau protagoniste : le scepticisme.

Ce nouveau terme de l'équation la complique et l'éclaire en même temps. Il fait apparaître une scission, au cœur même de la démarche empiriste, entre une branche dogmatique et une branche sceptique ; mais il précise par là-même les limites de l'empirisme antique, en en faisant ressortir un trait essentiel et commun aux deux branches.

Une procédure en particulier va faire l'objet de controverses entre empiristes dogmatiques et empiristes sceptiques : il s'agit de l'inférence empirique, *epilogismos*, que Philodème dans le *De Signis* décrit comme abondamment utilisée par les épicuriens, mais qui a été également développée comme instrument spécifique de leur art par les médecins empiriques, selon le témoignage de Galien. Philodème lui-même à la toute fin du *De Signis* annonce qu'il traitera, peut-être, s'il trouve le temps de le faire, de l'*epilogismos* médical. Le Gadaréen reconnaît par cette incise à la fois la parenté de l'inférence empirique épicurienne avec celle que pratiquent les médecins empiristes, et leurs différences – différences qui ont vraisemblablement alimenté quelques polémiques, si l'on en juge par le ton relativement ironique des phrases finales de Philodème.

Le paysage intellectuel qui se dessine alors progressivement rencontre, en de nombreux points, celui déjà esquissé à grands traits depuis plusieurs décennies par les travaux de G. E. R. Lloyd[1]. Ce dernier a lui aussi fait usage d'une approche comparatiste pour aborder l'empirisme antique, et s'est pour cela appuyé non seulement sur les corpus médicaux, mais aussi sur l'examen des techniques de magie et de divination, qu'il intègre comme des données essentielles dans ses analyses de l'esprit scientifique antique. Et chez Lloyd également, l'interlocuteur sceptique prend une place de plus en plus importante.

Tel est, à grands traits, l'état de la question sur l'empirisme épicurien au moment où nous l'abordons. Notre travail, venant à la suite de cette histoire complexe, a poursuivi un double objectif. D'une part, nous avons souhaité exploiter totalement les possibilités ouvertes par la lecture de la canonique inaugurée par E. Asmis : interpréter le Canon d'Épicure

1 *Magie, raison et expérience : origines et développement de la science grecque*, Paris, Flammarion, 1990 ; mais également depuis, *Ancient worlds, modern reflections : philosophical perspectives on Greek and Chinese science and culture*, Oxford, Clarendon Press, 2004.

comme une méthode empirique au sens propre, reposant elle-même sur une théorie empiriste de la connaissance. D'autre part, en poursuivant cette fois l'intuition de Brochard et celle de Frede, aller au bout de la confrontation entre l'empirisme épicurien et l'empirisme médical, en étudiant leurs rapports extrinsèques (le partage de problématiques communes sur la question de l'accès à la connaissance, de la formation des idées, de la nature de la science) et intrinsèques (le partage polémique d'une procédure sémiotique particulière : l'*epilogismos*). Cette dernière entreprise, comparatiste, ne vise pas à identifier terme à terme deux courants, mais plutôt à faire émerger, à partir de leur confrontation systématique, l'empirisme comme acteur essentiel sur la scène de la pensée scientifique antique, en l'inscrivant dans un réseau complexe d'influences et de contaminations réciproques entre la littérature proprement philosophique et les corpus techniques représentés ici par les textes médicaux. On s'intéressera aussi bien aux racines de cette contamination – racines particulièrement bien observables chez Démocrite – qu'aux phénomènes qui en dérivent, et en particulier l'inflexion importante qui en résulte dans la définition que les épicuriens peuvent proposer de leur pratique philosophique. Nous aurons alors l'occasion de faire entendre selon une tonalité nouvelle le lieu commun qui identifie la philosophie à une médecine de l'âme. Si le traitement proposé par l'épicurisme respecte bien, non seulement l'esprit mais au-delà la lettre même de ce qu'est une thérapie médicale dans l'antiquité, cela doit définitivement changer notre regard sur cette doctrine.

L'EXPÉRIENCE ET LA SENSATION : RACINES D'UN PROBLÈME

Si l'on devait proposer une définition minimale de l'empirisme en tant que méthode, on pourrait retenir celle-ci : l'empirisme est une hypothèse intellectuelle selon laquelle tout savoir provient de l'expérience, en tant que rapport de l'individu avec ce qui l'entoure. La source de la connaissance pour la pensée empiriste est nécessairement distincte de celui qui possède cette connaissance[1].

Cette définition pose de nombreux problèmes ; elle laisse en suspens la question de savoir s'il existe un monde extérieur, et si nous y avons bien accès.

Mais utilisons-la justement comme point de départ problématique, afin d'exposer les soubassements de l'empirisme d'Épicure et de ses sectateurs. Notre objet dans ce chapitre sera de montrer comment cette caractérisation générale se traduit par une théorie des critères du vrai comme conditions d'une méthode empirique – l'existence de critères garantissant la possibilité de constituer une expérience dont on puisse faire un usage rationnel, et leur nature sensible reliant ontologiquement l'individu au savoir qu'il élabore.

QU'EST-CE QU'UN CRITÈRE DE VÉRITÉ ?

Comme l'explique G. Striker[2], à la fin du IVe siècle av. J.-C. s'opère un déplacement épistémologique important : la question « qu'est-ce

1 Une synthèse récente sur cette question de philosophie générale lui apporte des réponses originales ; il s'agit de l'ouvrage d'A. Charrak, *Empirisme et théorie de la connaissance*, (Paris, Vrin, 2009) dans lequel sont distingués un empirisme dit « de la genèse » qui insiste sur une origine sensible de la connaissance, et un empirisme « de la construction » qui pose la question du savoir en terme de systématicité et d'architectonique.

2 *The Problem of the Criterion*, in Everson, *Epistemology*, *Companions to ancient thought 1*, Cambridge University Press, Cambridge, 1990. Voir aussi *Essays on Hellenistic Epistemology and Ethics*, (collected papers) Cambridge University Press 1996.

que la connaissance ? », travaillée en profondeur par Platon et Aristote, devient « y a-t-il une connaissance ? ». Le fait même du savoir n'est plus considéré comme une évidence mais comme un problème. Un nouveau terme technique apparaît alors dans les sciences : celui de critère[1]. Le critère est un instrument ou un moyen de juger[2] ; il est l'outil d'évaluation privilégié des systèmes philosophiques qui font alors leur apparition ; l'enjeu de la plupart des polémiques est, soit de proposer le meilleur critère possible, soit d'invalider certains types, voire tous les types de critère. À l'époque hellénistique, la question du critère devient une question essentielle de la philosophie, et toutes les écoles dogmatiques cherchent à proposer un critère infaillible du vrai et du bien.

Ainsi, dans le *Contre les logiciens*, Sextus peut-il définir la logique comme l'art qui s'occupe du critère et de la démonstration ; le critère sert à connaître l'évident, par opposition avec les signes ou les démonstrations qui permettent de travailler sur ce qui n'est pas évident, en les déduisant par inférence.

> Ὁ δέ γε λογικὸς τόπος τὴν περὶ τῶν κριτηρίων καὶ τῶν ἀποδείξεων θεωρίαν περιεῖχεν· ἀπὸ τούτου ἄρα ποιητέον ἐστὶν ἡμῖν τὴν ἀρχήν. καὶ ἵνα εὐέφοδος γένηται πρὸς τοὺς δογματικοὺς ἡ ζήτησις, ἐπεὶτὰ μὲν ἐναργῆ διὰ κριτηρίου τινὸς αὐτόθεν γνωρίζεσθαι δοκεῖ, τὰ δὲ ἄδηλα διὰ σημείων καὶ ἀποδείξεων κατὰ τὴν ἀπὸ τῶν ἐναργῶν μετάβασιν ἐξιχνεύεσθαι, τάξει σκεπτώμεθα πρῶτον περὶ τοῦ εἰ ἔστι τι κριτήριον τῶν αὐτόθεν κατ' αἴσθησιν ἢ διάνοιαν προσπιπτόντων, τὸ δὲ μετὰ τοῦτο περὶ τοῦ εἰ ἔστι σημειωτικὸς ἢ ἀποδεικτικὸς τῶν ἀδήλων τρόπος.
>
> « Dans sa partie logique, <la philosophie> passe en revue la théorie des critères et des démonstrations. C'est donc par <cette théorie> que nous devons commencer notre exposé. Et, afin de mener facilement notre recherche sur les dogmatiques, puisque les choses évidentes semblent connues par quelque critère de façon immédiate, tandis que les choses obscures semblent éclaircies par transfert à partir des évidentes, examinons d'abord dans cet ordre s'il existe un critère de ce qui nous arrive immédiatement par une sensation ou une pensée, et après cela s'il existe un mode sémiotique ou démonstratif <de saisie> des choses obscures[3]. »

---

1 Quelques synthèses importantes sur la notion de critère dans la philosophie hellénistique : *Les Stoïciens et leur logique : actes du colloque de Chantilly, 18-22 septembre 1976*, édit. Brunschwig, Vrin, Paris, 1978 ; Allen, *Inferences from Signs*, Oxford University press, Oxford, 2001 ; *Doubt and Dogmatism*, édit. Schofield, Barnes, Burnyeat, Clarendon press, Oxford, 1989.

2 Il s'agit là d'une définition bien sommaire du critère, diversement explicitée par les différentes écoles hellénistiques. Épicuriens et stoïciens, comme le montre J. Brunschwig par exemple, en ont un concept bien différent. *Cf.* « Sextus Empiricus et la notion de Kritérion », *Études sur les philosophies hellénistiques*, Presses universitaires de France, Paris, 1995, p. 316-317.

3 *M.* VII (*Contre les Logiciens*), 241. 5 – 251. 9.

Les différents types de critères que Sextus recense dans le *Contre les logiciens* mais surtout au livre II des *Esquisses Pyrrhoniennes* sont les sens (« mesure de saisie », *metron katalèpseôs*), les instruments de mesure (« mesure technique de saisie », *metron katalèpseôs technikon*) et certains outils logiques (« mesure technique de saisie de ce qui est obscur », *metron katalèpseôs technikon adèlou pragmatos*)[1]. Toujours dans les *Esquisses*, Sextus distingue ensuite au sein du critère logique trois sens possibles : le critère « par lequel » (*to uph'ou*), le critère « au moyen duquel » (*to di'ou*) et le critère « selon lequel » (*to kath'ou*)[2], c'est à dire, dans cet ordre, en premier l'être humain, ensuite les sens, la pensée ou l'union des deux, et enfin la *phantasia katalèptikè* des stoïciens contre laquelle seront dirigées les réfutations sceptiques. Cette liste permet de différencier deux grandes catégories de critères logiques : les critères qui renvoient aux facultés cognitives (raison, sens, mémoire, etc), critères de premier degré ; et ceux qui renvoient à ce qui est produit par ces facultés (concepts, artefacts ou impression cognitive), critères de second degré. Dans le premier cas, l'évaluation se situe au moment même de la réception de l'information à évaluer ; dans le second cas, elle en est dissociée. Le contenu de vérité que signale le critère est ainsi tantôt évident, c'est-à-dire perceptible au moment même de la constitution de la proposition à tester ; tantôt caché, et perceptible seulement une fois que le critère a pu opérer son travail de clarification et d'analyse logique. Ce qui n'est pas sans soulever un certain nombre de difficultés, dans la mesure où le critère lui-même fait déjà coexister de l'immédiat et de la médiation, alors même que Sextus, dans la définition proposée ci-dessus, semblait faire des signes et des démonstrations les seuls modes de validation indirects, par opposition au critère toujours direct[3].

Les écoles hellénistiques vont toutes formuler la question du critère en la considérant comme celle des rapports entre l'individu, ses capacités propres – qui sont du ressort de sa disposition – et l'environnement

1 *P.* II, 3, [15].

2 *P.* II, 3, [16].

3 Cette ambiguïté est particulièrement présente dans le cas un peu particulier de la *phantasia katalèptikè* stoïcienne qui semble concentrer ces deux dimensions du critère, puisqu'il s'agit d'une impression – donc avec les caractéristiques de passivité et d'immédiateté dans la réception qui vont avec – mais qui véhicule avec elle un contenu cognitif invitant à l'assentiment – donc qui suppose un temps, une discursivité entre le moment de la saisie et l'acquiescement de l'intelligence qui reconnaît cette impression et peut l'élire comme impression à valeur critériologique. Du fait de cette apparente contradiction, la *phantasia katalèptikè* réunit contre elle la majorité des polémiques telles qu'elles sont connues par Cicéron par exemple ou par Sextus.

extérieur avec lequel cet individu est en interaction. La vérité est une certaine relation au monde, qui peut être soit médiate, soit immédiate – utilisant donc des critères de premier ou de second degré. Il devient alors pour les philosophes particulièrement important de saisir ce qu'est l'expérience que je fais de ce monde, expérience vis à vis de laquelle je peux soit demeurer dans une situation de pure réception passive, soit me comporter activement. Le problème réside dans cette situation d'acceptation ou de refus de ce qui m'environne – et par là dans ma propre capacité à discerner ce qui doit être retenu de ce qui doit être rejeté. Sextus dans les *Esquisses* formule très bien la dimension anthropologique de ce problème[1] : cette capacité de discernement provient-elle de ma nature d'homme, est-elle commune à tous ? Est-elle, comme semblent le penser les stoïciens, le propre du sage qui seul possède véritablement la science ? Il ne s'agit donc pas seulement de savoir ce qu'est un critère de vérité, mais aussi de déterminer qui peut en faire usage et comment, dans quelles conditions, dans quelles limites. Car s'il existe un critère, mais que seul le sage peut en faire l'emploi, ce critère ne peut pas jouer efficacement son rôle dans l'élaboration d'un discours vrai – à plus forte raison si l'existence même d'hommes véritablement sages peut être mise en doute, comme c'est le cas pour certains détracteurs des stoïciens[2].

Toute théorie du critère doit donc statuer sur un réseau de problèmes qu'on peut synthétiser ainsi :

- le bon critère est-il médiat ou immédiat ? Fait-il appel en nous à une activité ou une passivité ? La discursivité rationnelle est-elle une garantie ou au contraire une faiblesse par rapport au projet d'établir un étalon du vrai ?
- Le bon critère s'exerce-t-il sur l'expérience comme matériau brut, ou doit-il pour commencer discriminer des lieux d'exercice au sein de cette expérience ? L'expérience comme lieu d'émergence du vrai existe-t-elle a priori ou est-elle une construction ? Y a-t-il des médiations nécessaires entre la nature telle qu'elle est donnée, et l'expérience comme support, matière et lieu d'exercice de la pensée ?

1 *P.* II, 3, [37]-[42].

2 Plutarque en particulier fait remarquer à plusieurs reprises à quel point la magnificence du portrait du sage stoïcien en fait un modèle innaccessible et désespérant (*Contradictions des stoïciens* 1041e-1042b et *Notions communes contre les stoïciens* 1076a-c).

Les épicuriens apportent à cette série de questions une réponse originale et difficile. Ils considèrent la saisie du vrai comme un instant zéro, qui ne doit pas solliciter le raisonnement mais demeurer réception pure – horizontalité parfaite, niveau d'équivalence absolue entre le sensible et le sentant. Cette réponse, pour être comprise et acceptée, doit être intégrée au sein de la pensée physique d'Épicure. Au sein même du corpus épicurien, elle n'est pas seulement concentrée dans les textes qui traitent explicitement des critères : nous en trouverons des éléments dans d'autres passages déterminants concernant la formation des notions ou la description générale du fonctionnement de l'esprit humain. Toutefois, si c'est bien une conception spécifique du monde qui se joue derrière le choix d'un critère de vérité, il n'est pas étonnant que cette conception à son tour nous permette de saisir avec plus d'acuité ce qu'il en est de ce critère lui-même.

LE *CANON* D'ÉPICURE

Le *Canon* d'Épicure est, selon le témoignage de Diogène Laërce, un ouvrage contenant les préalables méthodologiques indispensables pour quiconque souhaitait s'approprier la doctrine du Jardin[1]. Si le livre lui-même a été perdu, Diogène Laërce dans son exposé sur la vie et la doctrine d'Épicure en restitue des extraits conséquents, sous forme de paraphrases ou de citations. Le résumé proposé par Diogène est peu structuré. On relève néanmoins quelques traits saillants qui peuvent nous aider à comprendre les articulations de la canonique d'Épicure.

Tout d'abord, Diogène place l'exposé sur le critère au centre de sa paraphrase, et le présente comme le cœur de l'ouvrage d'Épicure. On trouve ainsi, au tout début du passage du livre X consacré au *Canon*, la liste des différents éléments que le penseur du Jardin envisageait comme des critères :

> ἐν τοίνυν τῷ Κανόνι λέγων ἐστὶν ὁ Ἐπίκουρος κριτήρια τῆς ἀληθείας εἶναι τὰς αἰσθήσεις καὶ προλήψεις καὶ τὰ πάθη, οἱ δ' Ἐπικούρειοι καὶ τὰς φανταστικὰς ἐπιβολὰς τῆς διανοίας·
>
> « Dans le *Canon*, donc, Épicure dit que les critères de la vérité sont les sensations et prénotions et les affections. Mais les Épicuriens [citent] aussi les projections représentatives de la pensée[2]. »

1 Diogène Laërce X, 30.
2 Diogène Laërce X, 31, 3-5.

Suit un paragraphe sur la nature et le rôle de la sensation, qui justifie la nécessité de recourir à elle de façon permanente, que ce soit directement ou indirectement, par le biais d'une impression ou d'une inférence effectuée à partir d'impressions passées. La théorie épicurienne de la sensation est présentée par Diogène comme un fondement du *Canon*, auquel tout doit être rapporté, y compris les entités apparemment insensibles que sont les notions produites par l'intellect. Ces dernières font elles aussi l'objet d'une énumération, non commentée :

> Καὶ γὰρ καὶ ἐπίνοιαι πᾶσαι ἀπὸ τῶν αἰσθήσεων γεγόνασι κατά τε περίπτωσιν καὶ ἀναλογίαν καὶ ὁμοιότητα καὶ σύνθεσιν, συμβαλλομένου τι καὶ τοῦ λογισμοῦ. τά τε τῶν μαινομένων φαντάσματα καὶ <τὰ> κατ' ὄναρ ἀληθῆ, κινεῖ γάρ · τὸ δὲ μὴ ὂν οὐ κινεῖ.
>
> « En effet toutes les notions proviennent des sensations, par rencontre, analogie, ressemblance et synthèse, le raisonnement s'y ajoutant par-dessus. Quant aux imaginations des fous, et celles qui viennent en rêve, elles sont vraies ; en effet elles mettent <l'individu> en branle, tandis que ce qui n'est pas ne peut mettre en branle[1]. »

Cette deuxième énumération précède de quelques lignes un développement consacré à la prénotion, l'un des critères cités dans la première série, développement qui clôt la paraphrase du *Canon*. Elle se situe donc au centre de l'ensemble de l'exposé de Diogène, en étroite relation avec lui.

La présence de ces deux listes, clairement entrecroisées et subordonnées l'une à l'autre, souligne l'imbrication au sein de la doctrine d'Épicure entre méthodologie et gnoséologie – c'est à dire, entre les questions d'épistémologie soulevées par l'hypothèse d'un ou de plusieurs critères de vérité, et les problèmes physiques qu'entraîne le matérialisme radical d'Épicure, appliqué de façon stricte aux phénomènes mentaux. Ainsi, la deuxième série propose-t-elle une liste graduée des opérations physiques de plus en plus complexes qui produisent les notions, par dérivation à partir du matériel phénoménal produit par la sensation, ce matériel étant lui-même justifié par la première série qui décompose l'ensemble des critères de vérité.

L'ensemble constitué par ces deux séries décrit donc une méthode du savoir que l'on peut qualifier d'empiriste, dans la mesure où le principe sur lequel elle repose consiste en une mise en relation des notions avec les sensations perçues par l'individu, de façon à évaluer les premières en fonction de la présence ou de la proximité d'avec les secondes. La question

1 Diogène Laërce X, 32, 8-12.

est alors de comprendre à la fois chacune de ces séries dans son détail, et l'ensemble qu'elles forment une fois mises côte à côte. Nous supposerons que la distinction par Diogène Laërce des critères et des modes de constitution des concepts est elle-même une distinction réelle, à partir d'un foyer commun qui est l'*aisthésis*. Si les critères de vérité renvoient, en tant qu'objets, aux notions même dont il faut expliquer l'apparition dans l'esprit, du point de vue du sujet, l'usage critériologique de ces notions renvoie à des présupposés épistémologiques et méthodologiques.

LA SENSATION, PREMIER CRITÈRE

Comment la sensation peut-elle être le premier critère du vrai ? Comment se rallier à ce coup de force, l'abolition d'une distinction qui semble pourtant avoir fait ses preuves sur le plan de la pertinence épistémologique : celle de l'apparence et de la réalité ? Cela n'est possible qu'à partir du moment où l'on suppose une communauté de structure entre la sensation et l'objet perçu. Ce qui donne à la sensation son substrat ontique est constitué selon Épicure par des simulacres matériels qui établissent une relation directe entre le corps perçu et le corps de l'être percevant. Sentir, c'est absorber la structure atomique du senti et se l'approprier[1]. Contrairement à ce qui se passe chez un conventionnaliste comme Démocrite, chez qui les sensations ne sont que l'expression au niveau du récepteur de qualités perçues mais n'appartenant pas en propre au corps réel, les sensations pour Épicure représentent des propriétés réelles issues de la composition atomique du corps, mais n'apparaissant qu'au niveau du composé, propriétés qui lui confèrent une identité sensible permanente[2].

La sensation est le premier critère de fait, car elle constitue notre premier rapport au monde, et le mode immédiat par lequel l'être des choses nous est donné ; ce que précise Diogène lorsqu'il souligne que la sensation est « sans raison » et « sans mémoire[3] ».

Cependant elle l'est également sur un plan non plus ontologique mais axiologique, car c'est à partir d'elle que s'élabore la notion même de ce qu'est un critère. Retirer la vérité aux sensations, c'est se refuser l'accès à toute espèce de vérité. Comme l'indique néanmoins Épicure[4], l'acceptation de la valeur critériologique immédiate de la sensation dépend

1 Her. 49-50.
2 Her. 69 et Sextus, *M.* VIII, 9.
3 Diogène Laërce X, 31.
4 *Max. Cap.* XXIV

elle-même d'un travail intellectuel de discrimination, par lequel l'esprit s'exerce à distinguer ce qui est réellement de l'ordre de la sensation, de ce qui, en tant qu'il appartient à l'« opinion », doit au contraire être suspecté, et ne peut être admis sans vérification. La délimitation claire de la sensation aboutit alors nécessairement à l'assentiment vis à vis cette sensation, à partir du moment où le mouvement sain de l'esprit qui adhère sans réserve à ce que *l'aisthesis* lui indique a été différencié clairement du mouvement pervers par lequel le même esprit confond cette *aisthesis* qui vient de la nature avec ses propres jugements et imaginations personnels.

Sextus fournit des développements précis sur ce dernier point, et son témoignage nous permet d'articuler avec rigueur la question de la vérité de la sensation, et celle de la nature de l'évidence qui l'accompagne.

> οὐκοῦν τῶν δοξῶν κατὰ τὸν Ἐπίκουρον αἱ μὲν ἀληθεῖς εἰσιν αἱ δὲ ψευδεῖς, ἀληθεῖς μὲν αἵ τε ἐπιμαρτυρούμεναι καὶ οὐκ ἀντιμαρτυρούμεναι πρὸς τῆς ἐναργείας, ψευδεῖς δὲ αἵ τε ἀντιμαρτυρούμεναι καὶ οὐκ ἐπιμαρτυρούμεναι πρὸς τῆς ἐναργείας. ἔστι δὲ ἐπιμαρτύρησις μὲν κατάληψις δι' ἐναργείας τοῦ τὸ δοξαζόμενον τοιοῦτον εἶναι ὁποῖόν ποτε ἐδοξάζετο, [...] οὐκ ἀντιμαρτύρησις δέ ἐστιν ἀκολουθία τοῦ ὑποσταθέντος καὶ δοξασθέντος ἀδήλου τῷ φαινομένῳ, [...] ἡ μέντοι ἀντιμαρτύρησις μαχόμενόν τί ἐστι τῇ οὐκ ἀντιμαρτυρήσει· ἦν γὰρ συνανασκευὴ τοῦ φαινομένου τῷ ὑποσταθέντι ἀδήλῳ, [...] ὡσαύτως δὲ καὶ ἡ οὐκ ἐπιμαρτύρησις ἀντίξους ἐστὶ τῇ ἐπιμαρτυρήσει· ἦν γὰρ ὑπόπτωσις δι' ἐναργείας τοῦ τὸ δοξαζόμενον μὴ εἶναι τοιοῦτον ὁποῖόν περ ἐδοξάζετο, [...] ὅθεν ἡ μὲν ἐπιμαρτύρησις καὶ οὐκ ἀντιμαρτύρησις τοῦ ἀληθὲς εἶναί τι ἐστὶ κριτήριον, ἡ δὲ οὐκ ἐπιμαρτύρησις καὶ ἀντιμαρτύρησις τοῦ ψεῦδος εἶναι. πάντων δὲ κρηπὶς καὶ θεμέλιος ἡ ἐνάργεια.
>
> « Parmi les opinions selon Épicure, certaines sont vraies, d'autres fausses. Sont vraies celles qui sont attestées et non contestées par l'évidence, sont fausses celles qui sont contestées et non attestées par l'évidence[1]. Il y a attestation quand il y a saisie, par une impression évidente, du fait que ce qui est objet d'opinion est tel qu'on le supposait ; [...] il y a non contestation quand il y a consécution de ce qui, non évident, est objet d'hypothèse et d'opinion à ce qui est selon le phénomène ; [...] il y a au contraire contestation dans le cas opposé à celui de la non contestation, car c'est une suppression du phénomène <qui suit> de ce qui, non évident, est objet d'hypothèse ; [...] et la non-attestation également est l'opposé de l'attestation, car c'est l'appréhension, par le biais de l'évidence, du fait que ce qui est objet d'opinion n'est pas tel qu'on le supposait. [...] De là attestation non contestation sont le critère de ce qui est vrai, tandis que non attestation et contestation sont <le critère> de ce qui est faux. Et c'est l'évidence qui est le fondement, la pierre d'angle de toute chose[2]. »

1 Nous reprenons un choix de traduction de LONG ET SEDLEY : les termes « attestation » et « contestation » renvoient plus clairement à l'idée de témoignage que la traduction habituelle par confimation, infirmation et leurs négations.

2 *M.* VII, 211-216.

Ce que Sextus appelle ici attestation ou contestation, ainsi que leurs négatifs, sont des procédures de vérification dérivées de la sensation, qui procèdent à une validation ou une réfutation de certaines propositions selon la réception et l'interprétation de perceptions immédiates ou médiates. Il s'agit en réalité derrière ces expressions d'une application discursive du principe même qui sous-tend la formulation « 0 » du premier critère épicurien, l'identité du critère et de la sensation. La dernière phrase quant à elle mobilise le concept d'évidence, qui vient ici étayer la définition épicurienne du critère[1]. L'évidence est un caractère propre aux impressions sensibles, par lequel elles s'imposent à l'esprit qui les reçoit et manifeste leur vérité. C'est l'immédiateté qui caractérise cette adhésion spontanée de l'esprit, qui garantit la véracité de la sensation ; ce qui implique que ce « fondement de toute chose » qu'est l'évidence ne puisse s'exercer qu'à partir d'une nature des choses elle-même transparente, entièrement lisible, dans laquelle chaque élément perçu est à même de jouer un rôle signifiant. Dans la mesure où la sensation est toujours accompagnée d'évidence, et dans cette mesure seulement, elle peut indiquer le vrai ; c'est donc la structure même de la sensation qui justifie qu'elle soit critère, et non l'exercice d'une faculté rationnelle qui s'y surajouterait[2].

Toute tentative de limiter ou de contrarier cet usage critériologique de la sensation, implique donc de revenir sur ce qu'est l'évidence, et de critiquer la liaison essentielle établie par les épicuriens entre évidence et sensation, en remettant en question la possibilité d'une transition facile entre la nature, lieu de l'expérience, et le *logos*, lieu de la vérité. C'est historiquement par ce biais que les sceptiques, qu'il s'agisse des néo-académiciens ou des pyrrhoniens que veut représenter Sextus Empiricus, s'en prennent à la conception épicurienne du critère.

Car la question se pose bel et bien de l'identité exacte des adversaires sceptiques des épicuriens. Dans la mesure où ils vont jouer, dans les problèmes qui nous occupent, un rôle majeur, il convient de faire brièvement

1 « Évidence » est un latinisme traduisant *enargeia* et s'inspirant d'une proposition de Cicéron qui, aux prises avec un lexique philosophique ne possédant pas d'équivalents véritables en latin, préféra un terme plus complexe au *clarus* habituel. Sur cette question on pourra consulter en particulier l'article de C. Auvray-Assayas, « L'évidence de la sensation épicurienne : le témoignage de Cicéron », in *Dire l'évidence : philosophie et rhétorique antiques*, textes réunis par Lévy et Pernot, L'Harmattan, Paris, 1997.

2 C'est bien pour cette raison que le fin Cicéron critique la liste épicurienne des critères en utilisant comme argument l'absence d'articulation réelle dans le discours des épicuriens entre la notion d'évidence et la gnoséologie décrite par la physique, le recours à la nature étant un refuge commode évitant d'entrer trop précisément dans les arcanes de la doctrine.

ici le point sur cet écueil. La chronologie nous oblige à considérer que Sextus Empiricus, auteur tardif, restitue dans ses doxographies d'Épicure des controverses qui n'ont pas pu opposer directement les épicuriens aux pyrrhoniens. Si pour Lucrèce la question se pose d'une connaissance directe des écrits d'Énésidème et des néo-pyrrhoniens[1], pour Épicure, on suppose la plupart du temps que les adversaires sceptiques sont, soit des dialecticiens mégariques, soit Démocrite lui-même, dans la mesure où certaines de ses hypothèses ont pu être considérées comme menant directement au scepticisme. Nous entrevoyons une troisième possibilité, qui n'exclut absolument pas les deux autres, mais qui peut éventuellement les compléter ; il se peut que certains textes visent les membres de la Moyenne et de la Nouvelle Académie qui, aux prises avec des difficultés assez proches, choisissent d'abandonner progressivement le dogmatisme platonicien au profit d'un scepticisme tempéré et plus ou moins réduit par Carnéade à la sphère théorique[2].

Les membres de la Moyenne et de la Nouvelle Académie seraient de sérieux candidats dans la longue liste des adversaires sceptiques des épicuriens. Leur situation cardinale sur l'échiquier intellectuel de l'époque invite à les considérer comme le chaînon manquant entre le scepticisme classique des pyrrhoniens et les reformulations tardives de Sextus. Mais l'étude historiographique systématique des rapports de l'épicurisme et des courants sceptiques reste à faire, depuis l'ouvrage magistral sur cette question de M. Gigante[3].

Cet affrontement des sceptiques et des épicuriens, mis en scène par Lucrèce au chant IV du *De Rerum Natura*, doit être pris au sérieux[4]. En

---

1 *Cf.* Lévy, « Lucrèce avait-il lu Énésidème ? », in *Lucretius and his intellectual background*, Amsterdam, 1997.

2 Sur le scepticisme de la Nouvelle Académie, les références bibliographiques d'importance ne manquent pas. Nous nous appuyons pour notre part principalement sur les ouvrages suivants : Lévy, *Les Philosophies hellénistiques*, Livre de Poche, 1997 : ch. 4 (La Nouvelle Académie et le néopyrrhonisme) ; Lévy, *Cicero Academicus – Recherches sur les Académiques et sur la philosophie cicéronienne*, École Française de Rome, 1992 ; Long et Sedley, *Les Philosophes hellénistiques* Garnier Flammarion, 2001, t. 3 (Les Académiciens – La renaissance du pyrrhonisme) ; Frede, « Stoics and Sceptics on clear and distinct ideas », in *The skeptical tradition*, University of california Press, 1983 ; Tarrant, *Scepticism and platonism ? The philosophy of the Fourth Academy*, Cambridge university press, 1985 ; Inwood et Mansfeld, *Assent and Argument. Studies in Cicero's Academic book*, Brill, 1997.

3 *Cf.* Gigante, *Scetticismo e epicureismo*, Bibliopolis, Naples, 1981 complété par Gigante, « Quelques précisions sur le scepticisme et l'épicurisme », in *Le scepticisme antique, perspectives historiques et systématiques, actes du colloque international sur le scepticisme antique, Université de Lausanne, 1-3 juin 1988*, Voelke (édit.), *Cahiers de la revue de Théologie et de philosophie*, Lausanne, 1990, p. 69-83.

4 IV, 469-506.

effet, il met en lumière, par le jeu de la polémique qui radicalise les positions de chacun, le cœur de l'association opérée par les épicuriens entre la sensation et le critère. Avant même de justifier le choix de la sensation comme premier critère du vrai, il s'agit pour Lucrèce de montrer la nécessité générale d'un critère, et pour cela, de fonder sur l'évidence les notions de « vrai » et de « faux ».

> *Denique nil sciri si quis putat, id quoque nescit*
> *an sciri possit, quoniam nil scire fatetur.*
> *Hunc igitur contra mittam contendere causam,*
> *qui capite ipse sua in statuit vestigia sese.*
>
> « Car enfin, celui qui pense qu'il se sait rien, cela même il ignore s'il peut le savoir, puisqu'il a dit ne rien savoir. J'abandonnerai donc la lutte contre celui qui, debout sur la tête, avance à reculons[1]. »

Le sceptique est prisonnier d'un paradoxe ; s'il ne sait rien, il l'ignore, puisqu'il ne dispose d'aucun critère qui pourrait lui permettre de distinguer le savoir de l'ignorance. Le scepticisme radical est donc une formule creuse, intenable. Le critère réclamé par la position du sceptique, malgré qu'il en ait, ne peut selon Lucrèce être tiré d'autre chose que de la reconnaissance préalable d'un « vrai » et d'un « faux » extérieurs à l'esprit qui les conçoit – ce qui suppose que le vrai et le faux ne soient pas issus de pures constructions mentales.

Ces notions du « vrai » et du « faux » sont produites en nous par l'évidence sensible. Cependant, la conséquence qu'en tire Lucrèce peut nous paraître quelque peu étrange ; si l'on suit en effet le raisonnement de Lucrèce, les sens produisant, sur le plan génétique, la première notion du vrai, sont par là même les seuls à en produire une notion infaillible. Les sens, de part leur primauté ontologique, nous donnent un critère du vrai bien plus efficace que la raison, qui leur reste subordonnée ; il faut donc bien admettre la vérité des sens, car il serait de mauvaise logique de réfuter le plus fiable par le moins fiable, c'est-à-dire, en l'occurrence, ce qui est vrai par soi et de façon évidente, par ce qui n'est vrai que de façon seconde et dérivée.

Derrière son apparente simplicité, cet argument est curieux :

– s'agit-il d'une déduction de type syllogistique ? En ce cas elle serait plus dialectique que scientifique, puisqu'à ce stade de la

1 Cette image étonnante a été commentée par M. Burnyeat dans un article consacré à l'application, par Lucrèce, du trope de l'auto-réfutation (*Cf.* Burnyeat, « The upside-down back-to-front sceptic of Lucretius IV, 472 », *Philologus*, 1978, p. 197-206).

démonstration il n'est pas du tout prouvé que la raison procède uniquement des sens.
- s'agit-il, comme on serait tenté de le supposer, d'une pétition de principe ? Lucrèce veut-il simplement dire que « les sens sont fiables parce qu'ils sont fiables » ? Ce qui signifierait que la crédibilité des sens serait une conséquence de leur statut de critère, et non une condition de ce statut. Si c'est bien le cas, alors en bonne logique, l'argument est irrecevable...

Lucrèce semble admettre comme un axiome la nature critériologique de la sensation ; elle est indémontrable, car elle est première ; elle est de l'ordre de l'évidence, et on ne démontre pas une évidence : « ce qui est perçu par les sens, au moment où cela est perçu, est vrai[1]. »

Pourquoi cette dernière précision sur le temps de la sensation ? Parce que la perception est par là-même identifiée à un point d'impact, et c'est cette limitation extrême qui lui donne sa valeur de vérité absolue et son « évidence » ; celle-ci provient directement de la nature non-discursive de la sensation.

Pourtant les sens semblent souvent se tromper, comme le montre bien l'exemple de la tour vue ronde de loin et carrée de près[2]. Il y a là une contradiction qui semble irréductible : les sens sont toujours vrais mais parfois leur témoignage peut nous induire en erreur[3]. Lucrèce ne la résout pas d'emblée, mais avant d'avancer une solution physique véritablement convaincante (qui passe par l'exposé de la théorie complexe des simulacres) il propose tout d'abord une solution d'inspiration visiblement pragmatique : il vaudrait mieux « se tromper », c'est-à-dire proposer une explication erronée mais qui sauve le témoignage des sens, que renoncer à leur fiabilité. Une telle affirmation, volontairement provocante, souligne à quel point la nature critériologique de la sensation représente comme le point aveugle de l'épistémologie épicurienne, injustifiable en puisant dans les subterfuges logiques traditionnels – la raison elle-même se présentant comme seconde, construite à partir de la primauté éclatante du donné sensible.

1 *Proinde quod in quoquest his visum tempore, verumst.* (IV, 499).

2 IV, 352-363.

3 En réalité, ce ne sont pas les sens qui trompent, mais le jugement ajouté à la sensation, qui constitue un point d'arrêt dans le mouvement continu de la sensation et qui en isole un aspect sous la forme d'un instant. La sensation est toujours vraie, c'est à dire vraie à chaque instant ; mais d'un instant à l'autre, la vérité change de nature. L'épicurisme propose une conception de la vérité comme épousant le mouvement de la nature, la stabilisation de ce mouvement étant potentiellement à l'origine de l'erreur.

LA PROLEPSE

Si la sensation est bien le premier des critères[1], il en existe d'autres, cités par Diogène Laërce, qui méritent d'attirer notre attention, à savoir : « les prénotions et les affections, [...] les projections représentatives de la pensée. » (X, 32)

La série de modes de validation qu'énumère Diogène Laërce pose une difficulté : d'un mode direct, la sensation, (qu'elle soit esthétique ou pathétique), c'est-à-dire le contact immédiat avec la réalité telle qu'elle se donne dans l'environnement du sujet percevant, on passe par dérivation à un mode plus indirect, à savoir la prolepse ou prénotion. Le critère de la sensation reste bien le critère premier, le plus fondamental, et tous les autres se comprennent nécessairement à partir de lui. Néanmoins, la prénotion, ainsi que les « projections imaginaires de la pensée », se distinguent de la sensation : premièrement elles ne se contentent pas de saisir un donné, mais en proposent une synthèse complexe ; deuxièmement elles introduisent pour la première fois une dimension explicitement linguistique dans la méthodologie épicurienne. La prolepse est en effet présentée par Diogène Laërce comme un contenu mental, non seulement toujours vrai, mais surtout lié à une certaine formulation.

> Τὴν δὲ πρόληψιν λέγουσιν οἱονεὶ κατάληψιν ἢ δόξαν ὀρθὴν ἢ ἔννοιαν ἢ καθολικὴν νόησιν ἐναποκειμένην, τουτέστι μνήμην τοῦ πολλάκις ἔξωθεν φανέντος, οἷον τὸ Τοιοῦτόν ἐστιν ἄνθρωπος· ἅμα γὰρ τῷ ῥηθῆναι ἄνθρωπος εὐθὺς κατὰ πρόληψιν καὶ ὁ τύπος αὐτοῦ νοεῖται προηγουμένων τῶν αἰσθήσεων. παντὶ οὖν ὀνόματι τὸ πρώτως ὑποτεταγμένον ἐναργές ἐστι· καὶ οὐκ ἂν ἐζητήσαμεν τὸ ζητούμενον εἰ μὴ πρότερον ἐγνώκειμεν αὐτό· οἷον Τὸ πόρρω ἑστὼς ἵππος ἐστὶν ἢ βοῦς· δεῖ γὰρ κατὰ πρόληψιν ἐγνωκέναι ποτὲ ἵππου καὶ βοὸς μορφήν· οὐδ' ἂν ὠνομάσαμέν τι μὴ πρότερον αὐτοῦ κατὰ πρόληψιν τὸν τύπον μαθόντες. ἐναργεῖς οὖν εἰσιν αἱ προλήψεις·
>
> « Quant à la prénotion, ils disent qu'elle est comme une saisie, ou une opinion droite, ou une notion, ou un concept général contenu en nous, c'est-à-dire la mémoire de ce qui, de l'extérieur, nous est souvent apparu ; par exemple quand on dit que "ça, là, c'est un homme". En effet, dès que l'on dit "homme", aussitôt selon une prénotion nous en vient à l'esprit un schème (*tupos*), à partir de sensations préalables. Et donc, pour tout nom, ce qui est contenu dessous en tout premier lieu est clair. De plus nous n'aurions pas commencé à chercher ce que nous cherchons, si nous ne l'avions pas connu auparavant. Comme <lorsqu'on dit> : "ça, là-bas, c'est un cheval ou un bœuf" ; car il faut, selon une prénotion, avoir connu un jour la forme du cheval et du bœuf. Et nous

---

1 *Cf.* Taylor, « All perceptions are true » in *Doubt & Dogmatism*, Oxford, Clarendon Press, 1980, p. 105-124. *Cf.* Sextus *M.*. VII (*Contre les logiciens)* I, 216 : « la base et le fondement de tout est l'évidence sensible ».

> n'aurions rien pu nommer si auparavant nous n'avions pas connu son schème selon une prénotion. Les prénotions sont donc évidentes[1]. »

Ce texte constitue quasiment le seul témoignage direct que nous ayons sur la *prolepse* épicurienne. La raison en est selon D. Sedley que la *prolepse* n'apparaît qu'assez tardivement dans le vocabulaire technique d'Épicure. Selon D. Sedley[2], le terme technique de *prolepse* est de formation tardive, et le concept auquel il renvoie n'est pas présent dans la *Lettre à Hérodote*, dont la rédaction serait antérieure à celle du traité *Peri Phuseos* qui, lui, le thématiserait. L'apparition du mot au § 72 de la *Lettre à Hérodote* serait ainsi pour Sedley le signe que ce texte constitue un ajout postérieur à la première rédaction de la *Lettre à Hérodote*. E. Asmis quant à elle[3] récuse cette interprétation, en s'appuyant sur une lecture assez radicale des premiers paragraphes de la *Lettre à Hérodote* qui exposent les règles méthodologiques de la physiologie ; elle trouve une allusion à la *prolepse* dans l'usage du verbe *eilèphénai*, saisir par la pensée.

L'hypothèse de D. Sedley est séduisante mais ne nous aide pas véritablement à comprendre de quoi il est question lorsqu'on parle de *prolepsis*. L'hypothèse d'E. Asmis souffre d'un défaut majeur dans la mesure où, en identifiant systématiquement toute constitution conceptuelle empirique à un critère, elle nous interdit de comprendre pourquoi les épicuriens ont dissocié soigneusement le traitement des questions logiques et gnoséologiques. Mais dans l'absolu, E. Asmis a raison : saisir ce qu'il y a sous les mots en le ramenant à son origine empirique, c'est bien en substance la nature d'une *prolepse*[4].

Si le terme même de *prolepsis* n'apparaît pas dans la *Lettre à Hérodote*, et si le verbe *eilèphénai* nous semble trop vague pour pouvoir y renvoyer directement, en revanche on y trouve à plusieurs reprises le terme d'*epibolè* qui semble désigner quelque chose d'assez proche. Si l'on se réfère à la liste des critères proposée par Diogène Laërce, on pourra supposer que ce que les épicuriens appellent *epibolai tès dianoias* est lié de façon tout à fait importante à la *prolepsis*[5]. *Epibolai tès dianoias* est sans doute une périphrase désignant quelque chose de proche de la prénotion

1 Diogène Laërce X, 33.
2 « Epicurus On Nature XXVIII », *Cronachè Ercolanesi*, 3, 1973, p. 14-15.
3 *Epicurus scientific method*, p. 22.
4 En ce sens, le candidat le plus probable à la désignation explicite de la prénotion dans la *Lettre à Hérodote* serait le *proton ennoèma*, notion ou représentation première (*Her.* 38).
5 Cependant il y a aussi chez Épicure, et en particulier dans la *Lettre à Hérodote*, un usage très général d'*epibolè* qui signifie alors simplement « conception générale ».

mais qui s'en distingue de par sa nature entièrement intellectuelle. Le terme d'*epibolè* peut être traduit par « attention » ou « projection[1] », et désigne un mouvement de l'esprit qui appréhende certaines choses et s'attarde dessus. Ainsi en *Her.* 51, est fait allusion à ce qu'Épicure appelle l'*epibolè phantastikè*, lorsqu'il s'agit de rendre compte de la possibilité de l'erreur : l'erreur vient toujours d'un mouvement de l'esprit parallèle qui se surajoute à la simple appréhension – c'est à dire au premier mouvement de la représentation, engendrée par la synthèse mentale de la perception. Mais l'*epibolè* est une désignation générale de ce mouvement de focalisation de l'esprit sur la représentation, tandis que les *épibolai tès dianoias* et la *prolepsis* en sont deux déterminations plus précises, qui servent à la fois à caractériser le mouvement lui-même et son résultat : une image mentale d'une nature particulière, soit constituée à partir d'une appréhension de nature sensorielle, soit à partir d'une appréhension imaginaire – c'est à dire ne renvoyant qu'à un simulacre mental produit en l'absence de tout substrat empirique identifiable – qui va prendre la valeur d'un concept. C'est l'interprétation d'E. Asmis que nous suivons ici, qui s'appuie sur une lecture très précise des occurrences de l'expression dans la *Lettre à Hérodote*[2].

Les épicuriens romains, quant à eux, et ceux, comme Cicéron qui cherchent à adapter la langue latine aux concepts des écoles hellénistiques, font souvent usage de *notitia* comme d'une traduction de *prolepsis.* C'est en particulier ce que feront les épicuriens à qui Cicéron donne la parole pour défendre les positions du Jardin, dans le *De Finibus* et le *De natura deorum*, lorsqu'ils ne reprennent pas purement et simplement le terme de *prolepsis* en le translittérant.

La prénotion, comme l'indique le suffixe en -sis de *prolepsis*, est à la fois le résultat d'un processus – la synthèse d'une série d'images

1 D'où la traduction lucrétienne *d'épibolai tès dianoias* : *injectus animi.*

2 Asmis p. 87-88. Cette interprétation est également celle de Goldschmidt, qui choisit de traduire l'expression par « intuition », à l'occasion de l'étude de la *Max. Cap.* 24. « On peut donc se demander si prénotions et intuitions ne sont pas équivalentes ; la dualité d'expression expliquerait alors pourquoi certains "Épicuriens" ont cru devoir compter l'intuition comme quatrième critère ». *La doctrine d'Épicure et le droit*, p. 237. La proposition de traduction par le terme d'intuition est sans doute un peu malheureuse, car elle ne se distingue pas assez strictement d'une simple sensation ; mais l'hypothèse historique nous semble pertinente. Beaucoup plus récemment, D. Konstan a proposé une interprétation très judicieuse de l'épibolè en terme de « mental sensation » (p. 53 réponse à Morel, « Method and evidence : on the epicurean preconception », *Proceedings of the Boston Area Colloquium in Ancient Philosophy* Vol. XXIII (2008)), en établissant un parallèle entre dianoia et épibolè : « Epicurus sometimes treats dianoia as the mental parallel to sensory experience, such as opsis or sight (Her. 49) ».

mentales, d'une nature suffisamment générale pour jouer le rôle d'un concept, ce qui est la définition propre du *tupos*, esquisse – et le point de départ d'un nouveau mouvement de l'esprit, mouvement d'appréhension par l'esprit des similitudes entre l'esquisse construite et les nouvelles réalités perçues. Dans le cas de la prénotion, ces deux mouvements sont en quelque sorte décalés ; la prénotion se présente bien comme la sédimentation de perceptions passées, mais le mouvement synthétique actif qui la constitue va en quelque sorte se prolonger au-delà de cette constitution, pour faire de la prénotion une anticipation[1]. « Callias s'avance vers moi » ; la représentation mentale de Callias qui constitue sa *prolepse* et qui me permet de formuler ce jugement est vraie parce qu'elle se constitue à partir d'un ensemble de sensations vraies et justement combinées. La *prolepse* est donc à la fois le contenu du concept (l'image mentale de Callias), et le mouvement de l'esprit qui associe ce contenu à Callias, en considérant qu'il lui est adéquat (le fait que le Callias qui s'avance vers moi corresponde réellement à l'image mentale qui me vient à l'esprit). La prénotion épicurienne associe alors, à une fonction de généralisation schématique des impressions dans le but d'en constituer une sorte de notion (image, « type » ou « esquisse » de Callias), une fonction proprement linguistique de reformulation des données empiriques ainsi synthétisées (« C'est Callias dont il s'agit »)[2].

Toute idée est en réalité engendrée par une répétition de sensations, qui produit dans l'esprit des images stabilisées et qui par là-même modifie la structure organique de l'esprit. Les réceptions permanentes de simulacres rendent le corps de l'homme poreux et aménagent des voies de passage pour les simulacres à venir – sans quoi nous ne pourrions faire preuve d'anticipation[3]. Toutefois la prénotion n'est pas non plus une idée comme une autre, puisqu'elle est un critère du vrai. Selon A. Long, qui cite à ce

1 *Cf.* par exemple Morel p. 25 : « Epicurean preconceptions reconciles the immediateness of sensation and, more generally, of self-evidence with the rational mediation of method ».

2 Ces deux fonctions invitent J. Annas à rapprocher la prolepse des « idées » des empiristes anglais, Locke et Hume. *Cf. Hellenistic Philosophy of mind*, University of California Press, Berkeley, 1992. Ce rapprochement est également effectué par D. Furley (*Two studies in Greek atomists*, Princeton University Press, 1967, p. 137), par V. Goldschmidt (*La doctrine d'Épicure et le droit*, Bibliothèque d'histoire de la philosophie, Paris, Vrin, 1977, p. 216-218) et plus récemment par P-M. Morel (« Method and evidence : on the epicurean preconception », *Proceedings of the Boston Area Colloquium in Ancient Philosophy* Vol. XXIII (2008) p. 25-48). On pourra également trouver beaucoup d'informations sur ce point précis dans le livre de Gilles Deleuze, *Empirisme et subjectivité*, Presses universitaires de France, Paris, 1993, p. 92 *sq.*

3 *Cf.* Lucrèce mais aussi Diogène d'Œnoanda ; « notre nature est devenue poreuse », fragment 9. Par usure, des canaux se creusent, selon la figure des simulacres qui les forent ;

propos Clément d'Alexandrie, le rapprochement entre *prolepsis* et « notion commune » est tout à fait suffisant pour comprendre ce que peut être une prolepse[1] ; « les prolepses ne sont pas des concepts arbitraires, mais des concepts formés à partir de "perceptions évidentes[2]" » de la même chose ou de la même sorte de chose. Clément d'Alexandrie donne la définition suivante de la prolepse épicurienne : « un acte d'attention dirigé vers quelque chose d'évident, vers un concept (*epinoia*) évident de la chose. »

Cependant, la citation même de Clément d'Alexandrie[3] indique que ce rapprochement ne suffit pas. Clément d'Alexandrie n'identifie pas en effet la prolepse au concept – puisque ce dernier est désigné par un autre mot, *epinoia* – mais au mouvement de l'esprit vers ce type de concept. Ce n'est pas forcément une présentation classique de la prénotion épicurienne, et les textes canoniques ne semblent pas à première vue suggérer quoi que ce soit de tel. Diogène Laërce, comme on l'a vu, propose un exemple très simple d'usage de la prolepse : l'identification d'un objet à distance. On a alors vraiment l'impression que la prolepse correspond à un contenu emmagasiné dans l'esprit, permettant par comparaison de mettre en relation des impressions distinctes dans le temps et dans l'espace. Sextus, dans le *Contre les Grammairiens*, propose un emploi plus élaboré et qui surtout s'inscrit davantage dans le contexte d'une recherche scientifique ; mais l'usage reste tout à fait semblable.

> Ἐπεὶ οὔτε ζητεῖν οὔτε ἀπορεῖν ἔστι κατὰ τὸν σοφὸν Ἐπίκουρον ἄνευ προλήψεως, εὖ ἂν ἔχοι πρὸ τῶν ὅλων σκέψασθαι τί τ' ἐστὶν ἡ γραμματική, καὶ εἰ κατὰ τὴν ἀποδιδομένην ὑπὸ τῶν γραμματικῶν ἔννοιαν δύναται συστατόν τι καὶ ὑπαρκτὸν νοεῖσθαι μάθημα.
>
> « Puisqu'on ne peut ni mener une recherche ni constituer d'aporie si, selon le sage Épicure, on ne dispose de prénotions, nous devrons avant tout examiner ce que c'est que la "grammaire", et si, selon la notion commune qu'en donnent les grammairiens, on peut la concevoir comme un savoir cohérent et réel[4]. »

Pour savoir si la grammaire est un savoir, il faut comparer sa notion avec celle des autres savoirs. La prolepse de la grammaire ici c'est avant

---

par la suite, la matière de l'esprit ainsi préparée recevra avec plus de facilité les « types » semblables à ceux qui l'ont déjà traversé ; de là l'impression de familiarité éprouvée.

1 *Cf.* Long, « *Aisthésis*, *Prolepsis* and Linguistic theory in Epicurus », *Bulletin of the Institute of Classical studies* 18, 1971, p. 114-133 (nous traduisons).

2 Nous utilisons ici « évident » comme un équivalent du *clarus* latin ; l'adjectif « clair » ne nous semble pas suffisant pour traduire le sens du *clear* anglais, ici proche de l'idée cartésienne d'idée « claire et distincte ».

3 *Strom.* 2, 4, Us 255.

4 *M.* I (*Contre les grammairiens*), 57, l. 1-5 (Us. 255).

tout la notion commune de la grammaire – ce que tout un chacun comprend quand on prononce devant lui le mot « grammaire ». En ce sens la grammaire du grammairien est critère pour décider de ce qu'est une grammaire ; il n'est pas question de vérifier cette notion commune elle-même – c'est à dire de proposer une meilleure définition de la grammaire – mais de comparer cette notion commune avec celle du savoir, du *mathèma*, pour évaluer la similitude entre la grammaire et un savoir.

On lit plus loin :

> Ἀλλὰ παρέντες τὸ περὶ τῶν τοιούτων λεπτολογεῖν σκοπῶμεν, ὡς ὑπεσχόμεθα, εἰ δύναται τέλος, ὅσον ἐπὶ τῇ τοιαύτῃ ἐννοίᾳ, ὑποστῆναι ἡ γραμματική.
>
> « Mais laissons-là ces sortes de bavardage et examinons, comme nous nous y étions engagés, si la grammaire peut subsister lorsqu'on se penche sur sa notion[1]. »

La question a un peu changé ; *ennoia* n'est plus rapproché explicitement de prénotion – en fait Sextus est en train d'émettre un doute sur le fait que l'idée de grammaire soit une prénotion, c'est à dire, pour Épicure, un concept vrai.

Si la prénotion se confondait bien avec une *ennoia* constituant un point de départ dans l'investigation rationnelle, alors A. Long aurait raison de rapprocher la *prolepsis* d'une *periptosis*, et d'expliquer par ce rapprochement l'occurrence de ce terme rare dans la doxographie épicurienne de Diogène Laërce[2].

« On nous dit que "tous les concepts naissent des sensations, soit par experience directe, soit par analogie, soit par ressemblance, soit par combinaison, avec une certaine contribution de la raison (DL X 32)". Je considère comme pratiquement certain que les prolepses représentent la première catégorie de concepts nommée ici, et que les autres concepts dérivent d'elle selon les modes exposés. »

La prénotion serait donc le résultat commun à tous et pouvant donc être utilisé comme critère[3] d'une *periptosis*, c'est-à-dire d'une occurrence empirique hasardeuse, recomposée ou transférée par analogie. Nous ne souscrivons pas à cette compréhension de la prénotion, et c'est l'examen du rôle joué par la mémoire dans ce mécanisme qui va nous permettre de la réfuter.

---

1 *M.* I, 65, 1.5-7.

2 « Aisthèsis, Prolepsis and linguistic theory in Epicurus », *Bulletin of the institute of Classical studies* 18, 1971.

3 On peut donc supposer que les notions des fous, bien que vraies, ne pourront pas servir de critère, car elles ne satisfont pas à l'obligation d'être communes à tous ; de ce fait, ce ne sont pas des prolepses.

Les épicuriens supposent que penser, c'est « travailler » à partir d'un donné mental que l'on agence de diverses façons. C'est ce qu'indique le texte de Diogène Laërce qui reprend un argument tout à fait important dans la méthodologie épicurienne : il faut un modèle à l'activité mentale, comme à n'importe quel autre type d'activité[1]. En ce sens, la fonction intellectuelle la plus importante ne sera pas, contrairement à ce qu'on pourrait croire, le *logismos* – faculté de synthèse – mais la mémoire qui sous-tend ce *logismos* et lui donne une matière sur laquelle travailler. Le *logismos* ne peut pas tourner à vide, sinon il ne produit que des fantasmes, des images vides qui ne correspondent pas à un substrat réel ; et l'interdiction de travailler sur de telles images vides est bien explicitement énoncée au début de la *Lettre à Hérodote* comme une règle de la *physiologia*. Or la prolepse est justement critère au sens où elle permet de vérifier que le *logismos* ne tourne pas à vide.

Comment le peut-elle ? On peut aborder la question à partir d'un énoncé surprenant d'Épicure sur la remémoration des plaisirs. Ce texte, transmis par Diogène Laërce (X, 22) est un extrait d'une lettre à Idoménée, rédigée par Épicure au moment de sa mort – mort très douloureuse puisque causée par une rétention d'urine due à la gravelle :

> Τὴν μακαρίαν ἄγοντες καὶ ἅμα τελευταίαν ἡμέραν τοῦ βίου ἐγράφομεν ὑμῖν ταυτί. στραγγουρικά τε παρηκολούθει καὶ δυσεντερικὰ πάθη ὑπερβολὴν οὐκ ἀπολείποντα τοῦ ἐν ἑαυτοῖς μεγέθους. ἀντιπαρετάττετο δὲ πᾶσι τούτοις τὸ κατὰ ψυχὴν χαῖρον ἐπὶ τῇ τῶν γεγονότων ἡμῖν διαλογισμῶν μνήμῃ.
>
> « En ce bienheureux jour où ma vie va sur sa fin, je t'ai écrit ce qui suit. Les douleurs causées par la strangurie et la dysenterie m'assaillent sans que s'atténue leur extrême intensité. Mais la joie qu'éprouve mon âme, grâce au souvenir de nos échanges passés, a su résister à tous les assauts[2]. »

La mémoire rend présent le plaisir passé jusqu'à en faire un plaisir présent tout aussi sensible, capable de contrebalancer la douleur actuelle et réelle que subit le corps ; la mémoire a donc visiblement pour Épicure une puissance de « re-sensibilisation » de l'idée. Dans un autre texte, Lucrèce, alors qu'il commente les illusions composées par les simulacres pendant le sommeil ou certains états de veille particuliers – la folie, par exemple –, indique comme en passant :

> *Hoc ideo fieri cogit natura, quod omnes*
> *corporis offecti sensus per membra quiescunt*

1 Chez Lucrèce, on retrouvera cet argument lorsqu'il s'agira de dénier aux dieux la capacité d'avoir pu créer le monde (V, 181-186).

2 Diogène Laërce X, 22, Arrighetti n. [52] p. 427 (Us. 138).

nec possunt falsum veris convincere rebus.
Praeterea meminisse jacet languetque sopore,
nec dissentit eum mortis letique potitum
jam pridem, quem mens vivom se cernere credit.

« Et voici pourquoi la nature s'applique à causer cela : tous les sens, dans tout le corps entravés, reposent et ne peuvent vaincre le faux par l'épreuve du vrai. La mémoire elle aussi repose et gît, exsangue, et ne peut opposer que celui que nous croyons voir vivant, depuis longtemps est tenu au pouvoir de la mort, défunt[1]. »

La mémoire est ici envisagée comme une fonction qui a valeur de détermination du vrai et du faux – c'est-à-dire bel et bien comme une fonction critériologique, qui est capable de confronter une représentation à une autre – un homme mort à un homme vivant – de façon active, et pas simplement comme un réceptacle d'impressions passées. Ce que Lucrèce appelle ici mémoire serait une façon de désigner l'activité de la prolepse elle-même. La prénotion serait donc à la fois une notion composée à partir de souvenirs – donc un objet – et un mouvement de l'esprit qui associe une image à un concept complet : « telle sorte de chose est un homme qui m'est présenté comme vivant mais dont je sais qu'il est mort » ; il faut qu'il y ait cette association du concept et de la chose pour qu'il y ait prolepse, et cette association est rendue possible par la mémoire comprise comme faculté de re-suscitation active et volontaire des impressions passées. Ceci se retrouve dans un passage du commentaire de Damascius sur le *Phédon.* Citant les *Propos de table* de Plutarque, Damascius s'attarde sur le cas de ceux qui sont tellement effrayés par certains objets que leur seule vue déclenche la fuite et la perte de contrôle. « La cause de cela, c'est le ressouvenir (τὴν ἀνάμνησιν) de l'anticipation vécue (τῆς προπαθείας) » (*In Platonis Phaedonem*, 285, 7)[2]. Cet argument est présenté par Damascius comme confirmant la thèse épicurienne de la prénotion. Il nous présente en fait la remémoration que rend possible la prénotion comme un souvenir de nature affective : je re-éprouve par la prolepse les *pathè* que j'ai déjà éprouvés. La prolepse est ainsi pour Damascius un critère parce qu'elle est une dérivation, une prolongation dans le temps du premier critère, la sensation – qui est le critère fondamental à partir duquel tous les autres doivent être compris et pensés. Cette hypothèse est lourde de conséquences

---

1 IV, 762-767.

2 On notera simplement sans nous y attarder l'usage par Damascius *d'anamnèsis*, réminiscence ; il s'agit peut-être d'un gauchissement platonisant, sinon de la doctrine épicurienne, du moins de sa terminologie.

quant à la conception épicurienne de la nature de l'esprit. Elle conduit à l'attribution à la mémoire d'un rôle actif et non simplement passif dans l'activité intellectuelle, aussi bien au niveau de la constitution des concepts qu'au niveau de la validation des énoncés[1].

La prénotion correspond donc à la mise en présence par l'esprit d'un mot et d'une chose, par l'intermédiaire de sensations passées, emmagasinées sous forme d'un *tupos* de nature sensible et réactualisées par la mémoire. Elle serait structurée par un double mouvement de l'esprit, à la fois actif et passif ; double mouvement qui, pour être correctement compris, doit être envisagé comme un mouvement situé dans le temps, tantôt régressif – j'identifie la nature d'un objet par comparaison avec l'esquisse déposée dans mon esprit par les rencontres multiples –, tantôt « progressif » – j'appréhende les futures rencontres d'objets semblables en leur attribuant par avance les caractéristiques que j'ai pu associer aux précédents. Le critère qu'est la prénotion est alors justifié par sa double efficacité régressive et progressive ; tant que j'arrive à mes fins grâce à lui, c'est à dire à ramener de l'inconnu à du connu pour progresser dans mes connaissances, il est valable. En d'autres termes, et c'est bien ce qu'indique le terme même de *prolepsis*, tant qu'il me permet de faire un certain nombre de réflexions et d'anticipations, grâce auxquelles je peux véritablement vivre, agir et comprendre[2].

LES AFFECTIONS COMME CRITÈRES ; ENJEUX ÉTHIQUES DE LA CANONIQUE ET NOUVELLE FORMULATION DU PROBLÈME DE L'ÉVIDENCE

Dans la liste des critères recensés par Diogène Laërce, seuls restent à déterminer les *pathè*. Leur présence parmi les critères est confirmée

1 Dans « Method and evidence : on the epicurean preconception » (*op. cit.*), Pierre-Marie Morel défend l'hypothèse selon laquelle l'évidence de la prénotion ne vient pas d'un substrat matériel dont elle dépendrait, mais de la spontanéité et de l'immédiateté de l'association qu'elle établit entre l'objet et ses occurrences passées ; cette clef de lecture, différente de la nôtre, donne également un rôle souverain à la mémoire. (p. 32 *sq.*)

2 Morel dégage quant à lui cinq fonctions principales de la prénotion, qu'il regroupe sous l'appellation plutôt heureuse de « méthode proleptique » : la collecte d'expériences passées, la fonction linguistique, l'exhibition de principes premiers indémontrables, une fonction qu'il nomme régulatrice, capable d'unifier la diversité de l'expérience sensible, et enfin un moyen de confirmation (p. 45). Quant à nous, nous préférons qualifier la prénotion en terme de processus plutôt que de méthode et nous la déterminons surtout par rapport à ce que nous appelons son rôle critériologique qui nous semble dominant. Mais la mise à jour par Morel de cette « méthode proleptique », dans le droit fil du travail d'E. Asmis pour qui, comme il le rappelle lui-même, le Canon est affaire de méthode bien plus que d'épistémologie (p. 24) a l'immense mérite de proposer, à travers ces cinq fonctions, une définition de la prénotion qui ne soit ni partiale ni amputée d'un de ses éléments.

par Sextus Empiricus[1]. Ce dernier, au contraire de Diogène Laërce, établit même un lien essentiel entre critères « esthétiques » et critères « éthiques » : c'est par inférence à partir de ce que nous choisissons ou rejetons sur un plan éthique (le bon et le mauvais étant des généralisations de l'agréable et du désagréable), que nous établissons les notions de vrai ou de faux. Une telle doxographie, sur ce point précis, inscrit en vérité la canonique épicurienne dans une tradition plus ancienne, mais dont la lettre est assez hasardeuse. Selon un certain Diotime, cité par Sextus, c'est dans les propositions des *Canons* de Démocrite que l'on trouve une première version de ce lien entre critère éthique et critère esthétique :

> Διότιμος δὲ τρία κατ' αὐτὸν ἔλεγεν εἶναι κριτήρια, τῆς μὲν τῶν ἀδήλων καταλήψεως τὰ φαινόμενα – ὄψις γὰρ τῶν ἀδήλων τὰ φαινόμενα, ὥς φησιν Ἀναξαγόρας, ὃν ἐπὶ τούτῳ Δημόκριτος ἐπαινεῖ –, ζητήσεως δὲ τὴν ἔννοιαν – περὶ παντὸς γάρ, ὦ παῖ, μία ἀρχὴ τὸ εἰδέναι περὶ ὅτου ἔστιν ἡ ζήτησις –, αἱρέσεως δὲ καὶ φυγῆς τὰ πάθη· τὸ μὲν γὰρ ᾧ προσοικειούμεθα, τοῦτο αἱρετόν ἐστιν, τὸ δὲ ᾧ προσαλλοτριούμεθα, τοῦτο φευκτόν ἐστιν.
>
> « Diotime disait que selon Démocrite il y a trois critères – à savoir, le critère de l'appréhension des réalités non-évidentes, qui est constitué par les choses apparentes ; puisque, comme le dit Anaxagore (et Démocrite le loue pour cela), les choses apparentes sont la vision des choses non-évidentes ; le critère de l'investigation, qui consiste en la conception préalable – "puisque en chaque cas, mon enfant, le seul point de départ est de savoir ce qu'est le sujet de la recherche[2]" ; et le critère de ce qui est à rechercher et à éviter, qui est constitué par les affects – puisque ce que nous éprouvons comme nous étant congénitalement approprié doit être recherché, et ce que nous éprouvons comme étranger doit être évité[3]. »

Le critère de l'appréhension peut sans doute ici être identifié au critère de la sensation, selon une interprétation strictement inférentielle : les impressions sensibles ne sont critères que dans la mesure où elles permettent d'établir un passage continu entre ce qui est perçu et ce qui ne peut pas être perçu. Le critère dit de l'investigation est mis en rapport par Sextus avec la technique dialectique de Socrate, qui nécessite pour toute recherche de nature philosophique un point de départ clairement déterminé. La fonction critériologique du concept est assez peu claire ; on peut sans doute l'interpréter comme la nécessité de postuler des définitions initiales suffisamment exactes pour que puisse être menée à bien l'enquête scientifique[4]. Mais on peut aussi se demander

1 *M.* VII (*Contre les Logiciens*) 203 (Us. 247).
2 Citation approximative du *Phèdre*, 237 b.
3 *M.* VII, 140.
4 Ce que semble indiquer la citation du *Phèdre* que Sextus inclut dans son résumé.

si dans ce cas l'usage de la notion de critère ne déborde pas ici ce que Sextus désigne d'habitude par ce terme – puisque le propre d'un point de départ est, dans la démarche socratique, de pouvoir être réfuté au cours de la confrontation dialectique, et de s'affiner pour se rapprocher le plus possible d'un énoncé vrai.

Le troisième type de critère renvoie directement au principe du choix éthique. Démocrite aurait donc attribué aux normes éthiques représentées par les affects une fonction critériologique. Ces normes éthiques vont bénéficier d'une antériorité chronologique déterminante. Si l'on considère que les épicuriens admettent cette antériorité chronologique de formation des critères éthiques par rapport aux critères logiques, on peut alors supposer qu'une certaine primauté du critère éthique va se fonder sur cette antériorité. Épicure lui-même semble tenir un tel raisonnement à propos du plaisir : c'est ce que J. Brunschwig[1] appelle « l'argument des berceaux », selon lequel les petits enfants savent très bien, et ce de façon « spontanée » que le plaisir est préférable à la douleur. Ils sont capables de donner un contenu signifiant aux concepts de plaisir et de douleur dès leur âge le plus tendre.

Cette primauté même du critère éthique va impliquer, de la part des épicuriens, la nécessité de s'intéresser de près aux émotions, qui constituent à leurs yeux non pas de simples sentiments perturbateurs dont le sage devrait se débarrasser, mais bien des éléments mixtes qui contiennent par le biais des affects auxquels ils sont reliés une part irrésorbable de vérité. Ce travail d'élucidation et de sélection des émotions semble avoir été effectué, dans l'histoire du Jardin, par les épicuriens du Ier s. av. J.-C., sous l'égide de Zénon de Sidon ; il nous a été conservé par les compilations de Philodème de Gadara, qui a vraisemblablement consigné sous forme de résumés analytiques (*hupomnèmata*) les cours et conférences de Zénon consacrés à ces questions dans deux grands ensembles de textes éthiques, consacrés pour l'un aux *Genres de vie* (*Peri èthôn kai biôn*), pour l'autre aux *Vices et vertus qui leur sont opposées* (*Peri kakiôn kai tôn antikeimenôn aretôn*)[2]. Dans ces deux sommes (dont les contours sont assez délicats

1 « L'argument des berceaux dans l'épicurisme et le stoïcisme », *Études sur les philosophies hellénistiques*, Presses universitaires de France, Paris, 1995, p. 77.

2 Cette division est très problématique, et derrière son apparence traditionnelle elle recouvre des éléments fort disparates – ce qui ne peut être simplement attribué aux aléas de la transmission des œuvres de Philodème. Sur cette question, voir Mario Capasso, « Les livres sur la flatterie dans le *De Vitiis* de Philodème », dans *Cicéron et Philodème, la polémique en philosophie*, édit. Auvray-Assayas et Delattre, Études de littérature ancienne, Éditions rue d'Ulm, Paris, 2001, et la réponse d'Annick Monnet dans le même volume.

à reconstituer) apparaissent, à côté de textes consacrés à des vices et des vertus typiques (la flatterie, l'arrogance, l'avarice, la démesure, la calomnie), d'autres livres qui se penchent sur des émotions, dont le plus notable et le mieux conservé traite de la colère (*Peri orgès*)[1]. La colère en tant qu'émotion est un mouvement propre de l'âme, dont la source est organique, et à ce titre elle ne relève pas strictement du faux. La difficulté vis à vis de l'émotion est, tout comme dans le cas de l'opinion, de faire le tri entre ce qui relève d'un désir perverti – le désir de vengeance par exemple, qui stimule la colère et dont le sage doit se prémunir – et ce qui est la saine colère, l'indignation justifiée par la nature elle-même, à laquelle il n'est pas mauvais de céder.

L'attention portée par les épicuriens du Ier siècle aux émotions révèle leur volonté prégnante de ne pas considérer le sage comme un esprit désincarné, mais de lui attribuer, comme à tout homme, un caractère, qui repose comme tout type humain sur une idiosyncrasie. La canonique empiriste d'Épicure aboutit ainsi, chez ses successeurs, à l'édification d'un système éthique assez original, dans lequel la notion de genre de vie, qui a visiblement vocation à remplacer celle de vertu, aboutit à des exposés éthiques présentés sous forme d'une caractériologie raffinée[2].

La liaison de l'épistémologique et de l'éthique est ainsi utilisée par les épicuriens pour justifier, par le recours à un niveau de normalisation considéré comme supérieur, la norme qui a été choisie. Elle manifeste toute l'ambiguïté de la démarche empiriste antique : construire, par la recherche de critères adéquats, une expérience sensible non pas trompeuse ou décevante, mais susceptibles d'être l'occasion, le support et le matériau du savoir.

---

1 *Cf.* Tsouna, qui nomme « bites », spasmes ou morsures ces élans émotionnels qui ne sont pas de purs *pathè* in *The Ethics of Philodemus*, Oxford University Press, 2007 p. 32-52, et D. Delattre, « Le Sage épicurien face à la colère et à l'ivresse : une lecture renouvelée du *De ira* de Philodème », dans *Cronachè Ercolanesi*, 39, 2009 p. 71-89.

2 Selon J. Warren, on peut trouver des traces d'un travail semblable chez Démocrite, puisqu'il y aurait sans doute des liens à établir entre les hypothèses de Démocrite sur la connaissance et la sensation et ses formules éthiques concernant les dispositions justes et injustes des individus ; *cf.* « Democritus on social and psychological harm » in *Democritus : science, the arts and the care of the soul*, Brill, 2007, p. 87-105.

LES LIEUX ANTIQUES DE L'EMPIRISME : LE CAS DE L'EMPIRISME MÉDICAL

La liaison du critère et de l'expérience apparaît nécessairement comme une liaison problématique, à partir du moment où le philosophe convoque la notion d'évidence pour discriminer, au sein de ce qui apparaît, le clair de l'obscur. Elle oblige à considérer la nature comme un ensemble de signes, et à se livrer à un travail de déchiffrement du réel sans cesse mis en question par les événements eux-mêmes, qui se chargent de venir détromper celui dont le regard a été obscurci par l'opinion vide à un moment ou à un autre de son interprétation.

Les épicuriens ne sont pas, dans l'histoire de la pensée antique, les seuls à avoir été sensibles à cette difficulté. L'objet de ce deuxième chapitre sera de faire émerger un autre lieu de questionnement de l'empirisme, le corpus de la littérature médicale, et de montrer comment la méthode empirique se construit chez les médecins, depuis la période hippocratique jusqu'à la médecine hellénistique, sur la base de questionnements semblables à ceux qu'affrontèrent les penseurs du Jardin.

LA MÉDECINE COMME ART

La médecine antique ne surgit pas, telle qu'en elle-même, de l'océan limpide de l'histoire des sciences. Elle aborde à sa naissance un rivage contrasté et doit de suite se frotter à deux problèmes majeurs : celui de sa justification en tant que discipline autonome, et celui de sa méthode scientifique.

La médecine doit dès ses débuts se distinguer d'autres champs de savoir ou d'activité proches d'elle : le culte des dieux guérisseurs, les pharmacopées rustiques et les pratiques occultes, mais aussi les activités philosophiques d'explication des phénomènes naturels, comme le sont les travaux des physiologues ioniens. Elle doit donc tenter d'une part d'assurer sa supériorité par rapport à certains objets ou domaines d'exercice (la thérapie, le soin), et d'autre part en abandonner d'autres sur lesquels se posera toujours la question des limites de sa capacité (l'explication générale de la nature, la biologie, la physique).

Cette entreprise historique est soutenue par l'émergence parallèle, dans le paysage intellectuel de la Grèce, de la notion de *technè*, dont le meilleur équivalent est sans doute l'*ars* latin[1]. Une *technè* se définit d'abord par ce qu'elle n'est pas : elle n'est ni une science, ni une routine sans ordre. Elle suppose deux choses principales : une méthode, avec un savoir-faire qui l'accompagne, et une intention, car elle n'est pas une activité gratuite[2]. Si l'on se réfère aux définitions qu'Aristote propose, la différence entre art et science ne porte pas sur la vérité, la rigueur ou la méthode du savoir recherché, mais sur l'absence ou non d'une fin, que cette fin soit utilitaire ou d'agrément[3]. L'utilité trace une première frontière entre les genres de savoir techniques orientés vers la nécessité vitale, et ceux qui choisissent comme objet le plaisir. Ces derniers, plus détachés des contingences matérielles, conduisent progressivement ceux qui les inventent vers les sciences véritables. On passe ici de l'art à la science, au moment où le savoir se retrouve sans objet extérieur à lui-même sur lequel il puisse s'appliquer – que cet objet soit nécessaire ou plus superficiel. Cette évolution apparemment sans solution de continuité va par la suite entraîner l'apparition de méthodes d'investigations nouvelles, propres à assumer ces divergences – sur le plan théorique, Aristote va décrire la voie démonstrative comme une méthode privilégiée de la science, alors que l'art valorisera plutôt l'usage de l'induction.

Dans le cas particulier de l'art médical, l'intention et la méthode s'interpénètrent de façon remarquable. Le traité hippocratique *De l'Art* démontre ainsi que l'art médical s'éprouve de façon privilégiée (y compris dans son existence même) par son efficacité pratique.

> Τὰ γὰρ τῷ ὠφελῆσθαι καὶ τὰ τῷ βεβλάφθαι ὡρισμένα οὐ πᾶς ἱκανὸς γνῶναι· εἰ τοίνυν ἐπιστήσεται ἢ ἐπαινέειν ἢ ψέγειν ὁ νοσήσας τῶν διαιτημάτων τι οἷσιν ὑγιάσθη, πάντα ταῦτα τῆς ἰητρικῆς ὄντα εὑρήσει· καί ἐστιν οὐδὲν ἧσσον τὰ ἁμαρτηθέντα τῶν ὠφελησάντων μαρτύρια τῇ τέχνῃ ἐς τὸ εἶναι·

1 *Cf. Le travail et la pensée technique dans l'Antiquité classique : lecture et relecture d'une analyse de psychologie historique de Jean-Pierre Vernant* sous la dir. d'Anne Balansard :, Ramonville-Sainte-Agne, Eres, 2003 ; et *Ars et ratio : sciences, art et métiers dans la philosophie hellénistique et romaine* : actes du Colloque international organisé à Créteil, Fontenay et Paris du 16 au 18 octobre 1997 édit. par Lévy, Besnier et Gigandet Bruxelles, Latomus, 2003.

2 *Cf.* Heidel, *Hippocratic Medicine*, Arno Press, New York, 1981, p. 118.

3 *Metaph.* A, 1, 981 b 13-24

> « Car tout un chacun n'est pas à même de connaître ce qui est défini par l'acte de soulager ou de nuire. Si donc le malade est capable de louer ou de blâmer ce qui, dans son régime, l'a conduit à la guérison, il trouvera bien que tout cela reste du domaine de la médecine. Et les fautes sont, pas moins que les bienfaits, elles aussi des témoignages quant à l'existence de cet art[1]. »

L'art médical en effet ne procède pas d'une ambition scientifique théorétique, mais naît de l'appréhension d'un besoin ; c'est la souffrance des hommes livrés à la maladie qui engendre la médecine, ce que l'on voit expliqué en particulier dans *De l'ancienne médecine (De uetere medicina)* :

> Τὴν γὰρ ἀρχὴν οὔτ' ἂν εὑρέθη ἡ τέχνη ἡ ἰητρικὴ, οὔτ' ἂν ἐζητήθη (οὐδὲν γὰρ αὐτέης ἔδει), εἰ τοῖσι κάμνουσι τῶν ἀνθρώπων, τὰ αὐτὰ διαιτωμένοισί τε καὶ προσφερομένοισιν, ἅπερ οἱ ὑγιαίνοντες ἐσθίουσί τε καὶ πίνουσι καὶ τἄλλα διαιτέονται, ξυνέφερε, καὶ μὴ ἦν ἕτερα τουτέων βελτίω.

> « Car à l'origine l'art médical n'aurait pas été trouvé ni même cherché – car rien n'aurait montré sa nécessité – si, pour ceux parmi les hommes qui souffrent, il avait été possible de consommer, dans leur régime et leur nourriture, les mêmes aliments, les mêmes boissons et toutes les choses qui composent le régime de ceux qui sont bien portant, et si d'autres <habitudes> ne s'étaient avérées meilleures[2]. »

Se met ainsi en place, au sein de la médecine hippocratique, une combinatoire élaborée, et rapidement circulaire, qui met en relation ces deux processus de validation et d'invention, et qui les associe de façon étroite ; en d'autres termes, un certain empirisme méthodologique va toujours de pair avec un horizon clairement pragmatique. Plus précisément, le traité hippocratique *De l'ancienne médecine* nous explique que l'on apprend la médecine en améliorant et en modifiant le donné fourni par la nature. Aucune hypothèse générale n'inaugure le discours médical, mais il est fondé sur l'observation et l'analyse d'un fait originel : les hommes souffrent. À partir d'une observation raisonnée qui indique que certains aliments sont digérés par les malades et les soignent, l'homme a l'idée d'une médecine, c'est-à-dire d'un moyen d'améliorer la santé par l'usage du régime. Or les conditions même d'élaboration de cette invention fournissent le moyen le plus efficace de la valider : la médecine qui naît pour soulager par le régime n'est valide que si elle soulage effectivement par le régime.

1 *De arte*, V, 16-20

2 *VM* III, 1

Dans le traité le plus directement concerné, *De l'art*, la *technè* est ainsi pensée comme une force coercitive modérée, exercée sur la nature[1]. Coercitive, car la guérison résulte de l'infléchissement volontaire de certains processus ; modérée, car cet infléchissement se fait selon des règles qui en établissent la force et qui éventuellement interdisent la mise en œuvre de certaines pratiques – en particulier ce qu'on appellerait aujourd'hui l'acharnement thérapeutique. Dans *De l'ancienne médecine* d'autre part, on retrouve des éléments proches utilisés pour défendre la « réalité » de l'art médical ; cette réalité se fonde sur l'usage d'une méthode spécifique et rigoureuse, qui garantit au médecin une expertise dans son domaine d'exercice. Ce qui pour l'auteur permet d'opposer de façon stricte l'art au hasard ; les malades guéris par le médecin le sont bien du fait de l'application de méthodes déterminées, ils ne guérissent pas du fait du hasard[2].

L'auteur du traité soutient que l'art médical n'a rien d'hasardeux – et en fait même la définition de cet art comme tel ; est « technique » ce qui n'est pas « chaotique », ce qui suit un chemin ordonné selon des règles strictes. En ce sens, le traité *De l'ancienne médecine* distingue avec limpidité l'*archè* de la médecine de sa méthode de constitution ; si le principe ne peut être trouvé que dans les conditions historiques de survie des premiers hommes, et ne dépendre ainsi que de la nécessité des besoins – c'est-à-dire des choses telles qu'elles se présentent, telles qu'elles tombent sous le sens –, la méthode, elle, s'appuie sur ce principe spontané pour constituer une structure de raisonnement fixe et vouée à être répétée. À l'inverse, les médecins rivaux auxquels s'oppose notre auteur, tenant d'une fondation non pas empiriste mais théorique de la médecine, semblent tirer le hasard du côté non plus du principe mais de la méthode elle-même – ce qui constitue le point de divergence le plus important entre les deux médecines envisagées par l'auteur[3].

S'élabore ainsi un critère de l'efficacité thérapeutique, souvent utilisé pour évaluer la réalité de la médecine elle-même dans les grands traités

1 *Cf.* Isnardi-Parente, *Technè*, p. 163. On pourra aussi utiliser le lexique de Rudolf Löbl, *Technè – Untersuchungen zur Bedeutung dieses Wortes in der Zeit von Homer bis Aristoteles. T. I : Von Homer bis zu den Sophisten*, Königshausen & Neumann, Würzburg, 1997-. Les citations les plus importantes relevées par l'auteur dans la collection hippocratique concernent *Aphorismes* I, *Regim.* I, 11, I, 2, *Epid.* I, 11, III, 16, *Progn.* I.

2 IV, 1-2.

3 Isnardi-Parente (*Technè* p. 169-170) utilise ce texte en écho à Aristote, qui dans *Eth. Nic.* propose une définition de l'art selon son usage du *kairos*, privilégiant ainsi un modèle stochastique de l'art (*cf.* aussi Jaeger, « Aristotle's Use of Medicine as Model in his Ethics », in *Journal of Hellenistic Studies*, London, 1957.)

fondamentaux qui sont consacrés à cet art, et ce, jusque bien après la période dite hippocratique. On le retrouve en effet formulé dans la préface du *De Medicina* de Celse, texte tardif, qui synthétise quelques débats importants d'une médecine antique alors encore proche de son apogée : comment définir mieux la médecine qu'en fonction des fins qu'elle poursuit ? Après avoir indiqué que « dans une première étape, l'art de guérir fut considéré comme une partie de la philosophie[1] » – et Celse de citer les noms de Pythagore, Empédocle et Démocrite –, et que c'est Hippocrate de Cos qui le premier en fit une discipline distincte, Celse va à son tour chercher à distinguer la médecine qu'il défend de celle fondée par Hippocrate. Or, au-delà de la querelle des théoriciens et des praticiens que Celse présente de façon très détaillée[2], ce qui distingue un médecin d'un non-médecin, c'est son projet : le médecin veut soulager et guérir[3].

Celse cherche en fait à établir dans le contexte latin un compromis entre les thèses respectives des écoles médicales hellénistiques rivales, Empiriques et Dogmatiques ; mais ce faisant il accorde néanmoins une préférence marquée aux méthodes prônées par les Empiriques en médecine. En effet les Empiriques sont bien les seuls qui envisagent la médecine pour ce qu'elle est véritablement : un art de guérir. Car pour Celse, l'intérêt porté par les grands médecins aux disciplines théoriques (physique, biologie, astronomie), est clairement subordonné à leur vocation thérapeutique[4].

1 Préface 6-7 ; édit. et traduction de Mudry, Droz, Genève, 1982.

2 « Il existe une divergence d'opinion, les uns prétendant que seule la connaissance des faits d'expérience leur est nécessaire, les autres que la pratique n'est pas suffisante sans la connaissance préalable des organismes individuels et de la nature… » 12.

3 À rapprocher du problème platonicien de la distinction entre sophiste et philosophe, distinction qui ne repose pas tant sur des différences formelles de pratique ou de contenu doctrinal, que sur des différences d'aspiration – ce qui explique que dans l' *Euthydème* et le *Sophiste*, ces deux « personnages » soient si difficiles à distinguer (*cf.* Narcy, *Le philosophe et son double*, Vrin, Paris, 1984). Une remarque similaire est faite par Aristote, mais concernant cette fois la différence entre sophistique et éristique (*SE* XI, 171b30-35) : « les amoureux de la lutte et les sophistes usent des mêmes arguments, mais ils n'ont pas les mêmes visées ; et le même argument sera sophistique et éristique, mais non du même point de vue : il sera éristique dans la mesure où son objectif est une victoire apparente, et sophistique dans la mesure où il poursuit un savoir apparent. » (trad. Dorion, p. 148).

4 Le débat évoqué ici par Celse peut être également repéré chez Aristote. *Cf. Parva Naturalia, (de sensu) :* « Il appartient encore au naturaliste de considérer les premiers principes à la fois de la santé et de la maladie : c'est que ni la santé ni la maladie ne peuvent exister chez des êtres privés de vie. C'est pourquoi presque tous ceux qui s'occupent de la nature, et, parmi les médecins, ceux qui s'attachent à leur art d'une manière suffisamment philosophique, les premiers en arrivent à l'étude de la médecine, tandis que les autres commencent leurs études médicales par l'étude de la nature. » *Sens.* 436 a 16-20.

> *Itaque ista quoque naturae rerum contemplatio, quamvis non faciat medicum, aptiorem tamen medicinae reddit. Verique simile est et Hippocratem et Erasistratum et quicumque alii, non contenti [sint] febres et ulcera agitare, rerum quoque naturam aliqua parte scrutati sunt, non ideo quidem medicos fuisse, verum ideo quoque majores medicos extitisse.*
>
> « C'est pourquoi cette même étude de la nature, elle aussi, bien qu'elle ne fasse pas le médecin, le rend cependant plus apte à la médecine. Sans doute, Hippocrate, Érasistrate, et n'importe quel autre <grand médecin>, ne se sont pas cantonnés au traitement des fièvres et des ulcères, mais ont également étudié de près tel ou tel aspect de la nature ; et ce n'est pas là ce qui en a fait des médecins, mais pour cela ils ont été de plus grands médecins[1]. »

Celse met ainsi dans la bouche des Empiriques des sarcasmes qui ont sans doute pour lui une portée plus vaste :

> *Etiam sapientiae studiosos maximos medicos esse si ratiocinatio hoc faceret. Nunc illis verba superesse, deesse medendi scientiam.*
>
> « Certes, si c'était la spéculation qui faisait le médecin, les savants seraient les plus grands docteurs ! Mais ces gens-là, s'ils ont du verbe en abondance, manquent de science proprement médicale[2]. »

Toutefois, le texte de Celse est une synthèse tardive d'éléments doctrinaux déjà présents dans les traités majeurs de la collection hippocratique[3]. Ainsi *De l'Art* traite-t-il déjà de façon détaillée de ces questions. L'auteur du traité se situe lui-même au sein d'une polémique importante qui porte sur l'existence même de la médecine en tant qu'art – la question de ses spécificités techniques n'étant abordée que dans un second temps, comme une dérivation de la première question.

La définition la plus intéressante de l'art médical pour notre propos se trouve dans un autre traité hippocratique, *De l'ancienne Médecine*. La polémique sur la nature de la médecine et son rapport avec les autres arts est toujours présente, mais formulée quelque peu différemment[4]. Il s'agit en effet de déterminer ce qui va donner à la médecine sa légitimité technique, et l'empêcher de devenir une doctrine creuse, un « verba-

1 Préface 47.

2 Préface 29.

3 *Cf.* sur cette question la préface de Mudry à son édition du texte, ainsi que Temkin, « Celsus' On medicine and the ancient medical sects », *Bulletin of the Institute of the History of Medicine* 3, Baltimore, 1935.

4 Sur le débat dans *VM*, *cf.* Thivel, *Cnide et Cos ? Essai sur les doctrines médicales dans la collection hippocratique*, Belles-Lettres, Paris, 1981, p. 329 *sq.* ; Thivel souligne les hésitations des traductions les plus célèbres (en particulier celles d'Edelstein, Kühn, Festugière, Ermerins et Ducatillon).

lisme ». La question posée n'est donc pas seulement celle de l'existence de la médecine, mais aussi celle de son efficacité – ce qui indique bien que dans la collection hippocratique, la définition de la médecine ne renvoie pas seulement à la compréhension de pratiques et de méthodes, mais également à la pertinence de ces pratiques et de ces méthodes vis-à-vis du but qu'elles cherchent à remplir. L'art médical n'est pas seulement une forme du savoir, mais surtout un moyen d'arriver à des fins. Le traité *De l'ancienne médecine* refuse donc non seulement la subordination de la médecine aux sciences théoriques, mais inverse même la hiérarchie traditionnelle qui faisait dépendre le savoir médical de la connaissance de la physiologie.

> Λέγουσι δέ τινες καὶ ἰητροὶ καὶ σοφισταὶ ὡς οὐκ ἔνι δυνατὸν ἰητρικὴν εἰδέναι ὅστις μὴ οἶδεν ὅ τί ἐστιν ἄνθρωπος· ἀλλὰ τοῦτο δεῖ καταμαθεῖν τὸν μέλλοντα ὀρθῶς θεραπεύσειν τοὺς ἀνθρώπους. Τείνει δὲ αὐτέοισιν ὁ λόγος ἐς φιλοσοφίην, καθάπερ Ἐμπεδοκλῆς ἢ ἄλλοι οἳ περὶ φύσιος γεγράφασιν ἐξ ἀρχῆς ὅ τί ἐστιν ἄνθρωπος, καὶ ὅπως ἐγένετο πρῶτον καὶ ὅπως ξυνεπάγη. Ἐγὼ δὲ τουτέων μὲν ὅσα τινὶ εἴρηται σοφιστῇ ἢ ἰητρῷ, ἢ γέγραπται περὶ φύσιος, ἧσσον νομίζω τῇ ἰητρικῇ τέχνῃ προσήκειν ἢ τῇ γραφικῇ.

> « Certains médecins et certains savants déclarent qu'il n'est pas possible de connaître la médecine si l'on ne connaît pas ce qu'est l'homme, et qu'il faut parfaitement acquérir ce savoir si l'on veut soigner comme il faut les hommes. Et le discours de ces gens-là tend vers la philosophie, comme celui d'Empédocle ou d'autres qui, à propos de la nature, ont écrit sur l'origine de l'homme, comment il s'est formé au début et à partir de quoi il s'est constitué. Mais quant à moi, j'estime que ce qui a été dit ou écrit sur la nature, que ce soit par un savant ou un médecin, concerne moins l'art de la médecine que celui du dessin[1]. »

Qui est attaqué ? Ce sont les physiologues ioniens qui sont ici visés, rivaux directs empiétant sur les terres de la médecine, qui comme Empédocle rédigent de longs poèmes sur la Nature dont les conclusions sont tirées d'hypothèses impossibles à vérifier, et qui ce faisant ne produisent rien d'autre que des mythes[2]. À ces récits de songe-creux,

1 *VM* XX, 1-2

2 Comment comprendre l'allusion faite ici à l'art « de la peinture » ou du « dessin » ? Il s'agit là d'une difficulté considérée comme « locus desperatus » du corpus hippocratique. Le terme désigne-t-il ici dans un sens large l'écriture – excluant de la médecine toute pratique discursive ? Ou bien simplement la rédaction de traités ? Ou encore le dessin – une façon ironique en ce cas de rabaisser l'activité des adversaires de la médecine défendue par l'auteur du traité, à de simples « gribouillages » ? Nous nous contenterons de relever deux choses : d'abord que le terme est pour l'auteur utilisé en un sens visiblement très péjoratif; il n'y a sur ce point aucune ambiguïté. *Graphein* ne peut donc désigner l'écriture en un sens très général, car en ce cas l'auteur de *VM* critiquerait cela même qu'il est en

l'auteur oppose l'empiricité absolue du discours médical, qui fonde sa légitimité dans ce qui est à la fois sa finalité et son critère : l'apaisement de la douleur, raison d'être et mesure irréductible de la pratique médicale. La médecine apparaît parce que l'humanité souffre, du fait de n'avoir aucun régime qui lui soit approprié ; seuls les plus résistants survivent à l'ingestion d'aliments crus et violents. La nature n'est pas pour l'homme un milieu immédiatement favorable, mais l'amélioration des conditions de vie suppose un aménagement du milieu, et une progression des techniques – progression qui ne peut venir que de l'effort propre de l'humanité, dans le cadre d'une nature aveugle et non téléologiquement orientée. La première médecine, qui vise à adapter le régime à la constitution de l'homme moyen, est ainsi identifiée à une diététique : la découverte de la cuisson et de l'accommodement des mets, la mise en relation entre nourriture et santé, sont les inventions qui fondent l'art médical.

L'HÉRITAGE D'ARISTOTE ET LA « RÉVOLUTION HÉROPHILÉENNE »

Comme nous l'avons indiqué plus haut, c'est bien Aristote qui fournit au monde savant le modèle épistémologique le plus abouti pour penser la science et la distinguer de l'art. Mais il serait à la fois anachronique et trompeur d'appliquer de façon univoque les définitions aristotéliciennes au Corpus Hippocratique, et plus encore peut-être de s'imaginer que le débat, lisible dans *De l'Art* et *De l'ancienne Médecine*, entre technique thérapeutique et science théorétique, se transmet tel quel aux sectes hellénistiques, sans avoir été lui-même modifié par l'apport conceptuel aristotélicien. La transition entre le moment hippocratique et le moment hellénistique est sur cette question d'une grande importance ; elle s'articule autour de la figure d'Hérophile de

train de faire – à savoir rédiger un traité sur la définition de la médecine ; ensuite qu'il y a bel et bien une ambiguïté dans l'usage historique en grec de *graphein*, ambiguïté qui est sans nul doute exploitée par l'auteur de *VM* ; il désigne donc certains types d'écrits qui selon lui sont plus proches de la figuration imagée et trompeuse, (si l'on rapproche ce *graphein* du refus précédant d'utiliser des « hypothèses ») que de l'écrit au sens propre. Il n'est sans doute pas impossible ici de lire, comme le propose Thivel, une attaque à peine déguisée contre certains écrits philosophiques rapprochés de peintures au sens quasi platonicien d'art trompeur.

Chalcédoine, qui enseigne et pratique la médecine à Alexandrie dans la première moitié du IIIe siècle avant J.-C. Hérophile, tributaire de la biologie d'Aristote, a l'ambition de placer la médecine au même niveau que la science de la nature, et d'en faire une véritable physique du corps. L'utilisation de nouveaux adjuvants – en particulier la dissection et la vivisection, pratiques sur lesquelles nous reviendrons – va permettre à Hérophile et à son contemporain Érasistrate de faire progresser de façon considérable les connaissances anatomiques, et de prolonger certaines pistes aristotéliciennes[1]. M. Vegetti cite ainsi les problèmes laissés en suspens par le cardiocentrisme d'Aristote, qui sera progressivement mis en doute, et par l'hypothèse d'un *pneuma*, « mystérieuse "vapeur" cardiaque », « support somatique impossible à observer mais nécessaire à l'explication des fonctions psychiques supérieures qui se situent à l'interface âme/corps[2] ».

Il est toutefois remarquable de constater que, dans ce climat de frénésie scientifique qui caractérise la période alexandrine, et malgré ce recours devenu systématique à l'épistémologie d'Aristote, le modèle technique de la médecine va se révéler impossible à abandonner. On peut relever chez Hérophile trois éléments qui prouvent la persistance d'une conception technique de la médecine, et les limites de la normalisation scientifique qu'il tente d'imposer. Le premier de ces éléments est constitué par l'aspect limité des innovations proprement médicales introduites par Hérophile. Si les connaissances anatomiques progressent grâce à lui de façon significative, cela ne se traduit pas sur des avancées notables sur le plan de la thérapeutique. Ainsi, les investigations étiologiques complexes menées par Hérophile ne le conduisent pas à abandonner la théorie humorale et l'appareil de soin qui accompagne ce schéma dans la collection hippocratique – à savoir, principalement la maîtrise du régime et la recherche, par l'administration de purgatifs et de décoctions diverses, d'un équilibre entre éléments internes et externes favorable à l'*eukrasis*[3].

Une deuxième source de difficulté vient de ce que les progrès réalisés sont conditionnés par l'observation directe du corps, et en particulier

1 Dans certains cas, il s'agit même de corriger des erreurs du Stagirite ; on peut ainsi citer la distinction des artères et des veines, ainsi que des tendons et des nerfs, rendue possible par la précision des observations d'Hérophile, qui prolonge et améliore les premières inflexions apportées par Dioclès de Caryste et Praxagore, dont Hérophile fut l'élève.

2 « Entre le savoir et la pratique : la médecine hellénistique », in *Histoire de la pensée médicale en Occident*, t. 1, Grmek (édit.), Paris, Éd. du Seuil, 1995, p. 72.

3 *Cf.* Sur cette question, Vegetti, « Entre le savoir et la pratique », *op. cit.* p. 82 ; certains éléments sont repris à Von Staden, *Herophilus, The Art of Medicine in Early Alexandria*, Cambridge, Cambridge University Press, 1989.

de sa structure interne, que les médecins hippocratiques répugnaient à explorer. Cette pratique de la dissection, emblématique de la révolution alexandrine, va soulever des obstacles importants qui mettent directement en cause la question du statut de l'art médical. H. Von Staden remarque ainsi que cette volonté de fonder la médecine sur une observation minutieuse du corps, mise en avant dans le but de consolider son assise théorique, est ce qui va paradoxalement mener certains hérophiléens, derrière Philénos de Cos, à opter pour un empirisme fortement sceptique. En revanche, alors même que certains aspects du travail de Hérophile devraient le ranger lui-même du côté de l'empirisme, ses revendications théoriques l'en éloignent fortement ; ce qui conduit H. Von Staden à distinguer, en faisant usage des termes que l'on trouve chez Aristote au début de la *Métaphysique*, l'*empeiria* des Empiriques, observation et mémorisation du singulier, de la *technè* dont Hérophile demeure le garant, qui suppose une généralisation, même minime, donc un raisonnement. La nuance proposée par H. Von Staden n'est valable que dans la mesure où l'on souhaite justement appliquer aux Empiriques un vocabulaire aristotélicien – alors même que ces derniers opèrent parfois certains glissements sémantiques qui les conduisent à ne pas récuser le terme de *technè* pour qualifier leur activité, sans pour autant se plier aux attendus de la terminologie aristotélicienne. Cependant H. Von Staden souligne avec pertinence à quel point Hérophile, dans sa pratique personnelle de la médecine, reste tributaire d'une conception de la médecine qui ne peut faire entièrement abstraction du matériau empirique et de ses incertitudes et qui, pour cette raison, demeure fort éloignée de *l'épistémè* aristotélicienne.

Enfin, Hérophile semble être demeuré, dans la lignée des médecins hippocratiques, extrêmement méfiant vis à vis des dialecticiens qui prétendent proposer pour la science un modèle de raisonnement pur, débarrassé des contraintes de l'expérience sensible. L'anecdote présentée par Sextus Empiricus, dans les *Esquisses Pyrrhoniennes*, en offre un exemple :

> Φέρεται δὲ καὶ Ἡροφίλου τοῦ ἰατροῦ χαρίεν <τι> ἀπομνημόνευμα · συνεχρόνισε γὰρ οὗτος Διοδώρῳ, ὃς ἐναπειροκαλῶν τῇ διαλεκτικῇ λόγους διεξῄει σοφιστικοὺς κατά τε ἄλλων πολλῶν καὶ τῆς κινήσεως. ὡς οὖν ἐκβαλών ποτε ὦμον ὁ Διόδωρος ἧκε θεραπευθησόμενος ὡς τὸν Ἡρόφιλον, ἐχαριεντίσατο ἐκεῖνος πρὸς αὐτὸν λέγων 'ἤτοι ἐν ᾧ ἦν τόπῳ ὁ ὦμος ὢν ἐκπέπτωκεν, ἢ ἐν ᾧ οὐκ ἦν · οὔτε δὲ ἐν ᾧ ἦν οὔτε ἐν ᾧ οὐκ ἦν · οὐκ ἄρα ἐκπέπτωκεν', ὡς τὸν σοφιστὴν λιπαρεῖν ἐᾶν μὲν τοὺς τοιούτους λόγους, τὴν δὲ ἐξ ἰατρικῆς ἁρμόζουσαν αὐτῷ προσάγειν θεραπείαν.

> « On rapporte une anecdote amusante sur le médecin Hérophile : il vivait à l'époque de Diodore qui, dialectisant avec vulgarité, se répandait en

> raisonnements sophistiques sur beaucoup de sujets et, entre autres, sur le mouvement. Un jour Diodore se démit l'épaule et se rendit auprès d'Hérophile pour se faire soigner ; celui-ci lui dit en plaisantant : "l'épaule a été déboîtée soit dans un lieu où elle se trouvait, soit dans un lieu où elle ne se trouvait pas ; et sans doute, ni là où elle était ni là où elle n'était pas ; donc elle n'est pas déboîtée", tant et si bien que le sophiste le supplia, malgré ces beaux raisonnements, de mettre en œuvre le traitement dicté pour lui par la médecine[1]. »

Le récit de Sextus est complété par une petite conclusion, qui insiste avec humour sur la supériorité de l'expérience sur le dogme théorique. On constate que ce sont bien ici les observations de bon sens et les *prolepseis* communes de l'empirique qui sont opposées aux raisonnements dogmatiques. Ce qui tendrait à montrer que Hérophile n'est pas, selon Sextus, à mettre au rang des théoriciens, mais que la doctrine médicale qu'il propose, fondée sur des observations quotidiennes peu généralisées, est proche de l'empirisme médical. Certes, on peut douter de l'authenticité du témoignage de Sextus sur ce point. Mais il reste que c'est cet aspect que la tradition doxographique semble avoir retenu du personnage d'Hérophile.

Le modèle de la *technè*, tel que nous l'avons décrit, sort donc renforcé de la période alexandrine, alors même que l'héritage d'Aristote semblait avoir pour conséquence directe son extinction, aux profits d'une physique et d'une biologie théoriques importées au sein du discours médical. Pourtant la philosophie du Stagirite a sans nul doute donné une ambition nouvelle aux savants alexandrins, et son ombre plane sur tous les textes de cette période ; mais si l'emprunt de définitions, de concepts et de pistes de recherche a été massif, cela n'a pas suffi à modifier une conception de la médecine comme « art de guérir ». La structure demeure donc, alors que le fond conceptuel a notablement changé ; le plus grand apport d'Aristote se joue en effet dans une nouvelle façon de concevoir le discours scientifique, dans le traitement nouveau des données issues de l'observation, précisées et encadrées par un *logos* bien mieux maîtrisé ; si la médecine reste un art, elle profite au même titre que la physique de cette logicisation de l'expérience sensible. L'expérience sur laquelle se fonde l'art médical est devenue un support rationnel. Reste alors à distinguer, au sein même de cette expérience, ce qui est rationalisable de ce qui ne l'est pas – ce que le *logos* pourra domestiquer, et ce qui restera de façon irrémédiable obscurci par les hasards de la sensibilité et de la matière.

1 *P.* II, 22 [245].

L'EMPIRISME MÉDICAL ET LE PROBLÈME DE L'ÉVIDENCE

On retrouve dans le traité hippocratique *De l'ancienne Médecine* la thèse selon laquelle le premier critère du vrai peut être identifié à la sensation[1]. Le fil du raisonnement est assez simple à reconstituer. Dans la mesure où la médecine naît elle-même de la sensation – c'est-à-dire des impressions de souffrance qui engendrent le besoin d'un soulagement –, c'est cette sensation qui devra fournir la mesure de l'efficacité de la pratique médicale – donc la mesure de la validité des connaissances sur lesquelles elle s'appuie. L'auteur du traité oppose ainsi, d'une façon que ne désavouerait certainement pas un épicurien, les mesures théoriques et plus exactement quantitatives que proposent les sciences qui n'ont pas cette vocation pratique, aux mesures sensibles – et donc par définition inexactes, car non quantitatives – sur lesquelles se fondera l'art médical. Si l'on admet qu'il s'agit bien ici, derrière le terme de « mesure », de procédures de validation par l'évidence sensible[2], alors la convergence entre les conceptions épicuriennes et hippocratiques du critère est ici tout à fait remarquable.

Pour les sciences qui ne peuvent s'appuyer sur un critère évident, comme l'est celui de la sensation, un passage par le « postulat » – c'est-à-dire par la médiation discursive de la démonstration – doit tenir lieu de méthode ; mais la médecine dispose d'un tel critère ; elle peut donc se fier à l'évidence des perceptions pour se passer de l'hypothèse[3].

---

1 *VM* IX, 3. Jouanna fait remarquer qu'il s'agit de « la phrase du traité qui a donné lieu aux commentaires les plus longs et aux discussions les plus nombreuses... » (note p. 173). Il distingue deux grandes catégories herméneutiques, celle des « philologues », qui interprètent « la sensation du corps » comme celle « du malade face au régime qu'il ingère », et celle « des médecins et des historiens des sciences », qui l'interprètent comme « la sensation du médecin face au corps du malade ». Notre lecture cherche en vérité à concilier ces deux interprétations, dans la mesure où la sensation critique du médecin qui cherche à identifier le symptôme derrière les signes du corps du malade, doit pour indiquer le vrai ne pas entrer en contradiction avec celle du malade lui-même.

2 La référence aux poids et aux chiffres pourrait aller en ce sens, dans la mesure où elle rappelle l'allusion que fait Sextus aux critères non logiques comme les instruments de mesure. On pourra consulter à ce propos Bratescu, « Le problème de la mesure dans la Collection hippocratiques », *Formes de pensée dans la collection hippocratique. Actes du colloque hippocratique de Lausanne*, édit. Lasserre et Mudry, Genève, Droz, 1983, p. 137-144, ainsi que Dean-Jones, « *Autopsia*, *Historia* and what women know : the Authority of Women in Hippocratic Gynaecology », *Knowledge and the Scholarly Medical Traditions*, Cambridge university press, Cambridge, 1995.

3 *VM* I, 3.

La démonstration dialectique de l'auteur est circulaire : la médecine ne pose aucune hypothèse car son contenu est nécessairement vrai ; cette véracité est garantie par le recours au critère, qui dégage le médecin de l'obligation démonstrative imposée à celui qui se penche sur des domaines de savoir moins certains. L'auteur du traité peut donc à la fois imposer la vérité absolue du critère choisi, mais aussi suggérer une méthode d'investigation faisant l'économie de l'appareillage déductif.

Un autre témoignage en ce sens peut être trouvé au début du traité *De l'Art* : « ce qui est se voit et se conçoit toujours, tandis que ce qui n'est pas ne se voit ni ne se conçoit ; or, lorsqu'il s'agit d'arts qui sont l'objet d'un enseignement, on conçoit bel et bien ; et aucun d'eux ne se voit pas, sous une apparence ou une autre[1]. » Dans son introduction à son édition du traité, J. Jouanna fait remarquer que ce passage peut être interprété dans deux sens bien différents, et rend possible le rattachement de l'auteur soit aux doctrines Éléatiques sur l'être[2], soit aux adversaires de ces mêmes Éléates[3]. Jouanna se garde de trancher entre ces deux propositions[4]. Pour notre part, nous aimerions attirer l'attention sur le fait que vision et conception ne sont pas ici mises dos à dos, mais bien associées ; il nous semble en revanche que dans un contexte Éléatique, la vision qui représente la connaissance sensible sera plutôt opposée à la connaissance par concept, rationnelle, qui atteint les réalités intelligibles. À moins de considérer ici que la vision dont il est question est déjà une vision intellectuelle ; mais cela rend l'argument absurde, puisqu'il repose justement sur l'idée que la réalité de l'art est évidente du fait de son apparition, c'est à dire de la possibilité d'en avoir une connaissance, que celle-ci soit sensible ou intelligible[5]. Si l'on

1 *De arte*, II, 2.

2 *Cf.* Taylor, *Varia Socratica*, Oxford, 1911.

3 *Cf.* Gomperz, *Die Apologie der Heilkunst*, Berlin, 1890.

4 « La position de l'auteur de l'*Art* est en fait ambiguë : il s'inspire de certains principes de l'éléatisme, mais les adapte à son réalisme dans sa polémique contre les négateurs de l'art. » p. 176.

5 S'il est sans doute impossible de rattacher les polémiques ici visées à un courant philosophique précis de l'antiquité, il nous semble que deux candidats au moins sont bien plus pertinents que les Éléates dans le camp des inspirateurs de l'auteur : les sophistes et Démocrite ; les sophistes, parce qu'une telle dichotomie, qui introduit une pluralité de modes d'investigation possibles sans les hiérarchiser, est dans les fragments que nous possédons une introduction courante sur ces questions très générales ; Démocrite, parce que quelques témoignages font état d'une distinction de ce genre entre connaissance par les sens et connaissance par la raison, distinction qui détermine des niveaux mais qui n'en exclut aucun. Un autre argument serait l'irruption dans la suite du texte de références aux théories conventionnalistes sur le langage. Une telle référence rend sans doute plus lisible

accepte cette interprétation de l'argument liminaire, alors le contexte épistémologique auquel se réfère l'auteur du traité devient un contexte nettement empiriste, dans lequel une confiance résolue est placée dans la sensation. Ce qui est confirmée plus loin, alors que l'auteur indique que les critères utilisés par le médecin seront « la clarté ou la raucité de la voix, la rapidité ou la lenteur du souffle », l'aspect des flux qui s'échappent du corps, etc.[1]. Le critère permettant au médecin d'exercer son art restera toujours la sensation – l'usage des signes permettant de pallier les insuffisances de la perception humaine et établissant un rapport de continuité fiable entre le visible et l'invisible.

Il y a ainsi une circularité remarquable entre les modes d'exercice de l'art et ses modes d'apparition ; c'est son empiricité qui le manifeste comme réel – l'art existe parce qu'il se voit et que ses résultats s'éprouvent dans la chair même du malade ; c'est cette même empiricité qui caractérise le lieu d'exercice de l'art médical compris comme interprétation des signes visibles que fournit le corps, et qui dévoilent l'origine invisible du mal.

En ce sens, on pourrait considérer que la pratique de la dissection, qui émerge à Alexandrie au IIIe siècle avant J.-C., est une conséquence naturelle de cette attention portée par le médecin à ce que montre le corps du malade. Cependant, si c'était le cas, la dissection aurait été acceptée universellement par tous les praticiens, et son usage se serait répandu sans difficulté. Or, si l'on en croit les témoignages à notre disposition, il semble que ce mode d'investigation ait été très loin de faire l'unanimité ; on peut même dire qu'il donna lieu à une controverse ardente.

On attribue à Hérophile l'initiative des premières dissections humaines ; il fut rapidement imité par son contemporain Érasistrate, mais il semble que cette pratique n'ait pas survécu aux deux hommes, et qu'elle n'excéda pas une cinquantaine d'années. La brièveté de ce

la suite du traité, qui est proprement incompréhensible si l'auteur est rattaché aux Éléates. En effet, cette force de coercition qu'exerce l'art sur la nature ne porte pas seulement sur l'entrave apportée aux maladies elles-mêmes, mais sur le corps dans son ensemble, et rend possible, avant la thérapie, la pratique même de la méthode sémiotique qui est la méthode privilégiée du médecin. Or l'exercice de la sémiologie implique une confiance dans les sens qui est absolument étrangère aux Éléates, et qui au contraire caractérise les courants philosophiques – atomisme et sophistique – que nous venons de relever. Le cas de Démocrite pourrait poser problème, bien sûr ; mais si la connaissance sensible est bien pour l'abdéritain douteuse quand il s'agit de percer la nature même des choses, elle reste une voie de compréhension tout à fait satisfaisante dans le domaine technique qui nous intéresse ici.

1 *De arte* XII, 1-3.

laps de temps, longtemps attribuée à l'influence d'interdits moraux et religieux, montre que cette activité n'a pu survivre au rejet qu'elle a suscité. Or il semble bien que ce rejet n'ait pas été simplement le fait d'observateurs extérieurs choqués par la supposée barbarie de la dissection, mais qu'il soit également venu de la communauté savante elle-même, peu convaincue de l'intérêt scientifique d'une telle méthode de travail. La condamnation chrétienne des dissections au Moyen-Âge n'a pu vraisemblablement intervenir que dans un contexte dans lequel elle était déjà délaissée depuis longtemps, au profit d'une clinique plus traditionnelle. Les raisons de ce dédain viennent probablement de l'inadéquation fondamentale de la dissection avec l'ensemble du socle épistémologique qui a été progressivement privilégié par le savoir médical occidental. Comme le fait remarquer R. Mandressi, « si pendant de longs siècles il n'y a pas eu de dissections, c'est surtout parce qu'elles n'ont pas été jugées indispensables afin d'obtenir ou de parfaire un savoir sur le corps[1]. »

Le geste audacieux d'Hérophile intervient dans un contexte que nous avons déjà décrit : floraison intellectuelle, soutien du gouvernement relativement libéral des premiers Ptolémée, et surtout, apports massifs des textes d'Aristote, abondamment commentés et déjà bien vulgarisés. Nous avons déjà indiqué à quel point la considération de l'*empeiria*, comme support possible d'un discours rationnel, a pu tirer bénéfice des acquis aristotéliciens. Les traités biologiques d'Aristote, merveilles de précision dans la description et d'attention aux variations du matériau sensible, s'appuient sur une observation minutieuse des corps, et s'intéressent au premier chef à l'anatomie des espèces observées. Il semble naturel qu'Hérophile puis Érasistrate aient été tentés de prolonger ces avancées biologiques incontestables en appliquant ces méthodes d'investigation anatomique au corps humain lui-même.

Il est plus surprenant de constater que, comme nous l'avons indiqué ci-dessus, cette pratique de la dissection n'a été réellement effective que durant une période relativement réduite. Elle n'a visiblement pas survécu à une réprobation alimentée par des arguments non seulement moraux, stigmatisant la cruauté des expériences de vivisection menées par Hérophile, mais également méthodologiques. Dans la mesure où

1 Mandressi, *Le regard de l'anatomiste : dissections et invention du corps en Occident*, Seuil, Paris, 2003, p. 56. On pourra également consulter l'article de Von Staden, « The Discovery of the body : human dissection and its cultural contexts in Ancient Greece » in *The Yale Journal of Biology and Medicine*, 65, 1992, p. 223-241.

ces seconds arguments portent justement sur la question du crédit à apporter aux sensations et sur le statut de l'évidence, il est pour nous important de saisir les enjeux d'une polémique que nous connaissons assez bien grâce au témoignage de Celse.

Celse indique, dans un développement de son *Prœmium* consacré à cette querelle, que les critiques les plus acérées eurent pour origine la secte des Empiriques. Ceux-ci refusèrent l'usage de la dissection parmi un ensemble de méthodes considérées comme néfastes et inutiles, regroupées sous l'appellation de « méthode » ou « science rationnelle ».

> *Serapion primus omnium nihil hanc rationalem disciplinam pertinere ad medicinam professus, in usu tantum et experimentis eam posuit.*
>
> « Sérapion le premier de tous déclara que rien dans cette science rationnelle n'avait de rapport avec la médecine, qu'il cantonna à l'usage et aux expériences[1]. »

On peut déjà relever que d'après ce témoignage, qui oppose la méthode rationnelle à une voie plus empirique, Sérapion fait sortir la dissection du champ de l'expérience ; ce qui confirme que, selon qu'on appartienne à l'école Empirique ou à l'école Dogmatique, la notion d'expérience n'a pas exactement la même signification.

Après ce préambule de portée générale, Celse, avant de reprendre les arguments critiques des Empiriques, décrit avec minutie la pratique concrète de la dissection par Hérophile et Érasistrate ; il l'associe immédiatement à l'objectif avéré des Dogmatiques, à savoir la recherche des « causes cachées » (*abditarum causarum*) à l'œuvre au sein du corps malade. Cette description d'une longueur remarquable, puisqu'elle occupe pas loin de trois paragraphes complets[2], souligne avec force la relation qu'Hérophile semble avoir établi à chaque fois entre observation et geste thérapeutique. La dissection – ou plutôt, en l'occurrence, la vivisection d'un condamné à mort – ne relève pas d'une simple démarche théorétique, mais elle conduit nécessairement à l'élaboration d'une prescription pour les malades à venir. Ainsi on devine que les « causes cachées » qu'elle révèle ne sont pas cachées par nature, mais en attente d'être dévoilées par le regard intrusif du médecin-anatomiste. On comprend également rapidement que pour Hérophile comme pour Érasistrate, l'observation des organes est nécessairement guidée par le souci thérapeutique. Ainsi, ce qui est observé à l'état normal sera

1 Préface 10
2 Préface23-26.

comparé à l'aune de l'état pathologique – on reconnaît là une esquisse de la démarche de la médecine moderne, qui identifie la physiologie du corps malade à celle du corps sain, moyennant certaines différences purement quantitatives[1].

C'est justement ce raisonnement que les Empiriques récusent. Hérophile suppose que la dissection révèle un état normal du corps, qui permettra par défaut d'identifier dans le corps malade le lieu sur lequel devra s'exercer l'art du médecin. Pour l'Empirique, il y a là un cercle vicieux, car la vision du corps, d'elle-même, ne révèle rien sur une pratique « à venir ». Seuls des gestes thérapeutiques qui ont prouvé leur efficacité sont valables – ce qui implique que l'expérience est un champ clos, qu'il ne faut pas chercher à élargir, mais qui va toujours du même au même ; d'où une remarque étonnante au § 37 :

> *primo tamen remedia exploranda summa cura fuisse ; nunc vero jam explorata esse ; neque ad nova genera morborum reperiri, aut novam desiderari medicinam.*
>
> « À l'origine il fallut chercher des remèdes avec le plus grand soin ; mais à présent ils ont été trouvés ; et aucun nouveau genre de maladie ne reste à explorer, ni aucune nouvelle médecine à souhaiter. »

Intervient ensuite un second argument, de portée considérable : la méfiance à avoir envers l'observation elle-même. Argument déroutant, si l'on garde bien à l'esprit que ce sont les Empiriques qui mènent cette critique de la dissection. On retrouve alors une utilisation du trope sceptique du relatif, utilisé pour desservir l'observation sur laquelle les Empirique fondent pourtant leur pratique médicale. Dès son ouverture, le corps s'est modifié ; l'analogie indispensable entre le corps observé et le corps à l'état normal, qui conditionne l'aboutissement médical de la méthode hérophiléenne, est donc illégitime et impossible. Le corps disséqué, celui-là même qui devait être utilisé par comparaison comme modèle et critère du corps sain, est au moment où on l'observe un corps dénaturé par l'ouverture barabre et cruelle, souillé, déformé, inutilisable.

1 Il serait sans doute intéressant de comparer les termes de cette querelle de la dissection avec ceux d'une controverse bien plus tardive, rapportée et analysée par Canguilhem dans *Le Normal et le pathologique*, et ayant pour foyer la pathologie expérimentale de Claude Bernard. Lorsque ce dernier déclare que « si nous ne pouvons pas aujourd'hui expliquer tous les phénomènes des maladies, c'est que la physiologie n'est pas encore assez avancée et qu'il y a encore une foule de fonctions normales qui nous sont inconnues » *(Leçons sur le diabète et la glycogenèse animale*, cité par Canguilhem, *Le Normal et le pathologique*, Presses Universitaires de France, Paris, 1998, p. 34), il semble reprendre, après plusieurs siècles, les termes mêmes du débat antique sous une forme quasi inchangée.

L'argumentation des Empiriques est donc en deux temps ; après avoir jeté le doute sur la méthode générale d'inférence du connu au caché, le geste révolutionnaire des hérophiléens est déprécié et accusé de détruire le support qu'il prétend vouloir observer. Dans cette controverse, les Empiriques ont bien joué un rôle tout à fait proche de celui des sceptiques opposés aux épicuriens, qui cherchaient à détruire à la fois le principe même du critère, et son application à la sensation comme support de l'évidence.

Cependant la situation des Empiriques au sein de cette polémique s'obscurcit singulièrement si l'on tient compte à présent du fait que l'on trouve chez Galien des témoignages de la lutte des Empiriques contre « ceux qui refusent l'évidence » – et qui sont assimilés à des sophistes[1]. La méthode empirique, s'appuyant sur les choses apparentes qu'elle analyse entre autres par l'emploi de la sémiologie, semble dans un premier temps adopter une position semblable aux positions dogmatiques. Mais cette impression est immédiatement réfutée par la suite du texte :

> Ainsi l'empirique ne fera de discours ni nombreux ni longs, mais ses propos seront courts et rares, comme c'était le cas de Pyrrhon le sceptique, qui, recherchant la vérité et ne la trouvant pas, restait dans l'incertitude sur toutes les choses non manifestes et qui, dans ses actions de tous les jours, suivait l'évidence, alors qu'il restait dans l'incertitude pour tout le reste. L'attitude du sceptique face à la totalité de la vie, telle est l'attitude de l'empirique concernant la médecine[2].

Nous nous trouvons donc confrontés à deux difficultés : d'une part, il ne semble pas contradictoire pour les Empiriques de se rapprocher du scepticisme alors même qu'ils sont supposés travailler à partir de l'évidence ; et d'autre part, la désignation des adversaires opposés à l'apparence comme des « sophistes » fait apparaître un nouveau terme dans le débat qui nous intéresse.

Plusieurs hypothèses s'offrent alors à nous. On peut d'une part considérer que l'évidence dont il est question n'a rien à voir avec celle que défendent les dogmatiques ; ce qui permet de l'attribuer sans difficulté à une doctrine sceptique, mais nous interdit par là-même de supposer qu'il y a bien des convergences entre l'empirisme dogmatique d'Épicure, et l'empirisme médical. On peut aussi considérer que la distinction entre « sophistes » et « sceptiques » ne s'applique pas à des ensembles réellement

1 *Subf. Emp.* XI, 82, 10-20 (trad. Pellegrin).
2 *Subf. Emp.* XI, 82, 20-31 (trad. Pellegrin).

distincts, mais qu'elle recouvre une distinction polémique – et qu'elle ne différencie pas des individus ou des écoles mais plutôt des postures. Le sceptique refusant l'évidence ne peut le faire que par l'usage d'arguments fallacieux – et ce faisant il devient un sophiste, dont les démonstrations sont des systèmes dialectiques illusoires qu'il s'agit de démonter.

On peut enfin considérer que ce concept d'évidence, s'il est dans sa définition première commun aux épicuriens, aux sceptiques et aux Empiriques, se voit attribué dans ces différentes écoles des usages épistémologiques très différents – et revenir ainsi au témoignage de Sextus qui définit bien l'évidence comme ce qui apparaît vrai ; Sextus admet ainsi la vérité de l'impression, mais fait porter le doute sur le jugement qui accompagne cette évidence – refusant ainsi d'associer de façon nécessaire la vérité de l'impression à la réalité de l'objet. En d'autres termes, ce n'est pas que l'évidence change de signification d'une école à l'autre ; mais elle ne sera pas exploitée de la même façon. Elle reste ce qui s'impose à moi comme immédiatement vrai ; néanmoins, alors que pour l'épicurisme ce qui est évident est toujours vrai – ce qui explique que l'on puisse formuler un jugement vrai à partir d'une impression évidente même passée –, pour le sceptique l'évidence ne vaut qu'au moment même de son apparition, et en tant qu'apparition seulement ; le jugement de vérité qui l'accompagne est donc par essence éphémère et relatif au moment, au lieu, à l'état de celui qui le formule.

Mais il n'en reste pas moins que la position empirique soulève ici un problème de cohérence très important. Les Empiriques ont la réputation d'appliquer à l'art de la médecine la posture philosophique générale du scepticisme. Cependant, la pratique médicale, si elle impose effectivement une prise en compte du *kairos*, c'est-à-dire des circonstances variables de l'apparition de la maladie, nécessite également l'acceptation d'une certaine continuité de l'évidence sur laquelle elle s'appuie. D'une part en effet pour construire une thérapeutique le médecin a besoin de postuler une certaine répétitivité de la nature – ce qui guérit une inflammation peut en guérir une autre semblable – et d'autre part la procédure sémiologique utilisée ne peut exister sans une persistance dans le temps de l'impression de vérité qui accompagne l'évidence. L'idée d'une médecine utilisant l'évidence d'une façon sceptique est bien problématique, dans la mesure où la pratique d'une méthodologie empiriste implique un usage de l'expérience faisant fond sur une continuité minimale de celle-ci, continuité qui garantit la validité des inférences analogiques qu'elle se trouve obligée de construire.

TECHNÈ, *TRIBÈ*, *EMPEIRIA* : LES SENS DE L'EXPÉRIENCE MÉDICALE ET PHILOSOPHIQUE

L'expérience n'est pas une donnée univoque. La langue philosophique grecque, sensible à ce genre de nuances, la désigne selon deux termes qui ne se recouvrent pas : *tribè* et *empeiria.*

Selon une formule tardive de Galien, ce que désigne à proprement parler l'*empeiria*, c'est « l'expérience comme auto-constitution par la sensation propre du savoir » (*Esquisse empirique (Subfiguratio empirica)* III, 47). Il s'agit donc d'un terme technique qui ne peut être confondu avec l'expérience au sens commun et vague que désigne la *tribè.* Cette conceptualisation prend racine dans des usages anciens relativement repérables, dans la mesure où les deux termes sont chacun d'un emploi assez rare.

Tribè désigne l'expérience de façon très péjorative, comme routine. *Empeiria* est d'un usage un peu plus rare[1] et fait référence à l'empiricité régulée et rendue intelligible par l'usage sur elle d'un certain type de savoir, qui sera justement le savoir technique opposé au simple savoir-faire, au tour de main. La *technè* opposée à la *tribè* est donc définie comme une sagesse de l'expérience, au sens où elle va donner au chaos des impressions la forme ordonnée de *l'empeiria.*

L'art est ainsi associé à l'*empeiria* comme à son objet, mais aussi comme à son terrain d'exercice. L'expérience bien comprise est à la fois ce qui détermine la pratique d'un savoir, et ce qui entraîne la définition de ce savoir comme savoir technique. En effet l'expérience en tant qu'objet oriente le choix des procédures méthodologiques employées, et leur usage ; mais en tant que lieu d'exercice elle constitue des procédures pour un certain type de savoir.

Sextus offre dans le *Contre les grammairiens* un témoignage particulièrement intéressant quant à l'usage du terme *d'empeiria* au sein du Jardin. Le problème posé est celui de la définition de la grammaire. La grammaire est définie d'habitude comme une *empeiria*, traduite par l'expression « connaissance d'expérience » ; plus loin Sextus propose et critique une définition, attribuée à Ptolémée, de ce que peut être une connaissance d'expérience :

1 On en trouve des occurrences chez Aristote, en *Metaph.* A 1, 980 b 25.

Αὐτὴ μὲν γὰρ ἡ ἐμπειρία τριβή τίς ἐστι καὶ ἐργάτις ἄτεχνός τε καὶ ἄλογος, ἐν ψιλῇ παρατηρήσει καὶ συγγυμνασίᾳ κειμένη, ἡ δὲ γραμματικὴ τέχνη καθέστηκεν), οὐ συνορῶν ὅτι τάττεται μὲν καὶ ἐπὶ τέχνης τοὔνομα, καθὼς ἐν τοῖς ἐμπειρικοῖς ὑπομνήμασιν ἐδιδάξαμεν, ἀδιαφόρως τοῦ βίου τοὺς αὐτοὺς ἐμπείρους τε καὶ τεχνίτας καλοῦντος, ἀφ' ἧσπερ ἐννοίας καὶ ὁ Μητρόδωρος ἔφη μηδεμίαν ἄλλην πραγμάτων ἐμπειρίαν τὸ ἑαυτῆς τέλος συνορᾶν ἢ φιλοσοφίαν, τουτέστι μηδεμίαν τέχνην.

« L'expérience est une sorte de routine qui travaille sans art et sans raison ; elle consiste dans l'observation et la répétition en commun, tandis que la grammaire appartient aux arts. Mais il [Ptolémée] ne voit pas que ce nom [expérience] s'applique aussi à l'art, comme nous l'avons montré dans nos petites synthèses empiriques ; on parle indifféremment des mêmes personnes en les disant expériementées ou techniquement expertes ; c'est à partir de cette notion commune que Métrodore disait qu'aucune expérience des réalités ne voit son propre but, sinon la philosophie – et par expérience il voulait dire : aucun art[1]. »

S'il s'agit bien ici du disciple et ami d'Épicure Métrodore de Lampsaque[2], ce texte indique que des épicuriens ont thématisé avec précision les notions d'art et d'expérience en les associant à une appréhension pratique du savoir, lui-même constitué d'une accumulation de connaissances issues de l'observation. Ils ont alors vraisemblablement assimilé les deux, et ont bien rangé la philosophie elle-même dans la catégorie des arts. Sextus semble indiquer que le vocabulaire lui-même n'est pas fixé très fermement par ces épicuriens : *tribè* désigne visiblement, sans que la connotation péjorative soit ici évidente, une catégorie très générale et vague, au sein de laquelle prend place l'*empeiria*. Le vrai point de rupture semble être entre *technè* et *empeiria* ; les épicuriens paraissent, avec Sextus, les mettre dans la même catégorie de savoir, tandis que d'autres écoles semblent les distinguer[3]. Le point de polémique relevé par Sextus porte sur la détermination de champs de savoir selon leurs méthodes d'exercice. Les épicuriens semblent avoir fait partie d'un camp distinct dans cette polémique, qui ne considère pas

1 *M.* I, 61, 1-27.

2 Ce passage est référencé dans les fragments de Métrodore de Lampsaque édités par Koerte (fr. 61).

3 On trouve l'exemple d'une position proche de celle attribuée à Métrodore dans la terminologie stoïcienne. *Cf.* Chrysippe, SVF, *Fragmenta logica et physica*, 94, l. 2. Là encore on sent une proximité conceptuelle entre *technè* et *empeiria* : on relève que l'un sert à définir l'autre. On retrouve aussi l'idée d'entraînement commun : ce qui fonde la *technè* c'est une convergence des pratiques – qui est sans doute le seul moyen d'universaliser dans une certaine mesure ce qui est toujours *pros ti*, dépendant de l'usage, des circonstances ou des individus.

qu'il y a une contradiction entre l'usage de *l'empeiria* et la prétention à constituer un art.

On va également retrouver une trace de ces concepts dans la collection hippocratique. Beaucoup de commentateurs tardifs, Galien le premier, vont appliquer à tort ou à raison ces catégories à la pratique médicale de l'époque classique. En effet, commentant le traité *De l'officine du médecin*, Galien écrit :

> Ἔωθεν ἐκάλεσεν ἐκεῖνόν τε τὸν ἰατρὸν αὐτὸν καί τινας ἄλλους δὴ τῶν ἀλόγῳ τριβῇ τὴν τέχνην μεταχειριζόντων.
>
> « On peut appeler médecin cet homme-là et ces autres qui exercent leur art selon une pratique routinière et irrationnelle[1]. »

Galien applique clairement ici la *tribè* à un traité qu'il estime peu, car il fournit des rudiments de chirurgie sans appareil systématique qui les accompagne. Il s'agit pour Galien d'un texte où l'auteur ne se soucie absolument pas de proposer un contenu systématique théorique, mais indique simplement une bonne méthode pour pratiquer certaines manipulations avec succès. Le commentaire de Galien, très critique, se situe clairement du côté de la polémique qui interdit à l'« expérience » de pouvoir constituer une assise suffisante pour une pratique technique rigoureuse. Il prolonge ainsi un débat sur la nature de l'art – expérience raisonnée ou application théorique systématique – qui avait déjà dicté sans doute la rédaction du traité en question.

Que l'application de la notion de *tribè* à cette méthode trahisse ou non les intentions de l'auteur du traité que commente ici Galien, nous constatons que *De l'Officine du médecin (De officina medici)* renonce avec audace à tout étayage « théorique » et débute par une confiance très ferme dans les pouvoirs de la simple expérience directe ; il propose en ce sens la première version de la méthode qui va devenir à la période hellénistique le fer de lance de l'école médicale Empirique – qui tire son nom de la notion même d'*empeiria*.

Les Empiriques soutiennent en effet que les notions générales adviennent dans l'esprit par la synthèse, effectuée par la mémoire, de perceptions sensibles[2]. Pour Galien, cette thèse est contestable dans la

1 Galien, *Hippocratis de medici officina liber et Galeni in eum commentarius* I, I, [6]

2 *Cf.* Galien, *De l'expérience médicale*, VII, réfutation des Empiriques. L'écart temporel entre les deux séries de texte (épicurienne et empirique) est relativement peu important. En effet, alors que D. Sedley suppose que les notions épicuriennes majeures d'épilogisme et de prolepse sont élaborées par Épicure aux alentours de 290 avant J.-C., (hypothèse présentée

mesure où, du fait de l'absence de raisonnement qui accompagne son observation, l'empirique est incapable de la mener efficacement – donc de construire un principe général, de repérer un enchaînement causal, puisqu'il ignore la nature des phénomènes observés. Cette position radicale semble remonter au fondateur même de la doctrine, Philénos de Cos, élève dissident de Hérophile ; elle est relayée par Sérapion d'Alexandrie, et ne semble avoir été remise en question que de façon légère, par Héraclide de Tarente puis Ménodote, qui tentent d'introduire un usage inductif très léger du raisonnement dans les pratiques de la secte. Pour Galien, cette position doctrinale est absurde ; aucune des notions générales indispensables à n'importe quelle pratique un tant soit peu méthodique ne peut donc prétendre être construite sans recours permanent au *logismos*. Galien en conclut que l'accès à un « théorème technique » leur est impossible.

> Et que nul ne croie que je me sers du raisonnement de Platon selon lequel une activité quelconque qui permet de connaître la nature de la matière dont il s'occupe est un art, sinon c'est quelque chose de pratique et d'empirique, mais pas un art[1], « car, dit-il, je n'appelle pas art quelque chose qui serait une affaire irrationnelle » ; je ne m'en sers pas non pas parce qu'il n'est pas vrai – je serais fou de le prétendre –, mais parce que, dans leur imprudence, les Empiriques l'avancent aussi, et ils conviendront que peu leur importe que, à cause de ce raisonnement, nous n'appelions pas leur pratique un art mais quelque chose d'autre[2].

L'incapacité technique de l'empirique tient à l'impossibilité où il se trouve d'élaborer une formule générale, ce qui est une condition d'exercice de tout savoir technique légitime pour Galien. Galien cite ici une distinction platonicienne entre art et *tribè kai empeiria*, l'art étant une activité rationnelle alors que la *tribè* ou *l'empeiria* est « sans raison ». Galien refuse néanmoins ce genre d'argument car il ne porte que sur une appellation (« art ») à laquelle les Empiriques eux-mêmes ne sont pas attachés – les Empiriques acceptent donc de voir qualifier de *tribè*

---

dans « Epicurus, *On Nature*, book XXVIII », *Cronache Ercolanesi*, 3 (1973), p. 5-83), la secte empirique est fondée aux alentours de 270 avant J.-C. Tous les rapprochements qui suivront dans ce travail vont dans le sens d'une telle datation, et supposent la possibilité d'échanges conceptuels entre ces deux groupes.

1 *Grg.* 465a.

2 Galien, *Exp. Med.* VII, [2] (trad. Pellegrin). Le traité *De l'expérience médicale* ne nous est parvenu que dans sa traduction arabe, établie elle-même à partir du syriaque. La traduction de P. Pellegrin est établie à partir de la traduction anglaise de Walzer, éditeur du texte arabe (Oxford, 1944).

leur pratique, même si leur terme privilégié est bien *empeiria* qui est moins négativement connoté[1]. Cependant c'est à la méthode elle-même, non à son nom quel qu'il soit, que Galien veut appliquer sa réfutation. Cette réfutation est de type dialectique ; Galien construit en effet un argument logique de type soritique, en s'appuyant sur un énoncé qu'il attribue aux Empiriques eux-mêmes : « on appelle expérience ce qui a été vu plusieurs fois de la même façon » – le sorite portant sur le « plusieurs fois » : combien de fois ? Combien d'observations vont suffire à constituer une expérience[2] ?

Comment ceux qui choisissent des procédures empiriques, qu'ils soient philosophes ou médecins, peuvent-ils résoudre cette difficulté ? Quelle solution suffira à garantir la suffisance technique de l'*empeiria* ? La question est d'importance ; elle touche en effet le point par lequel médecine et *physiologie* épicurienne peuvent s'éloigner le plus l'une de l'autre. Car si toute articulation de la *technè* à l'*empeiria* peut faire le lit des réfutations dialectiques, comment éviter un glissement quasi certain de la posture empirique à une posture sceptique plus ou moins radicale ? De fait, certaines thèses de l'école médicale empirique peuvent êtres considérées comme des thèses sceptiques – ce que les thèses épicuriennes, elles, ne sont pas[3].

---

1 C'est bien pourquoi l'argumentation de H. Von Staden qui distingue la *technè* Hérophiléenne de l'*empeiria* des Empiriques n'est pas entièrement fondée. Les Empiriques n'ont pas abandonné l'idée d'art en voulant recourir à l'expérience ; ils infléchissent volontairement le sens de ces différents termes, dans le but de revenir sur des distinctions traditionnellement établies par la terminologie classique.

2 *Cf.* Barnes « Medicine, Experience and Logic », in *Science and Speculation : Studies in Hellenistic Theory and Practice*, Barnes, Brunschwig, Burnyeat, Schofield [édit.], Maison des sciences de l'homme, Cambridge-Paris, 1982. Voir aussi Staden, « Experiment and Experience in Hellenistic Medicine », *Bulletin of the Institute of Classical Studies of the University of London*, 22, 1975. Barnes montre dans son étude de ce texte que, si Galien construit ce sorite grâce à l'utilisation du prédicat « quelques » (few), en réalité tout prédicat est potentiellement « soritique », y compris ceux qui ne désignent pas immédiatement une quantité.

3 Gigante est sans doute le premier à avoir relevé ce problème épineux et à l'avoir traité avec toute l'importance qu'il mérite (Barigazzi, dans « Épicure et le scepticisme », (*Actes du VIII*[e] *congrès Guillaume Budé*, Paris, 1968), se contente de relever les points d'affrontement entre les doctrines épicuriennes et sceptiques et son analyse reste très superficielle). Dans l'article « "Philosophia medicans" in Filodemo », il indique que l'autre école philosophique qui s'est fortement inspirée de la tradition médicale est justement le scepticisme pyrrhonien, qui utilise l'exemple de l'annulation mutuelle de deux remèdes de type purgatif pour illustrer le trope de l'élimination réciproque de deux jugements opposés. La difficulté est reprise et développée dans plusieurs articles et ouvrages, dont les plus importants nous semblent être : « Quelques précisions sur le scepticisme et l'épicurisme », in *Le scepticisme antique, perspectives historiques et systématiques, Actes du colloque international sur le scepticisme antique, Université de Lausanne, 1-3 juin 1988*, Voelke (édit.), *Cahiers de la revue de Théologie*

Il semblerait qu'une autre secte médicale ait prolongé cette réflexion dans une direction moins radicale ; il s'agit de la secte des méthodistes, que nous connaissons fort mal, pour l'essentiel grâce au témoignage de Caelius Aurelien, auteur d'une doxographie concernant un membre éminent de cette école, Asclépiade de Bythinie[1]. Cette école s'est posé la question du rapport entre *ratio* et *experimenta*, et semble adopter le refus empirique du raisonnement, tout en cherchant à maintenir un usage positif de la *ratio*. Selon la lecture de P. Van der Ejk, qui nous semble pertinente, ce que les méthodistes refusent, c'est une interférence du raisonnement au sein de la pratique thérapeutique, qui ne peut lui être que préjudiciable ; la thérapie doit se prémunir du raisonnement, ce qui n'exclut pas un domaine d'application parallèle de la *ratio*, purement théorique. Les méthodistes ont-ils tenté de constituer un empirisme cohérent, qui réconcilie raison et expérience ? Si tel est le cas, n'ont-ils pas sacrifié, par ce compromis pragmatique, l'audace épistémologique de la position empirique ? Est-il véritablement possible de rattacher la *technè* à l'*empeiria* tout en évitant l'écueil de l'irrationnalisme sceptique ? Dans le cas contraire, la revendication d'une méthode empiriste aboutirait nécessairement au refus de toute systématisation et de toute prétention dogmatique.

Cette hypothèse est réfutée par la résolution que les Empiriques proposent du sorite dialectique exposé plus haut et utilisé contre eux par Galien. Selon les Empiriques, le sorite produit par Galien est en

---

et de philosophie, Lausanne, 1990, p. 69-83 ; *Scetticismo e epicureismo*, Bibliopolis, Naples, 1981. La question du rapport entre l'antiscepticisme d'Épicure et la polémique qu'il mène contre Démocrite est abordée de façon frontale par M. Isnardi-Parente, dans « I democritei e l'antiscetticismo di Epicuro (Ratae sententiae XXIII-XXIV) », in *La storia della filosofia come sapere critico. Studi in onore di Mario dal Pra*, Angeli, Milan, 1984, p. 106-121 ; on pourra également consulter sur ce point l'article plus ancien de Ph. De Lacy, « Colotes' First Criticism of Democritus » in *Isonomia, Studien zur Gleichheitvorstellung im grieschichen Denken*, Mau et Schmidt (édit.), Akademie-Verlag, Berlin, 1964, p. 67-78, ainsi que celui de P. Vander Waerdt, « Colotes and the Epicurean Refutation of Skepticism », in *Greek, Roman and Byzantine Studies*, 30, 1989, p. 225-267.

1 La secte empirique semble avoir été fondée par Philénos de Cos, vers 250 avant J.-C. ; le méthodisme quant à lui remonte sans doute au Ier siècle après J.-C., et aux travaux de Thémison de Laodicée. Asclépiade exerce et enseigne lui aussi au Ier siècle après J.-C. ; sa doxographie par Caelius Aurelien remonte au Ve siècle ap. J.-C. Un laps de temps important sépare donc ces deux écoles, et explique peut-être l'aspect syncrétique du méthodisme. On pourra consulter l'article de Ph. Van der Eijk, « The Methodism of Caelius Aurelianus : some epistemological issues », in *Actes du colloque hippocratique de Lausanne*, 1996, p. 47-83 ; ce texte est également disponible dans un recueil récent de textes de Van der Eijk, *Medicine and Philosophy in Classical Antiquity – Doctors and Philosophers on Nature, Soul, Health and Disease*, Cambridge University Press, 2005, p. 299-328.

contradiction évidente avec ce qu'enseignent les sens et la vie quotidienne ; cette simple contradiction suffit à l'invalider, et il n'est pas besoin de perdre son temps à le réfuter. Pour consolider ce refus les Empiriques font appel à une nouvelle notion, qui va structurer davantage le concept d'*empeiria*, et que J. Barnes appelle l'*indéterminable*[1]. La constitution d'une expérience se fait nécessairement dans une durée qui ne peut être déterminée avec beaucoup de précision ; et de nombreuses choses sont telles qu'elles sont indéterminables par une « mesure » précise. L'*empeiria* conserve de façon irréductible une part d'obscurité et de confusion ; mais cette obscurité n'autorise pas à la nier comme telle. La méthode de l'empirique cherche ainsi toujours à se fonder sur une appréhension fine et nuancée de la réalité, en se constituant par degrés, et non d'un bloc ; cette « logique du vague » s'oppose au formalisme orthodoxe qui envisage les pratiques techniques et la méthode qui les régule comme le fruit d'une intuition complète et instantanée ; les Empiriques choisissent une voie d'élaboration beaucoup plus complexe, progressive, graduelle, par synthèses successives de données sensorielles. Ce constat invite à considérer avec beaucoup de prudence le « scepticisme » de l'école Empirique, scepticisme porté non pas tant sur la valeur de vérité des résultats obtenus par l'art, que sur l'extension dans l'espace et dans le temps, donc sur la mesure exacte, de ces résultats.

Mais, de son côté, le dogmatisme épicurien est lui-même fortement tempéré par l'empirisme revendiqué de la *physiologia*. La question d'une tendance sceptique de la pensée épicurienne mériterait à elle seule un examen approfondi ; nous en poserons quelques jalons, en montrant en particulier comment l'épicurisme affronte les paradoxes liés naturellement à son empirisme méthodologique, et comment la résolution de ces paradoxes ne satisfait aux critères du « dogmatisme » que par une redéfinition originale du rapport entretenu par le contenu doctrinal avec sa finalité.

1 *Exp. Med.* XVII [7].

LA GNOSÉOLOGIE, SUPPORT PHYSIQUE DE LA MÉTHODE EMPIRIQUE

L'empirisme peut être considéré comme une relation horizontale au monde : il y a interaction entre l'homme et la nature, au sein d'une expérience, parce qu'il y existe une proximité ontologique entre les deux. Cette proximité ontologique se manifeste à plein si l'on examine quels sont les processus de formation au sein même de l'esprit des outils de jugement décrits par la canonique. Dans le cas de l'épicurisme, un tel examen est rendu indispensable par le contexte matérialiste dans lequel se constitue la méthodologie empiriste d'Épicure, contexte qui oblige à considérer le mécanisme de l'intelligence comme un mécanisme strictement organique, fondé sur les mouvements et les chocs atomiques. Nous ne nous intéresserons néanmoins pas dans les pages qui suivent à certains détails de ce mécanisme – et en particulier nous laisserons de côté tout ce qui concerne l'hypothèse des simulacres et les conceptions d'Épicure sur la nature de la sensation, qui sont bien connues et sur lesquelles nous n'aurions que peu à ajouter qui ne soit redondant par rapport à la science déjà constituée. Nous nous attacherons uniquement aux traces gnoséologiques présentes dans la canonique épicurienne au sens strict, selon le résumé proposé par Diogène Laërce, en mettant en relation la liste des critères de vérité, analysée dans la premier chapitre de ce livre, avec celle que le doxographe propose des modes de constitution des notions au sein de l'esprit. Cette étude nous permettra de remonter, au-delà d'Épicure, à l'origine de cette relation au monde dont l'empirisme est une manifestation ; il s'agira de proposer de nouveaux éléments permettant de mettre à jour les racines démocritéennes de l'épicurisme, et par là même de créer de nouveaux liens avec l'épistémologie médicale.

LA NAISSANCE DES NOTIONS

Comment l'épicurisme rend-il compte de l'apparition des notions, c'est-à-dire des idées générales permettant l'effectuation d'opérations intellectuelles volontaires plus complexes que le rêve ou l'association d'idée ? Les notions sont indispensables pour l'effectuation de jugements, de calculs et de tout type de raisonnement. Leur apparition constitue donc une étape importante de la noétique épicurienne, qui doit dépasser la pure réception sensible – et ce, même si la formation des concepts suppose comme condition minimale une origine extérieure à l'esprit.

Le terme de notion (*epinoia*) a un sens extrêmement général dans l'épicurisme ; on le retrouve par exemple dans la *Lettre à Hérodote* :

> Ἡ τοσαύτη δὴ φωνὴ τούτων πάντων μνημονευομένων τὸν ἱκανὸν τύπον ὑποβάλλει τῆς τῶν ὄντων φύσεως ἐπινοίας.
>
> « Une telle formule, lorsqu'on garde en mémoire tout ce qu'elle contient, fournit un schème suffisant pour une notion générale de la nature des choses[1]. »

L'*epinoia* correspond au contenu conceptuel de l'exposé qui précède et qui porte sur la nature des principes de la physique (atomes et vide). Cet exposé, explicitement présenté dans le premier paragraphe de la lettre comme un résumé, vise donc à susciter dans l'esprit un certain type de représentation quant à la nature des choses, représentation qui sera tout aussi fidèlement transmise par une esquisse (*tupos*) elliptique, ne faisant surgir que les traits saillants de la vérité à transmettre, que dans une formulation complète rendant compte du détail des arguments et des thèses. On a rencontré dans le premier chapitre un champ sémantique tout à fait proche dans la description de la prolepse ; là encore une dissémination de termes comme *tupos, epinoia, epibolè* peut donner à penser que ces différents mots construisaient un réseau de signification permettant d'approcher la représentation vraie comme par des cercles concentriques successifs. Le lexique technique d'Épicure en général se caractérise par la préférence accordée à un réseau de termes plutôt qu'à un seul terme très spécifique pour désigner une réalité de nature complexe.

Dans la *Lettre à Hérodote* on trouve ainsi un usage de *epibolè* qui complète l'usage qui vient d'être explicité pour *epinoia* :

1 *Her.* 45.

> Τοιαῦτα γάρ ἐστιν, ὥστε καὶ τοὺς κατὰ μέρος ἤδη ἐξακριβοῦντας ἱκανῶς ἢ καὶ τελείως, εἰς τὰς τοιαύτας ἀναλύοντας ἐπιβολὰς τὰς πλείστας τῶν περιοδειῶν ὑπὲρ τῆς ὅλης φύσεως ποιεῖσθαι·
>
> « En effet ces <rappels> sont tels que ceux qui ont déjà en partie étudié de près <ces questions>, suffisamment et complètement, peuvent, en les reliant à des projections de ce genre, accomplir l'essentiel des parcours <que nous proposons> à propos de l'ensemble de la nature[1]. »

Si l'on suit ce texte, la *Lettre à Hérodote* toute entière est une *epibolè*, une interprétation exacte de la nature des choses qui une fois forgée est déposée et installée dans l'esprit par la mémoire à des fins rappelées en 82 : atteindre l'ataraxie et la vie heureuse. La différence d'emploi entre *epinoia* et *epibolè* consiste sans doute en l'insistance plus ou moins marquée sur la nature de l'état mental qui accompagne cette interprétation ; *epinoia* insistant sur l'idée de synthèse conceptuelle, *epibolè* évoquant plutôt le mouvement même de l'esprit effectuant le va et vient nécessaire entre les images mentales et leur *subjectum* réel.

La première parmi les sources possibles des *epinoiai* selon Diogène Laërce est la *periptosis*, ou rencontre[2]. Ce terme assez rare en grec semble avoir été l'objet d'une technicisation qui l'a visiblement éloigné de son sens classique, à l'origine équivalent banal du *casus* latin[3]. Cet emploi technique se rencontre dans la méthodologie médicale et dans certains corpus gnoséologiques. On en trouve ainsi une occurrence intéressante chez Galien, dans le traité *Des Sectes à l'usage des débutants.* Galien note au § 2 que l'observation des médecins empirique peut prendre quatre formes distinctes :

- conjoncturelle (*periptosis*), soit naturellement soit aléatoirement ;
- improvisée ;
- imitative ;
- exercée, qui corrobore une hypothèse.

Le but de ces diverses façons d'observer est toujours de parvenir à une accumulation (*athroisma*) des observations – accumulation qui va constituer l'expérience comme telle.

La *periptosis* selon ce tableau semble renvoyer à un processus d'investigation scientifique tout à fait similaire à ce qu'envisage Aristote

1 *Her.* 83.

2 Diogène Laërce X, 32.

3 On trouve un exemple de ce sens « mou » chez Platon : « L'homme bon peut devenir mauvais dans certaines circonstances, par l'effet du temps, de la fatigue, de la maladie ou de quelque autre cause accidentelle. » *Prt.* 345 b.

lorsqu'il déclare, dans les *Seconds Analytiques* que savoir si la chose est constitue le point de départ de toute recherche. Mais Aristote accompagne cette remarque de la thèse selon laquelle l'existence, contrairement à l'essence, peut et doit se démontrer, alors même que la *periptosis* évoque un processus d'indexation plutôt qu'une démonstration[1].

En ce qui concerne la gnoséologie à proprement parler, on trouve des exemples de cet emploi technique chez Sextus, chez qui le terme apparaît fréquemment. Une première occurrence dans les *Esquisses Pyrrhoniennes* semble se rapprocher beaucoup de l'emploi usuel : on considère la rencontre comme étant non pas déjà initiatrice de concepts, mais simplement initiatrice d'impressions.

> Ἐπεὶ οὖν τὰ αὐτὰ πράγματα παρὰ τὰς συνεχεῖς ἢ σπανίους περιπτώσεις ὁτὲ μὲν ἐκπληκτικὰ ἢ τίμια, ὁτὲ δὲ οὐ τοιαῦτα εἶναι δοκεῖ, ἐπιλογιζόμεθα ὅτι ὁποῖον μὲν φαίνεται τούτων ἕκαστον μετὰ συνεχοῦς περιπτώσεως ἢ σπανίας ἴσως δυνησόμεθα λέγειν, ψιλῶς δὲ ὁποῖόν ἐστιν ἕκαστον τῶν ἐκτὸς ὑποκειμένων οὐκ ἐσμὲν δυνατοὶ φάσκειν.
>
> « Puisque les mêmes choses, selon que leurs rencontres sont continues ou rares, semblent tantôt stupéfiantes ou précieuses, tantôt non, nous en inférons empiriquement que d'une part nous sommes capables de dire comment apparaît chacune de ces choses, mais nous ne serons pas capables de dire simplement comment chacune d'elles se trouve être du point de vue de sa subsistance propre[2]. »

Mais Sextus va également projeter cet emploi sur la formation même des concepts dans le cadre d'une gnoséologie.

> Καθόλου τε πᾶν τὸ νοούμενον κατὰ δύο τοὺς πρώτους ἐπινοεῖται τρόπους · ἢ γὰρ κατὰ περίπτωσιν ἐναργῆ ἢ κατὰ τὴν ἀπὸ τῶν ἐναργῶν μετάβασιν, καὶ ταύτην τρισσήν · ἢ γὰρ ὁμοιωτικῶς ἢ ἐπισυνθετικῶς ἢ ἀναλογιστικῶς.
>
> « En général, tout ce qui est conçu l'est selon deux modes premiers, soit selon une rencontre évidente, soit selon le transfert <opéré> à partir des évidences, et celui-ci est lui-même triple, soit par ressemblance, soit par composition, soit par analogie[3]. »

On remarquera que Sextus ne distingue pas ici différents sens du terme qui varieraient en fonction des différentes écoles auxquelles il fait allusion. Cependant Diogène Laërce lui-même ne réserve pas l'emploi de la *periptosis* à la seule doxographie épicurienne, puisqu'il l'utilise

1 *APo.* II, 7, 92 b 4-18.

2 *P.* I, 14, [144] (exposé du neuvième mode d'Énésidème).

3 *M.* III (*Contre les géomètres*) 40, l. 1-5.

également pour rendre compte de la doctrine stoïcienne des sensations et de la conception des choses sensibles. Et de fait, la lettre du texte de Sextus est ici proche des passages correspondant chez Diogène Laërce.

> Τῶν γὰρ νοουμένων τὰ μὲν κατὰ περίπτωσιν ἐνοήθη, τὰ δὲ καθ' ὁμοιότητα, τὰ δὲ κατ' ἀναλογίαν, <τὰ δὲκατὰ μετάθεσιν>, τὰ δὲ κατὰ σύνθεσιν, τὰ δὲ κατ' ἐναντίωσιν.
>
> « Parmi les choses conçues, certaines le sont par rencontre, d'autres par ressemblance, d'autres par analogie, <d'autres par transfert>, d'autres par composition, d'autres par opposition[1]. »
>
> Κατὰ περίπτωσιν μὲν οὖν ἐνοήθη τὰ αἰσθητά· καθ' ὁμοιότητα δὲ τὰ ἀπό τινος παρακειμένου, ὡς Σωκράτης ἀπὸ τῆς εἰκόνος.
>
> « Les sensibles sont donc conçus par contact. Les choses <conçues> à partir d'une réalité proche le sont par ressemblance, comme Socrate est conçu à partir de son image[2]. »

On retrouve ainsi, chez Diogène Laërce et chez Sextus, une série convergente commune aux épicuriens et aux stoïciens, qui cite dans un ordre proche et selon un nombre proche les divers modes de constitution des concepts, et qui situe toujours la *periptosis* en première position. Une comparaison rapide de ces occurrences laisse penser que la *periptosis* est une façon classique de désigner dans plusieurs écoles de pensée le premier mode de constitution des concepts ; premier car il est le plus immédiat – la rencontre est préalable à tout ce qui suit – et aussi le plus simple. La rencontre désigne simplement l'appréhension directe d'une réalité, quelle que soit sa forme, sans qu'aucun travail d'appropriation ou de transformation soit effectué par l'instance qui éprouve cette rencontre. La rencontre correspond ainsi au degré 0 de la conception. En ce qui concerne les stoïciens, on comparera ainsi la série relevée par Diogène Laërce au livre VII avec la comparaison proposée par Aétius entre la partie directrice de l'âme et un papyrus : « Cette feuille, il la couvre de chacune de ses notions. La première méthode d'inscription est celle qui passe par le sens. Car pour tout ce qui est perçu, par exemple du blanc, le souvenir en reste quand il est parti. Lorsque beaucoup de souvenirs du même genre sont connus, alors on dit qu'on a de l'expérience. Car l'expérience, c'est une masse d'impressions du même genre[3]. »

Aétius insiste sur la priorité logique et chronologique des perceptions sensibles qui sont à l'origine de toutes les impressions cognitives plus complexes.

---

1 Diogène Laërce,VII, 52, 17.

2 Diogène Laërce, VII, 53, 1.

3 Long et Sedley 39 E, t. II, p. 240.

Le processus qu'il décrit s'apparente visiblement à celui qu'envisagent les séries convergentes que nous avons relevées. La position épicurienne rapportée par Diogène Laërce serait-elle donc un *topos* ? Le terme de *periptosis* renvoie-t-il ou non à un concept gnoséologique spécifiquement épicurien ?

Il existe un texte dans lequel on retrouve un développement conséquent à propos de cette question ; il s'agit d'un passage d'un traité tardif de la collection hippocratique, plus exactement du § 1 des *Préceptes (Praeceptiones)*, qui, par un hasard curieux, reprend justement à son compte certaines thèses d'inspiration explicitement épicurienne[1]. Nous y assistons à la fusion de trois contextes distincts dans lesquels la *periptosis* joue un rôle : les contextes médicaux et gnoséologiques, déjà relevés, et le contexte anthropologique, qui fait ici une première apparition et qui va prendre une importance capitale.

> Χρόνος ἐστὶν ἐν ᾧ καιρὸς, καὶ καιρὸς ἐν ᾧ χρόνος οὐ πολύς· ἄκεσις χρόνῳ, ἔστι δὲ ἡνίκα καὶ καιρῷ. Δεῖ γε μὴν ταῦτα εἰδότα μὴ λογισμῷ πρότερον πιθανῷ προσέχοντα ἰητρεύειν, ἀλλὰ τριβῇ μετὰ λόγου. Ὁ γὰρ λογισμὸς μνήμη τίς ἐστι ξυνθετικὴ τῶν μετ' αἰσθήσιος ληφθέντων· ἐφαντασιώθη γὰρ ἐναργέως ἡ αἴσθησις προπαθὴς καὶ ἀναπομπὸς ἐοῦσα εἰς διάνοιαν τῶν ὑποκειμένων· ἡ δὲ παραδεξαμένη πολλάκις, οἷς, ὅτε, ὁκοίως τηρήσασα, καὶ ἐς ἑωυτὴν καταθεμένη, ἐμνημόνευσεν. Ξυγκαταινέω μὲν οὖν καὶ τὸν λογισμὸν, ἤνπερ ἐκ περιπτώσιος ποιῆται τὴν ἀρχὴν, καὶ τὴν καταφορὴν ἐκ τῶν φαινομένων μεθοδεύῃ· ἐκ γὰρ τῶν ἐναργέως ἐπιτελεομένων ἢν τὴν ἀρχὴν ποιήσηται ὁ λογισμὸς, ἐν διανοίῃς δυνάμει ὑπάρχων εὑρίσκεται, παραδεχομένης αὐτῆς ἕκαστα παρ' ἄλλων. Ὑποληπτέον οὖν τὴν φύσιν ὑπὸ τῶν πολλῶν καὶ παντοίων πρηγμάτων κινηθῆναί τε καὶ διδαχθῆναι, βίης ὑπεούσης· ἡ δὲ διάνοια παρ' αὐτῆς λαβοῦσα, ὡς προεῖπον, ὕστερον εἰς ἀληθείην ἤγαγεν· εἰ δὲ μὴ ἐξ ἐναργέος ἐφόδου, ἐκ δὲ πιθανῆς ἀναπλάσιος λόγου, πολλάκις βαρείην καὶ ἀνιηρὴν ἐπήνεγκε διάθεσιν.
>
> « Le temps est ce dans quoi se trouve l'occasion, et l'occasion est ce dans quoi le temps est bref[2] ; la guérison qui se fait par le temps, se fait aussi chaque fois par l'occasion[3]. Il faut donc, sachant cela, ne pas soigner en suivant un

1 Les pages qui suivent synthétisent les résultats d'une analyse présentée de façon plus complète dans un article de 2006, « Sur une concordance textuelle entre Épicure et la collection Hippocratique », *Revue d'Études Anciennes*, t. 108, n° 2, 2006, p. 453-469.

2 Dans son édition du texte, Littré cite en note (note 1 p. 249 t. IX) les différentes interprétations qui ont pu être données de ce passage. Nous comprenons pour notre part *chronos* et *kairos* comme des unités très générales de mesure du temps, *chronos* correspondant à une durée au sein de laquelle se détachent des « moments » plus ou moins opportuns selon l'activité engagée et le but qu'elle vise. Il ne s'agit pas nécessairement ici du temps de la maladie, et cette sentence liminaire fait irrésistiblement songer au premier aphorisme d'Hippocrate qui présente exactement les mêmes difficultés d'interprétation.

3 Notre traduction s'éloigne ici assez sensiblement de la traduction de Littré qui propose « la guérison est dans le temps, et parfois aussi dans l'occasion. » Nous comprenons ici qu'il s'agit justement pour l'auteur du traité de postuler que les différents moments de la maladie ne sont pas équivalents du point de vue de l'efficacité thérapeutique ; la traduction de *hènika* par « parfois » laisse supposer à tort qu'il ne s'agit par d'une observation

raisonnement persuasif, mais une expérience rationnelle. Car le raisonnement est une sorte de mémoire synthétique de ce qui a été déposé par la sensibilité ; en effet la sensation se représente les choses selon l'évidence, elle qui ressent[1] et projette vers l'intelligence ce qu'elle a reçu des substrats ; celle-ci, qui a été plusieurs fois renseignée, qui a été dirigée vers le « par quoi », le « quand » et le « comment », et qui a conservé en elle-même < ces informations >, se remémore. Je suis donc aussi le raisonnement, s'il débute par une rencontre, et remonte à partir des phénomènes de façon méthodique ; car si le raisonnement débute par cette obligation de l'évidence, il engage son investigation d'une façon appropriée[2] à l'intelligence, qui reçoit chacun de ses éléments d'autre chose qu'elle même. Il faut bien saisir que la nature a été modifiée et instruite par des faits nombreux et variés, qu'elle a été soumise à une force ; puis l'intelligence empruntant d'elle ses éléments, comme je viens de le dire, s'est ensuite portée vers la vérité[3] ; mais si on ne progresse pas à partir de l'évident, mais à partir d'une reconstruction rationnelle persuasive, la plupart du temps on s'aventure vers une disposition <mentale> laborieuse et d'issue incertaine[4]. »

Le titre *Précepte* a été attribué à un petit traité déontologique appartenant à la collection hippocratique, que sa datation tardive rend suspect aux yeux des spécialistes de ce corpus. La dernière phrase citée dans cet extrait est une reprise quasiment mot à mot d'une phrase tirée du paragraphe 75 de la *Lettre à Hérodote*, reprise qui a curieusement assez peu inspiré la critique. Depuis Littré, on a pu remarquer à son propos l'émergence d'une sorte de consensus philologique, selon lequel ce texte serait, sinon de la main d'un véritable disciple d'Épicure, du moins de celle d'un médecin imprégné de philosophie épicurienne. Fleischer, suivant en cela Deichgräber, va légèrement plus loin, en supposant que les *Préceptes* et la *Lettre à Hérodote* pourraient bien citer tous les deux le *Peri Phuseos*. Toutefois il n'évoque cette possibilité qu'à titre d'hypothèse, et se contente d'affirmer qu'avec certitude, les *Préceptes* et la *Lettre à Hérodote* ont une source épicurienne commune[5].

---

systématique ; mais alors la distinction du *chronos* et du *kairos* de la maladie n'a plus de sens. De plus, il s'agit là d'un sens plus usuel de l'adverbe.

1 La traduction de *propatheia* est ici assez problématique ; il est difficile de déterminer si l'auteur a ici en tête un mécanisme de pure réception sensorielle ou s'il introduit déjà avec l'usage de ce concept l'idée d'anticipation que nous aborderons plus loin et qui a une grande importance dans la pratique médicale d'inspiration empiriste.

2 Nous traduisons ainsi *dunamei* qui est délicat.

3 Il n'y a pas lieu ici de préciser « nous a mené », le mouvement décrit n'a pas de sujet déterminé.

4 *Praec.* I

5 Nous ne nous attarderons pas ici sur cette question de l'attribution des *Praec.* Seule la convergence, quelle que soit sa direction, entre les idées exprimées dans ces deux textes (*Praec.* et *Her*) peut ici nous servir. La convergence proprement textuelle ne fera donc ici

La méthode d'élaboration des concepts que suggère l'auteur des *Préceptes* s'appuie sur le principe suivant : toute connaissance n'est jamais autre chose que la réorganisation de données collectées par les sens et emmagasinées dans la mémoire ; le raisonnement est l'instance qui redistribue et dispose de façon diverse ce qui a été au préalable donné dans les rencontres phénoménales. L'irruption dans ce contexte de la *periptosis* permet à l'auteur du traité d'insister sur le caractère occasionnel de ces rencontres – ce qui est en fait une façon de revenir sur le *kairos* qui inaugure le texte. Il ne s'agit pas de proposer une méthode qui soit elle-même hasardeuse, mais plutôt de montrer dans quelle mesure l'art médical consiste à faire intervenir la mesure et le calcul au sein d'une pluralité de phénomènes qui, eux, ne peuvent apparaître que de façon accidentelle. Nous commençons toujours par apprendre par hasard ce que l'esprit aura ensuite à charge de systématiser[1].

Si l'on se penche maintenant plus spécifiquement sur le rôle du raisonnement dans cette naissance des notions, aussi bien dans le § 1 des *Préceptes* qu'en *Lettre à Hérodote* 75, on repère une distribution dans l'esprit entre pouvoir actif et pouvoir passif, déjà observée à propos de la prolepse ; le pouvoir passif se situant paradoxalement davantage du côté du raisonnement qui reçoit ce que lui apporte la sensation[2]. La rencontre originelle, dont dépend l'activité seconde du *logos*, est en effet envisagée comme ce qui ne dépend pas de nous – ce qui veut dire que le concept ne naît pas du fait de mon initiative mais du fait d'une série aléatoire d'événements qui l'engendrent. Dans la mesure où le raisonnement commence par se voir attribuer un rôle passif – il reçoit ce que lui apporte la sensation –,

---

que l'objet de brèves remarques, même si sa présence étaie notre lecture de façon assez importante.

1 *Cf.* Trédé, *Kairos – L'à-propos et l'occasion*, Klincksieck, Paris, 1992, ch. 3.

2 Pour revenir au problème de l'alogicité de la sensation, nous voyons bien ici dans quelle mesure Épicure peut, sans paradoxe, soutenir dans un même mouvement que la pensée consiste en la réception de certains types de simulacres – donc en une sensation d'un certain genre –, et que le raisonnement, ou *logismos*, est l'instance réflexive qui a pour tâche de synthétiser ces perceptions mentales. De fait, Épicure distingue sous deux facultés ce qui est souvent identifié, à savoir l'instance de la *dianoia* et celle du *logismos* qui, lui, ne peut être ramené à une perception. Notre interprétation suit directement celle d'E. Asmis, p. 106 : « Le terme "dianoia", générallement traduit par "esprit", renvoie à l'activité ou à la faculté de penser (dianoeisthai), exctement comme le terme "opsis", "vue", revoie à l'activité ou à la faculté de voir (oran). Dans les deux cas, l'activité consiste en la réception d'images. La "dianoia", donc, n'implique pas l'usage de la raison. Les images qui viennent à l'esprit peuvent être rationnellement organisées par le "logismos", le "calcul", mais la pensée implique aussi des processus irrationnels comme le rêve, le rêve éveillé ou l'hallucination. »(nous traduisons de l'anglais).

nous sommes ici dans une situation noétique très originale. Mais le raisonnement se voit aussi dévolu un genre d'activité, puisqu'il est présenté comme une faculté qui pose des questions au réel ainsi emmagasiné. Le raisonnement est mémoire synthétique au sens où il rassemble des informations et progresse à partir de ce rassemblement, tout à fait selon le modèle physique épicurien qui procède par accumulations successives d'atomes pour composer un rassemblement (*athroisma*) qui sera à la fois la même chose et autre chose que les atomes dont il est constitué.

Si l'on compare cette conception du raisonnement avec un passage du *De memoria* (*Peri Mnèmès*) d'Aristote, on peut alors montrer comment l'auteur des *Préceptes* inverse un rapport traditionnel, qui n'est pas propre à Aristote, entre mémoire et raisonnement – et nous retrouvons alors une conception de la mémoire semblable à celle que nous avions dégagée à l'occasion de l'étude de la prolepse :

> Διαφέρει δὲ τοῦ μνημονεύειν τὸ ἀναμιμνήσκεσθαι οὐ μόνον κατὰ τὸν χρόνον, ἀλλ' ὅτι τοῦ μὲν μνημονεύειν καὶ τῶν ἄλλων ζῴων μετέχει πολλά, τοῦ δ' ἀναμιμνήσκεσθαι οὐδὲν ὡς εἰπεῖν τῶν γνωριζομένων ζῴων, πλὴν ἄνθρωπος. αἴτιον δ' ὅτι τὸ ἀναμιμνήσκεσθαί ἐστιν οἷον συλλογισμός τις· ὅτι γὰρ πρότερον εἶδεν ἢ ἤκουσεν ἤ τι τοιοῦτον ἔπαθε, συλλογίζεται ὁ ἀναμιμνησκόμενος, καὶ ἔστιν οἷον ζήτησίς τις. τοῦτο δ' οἷς καὶ τὸ βουλευτικὸν ὑπάρχει, φύσει μόνοις συμβέβηκεν· καὶ γὰρ τὸ βουλεύεσθαι συλλογισμός τίς ἐστιν.
>
> « La mémoire diffère de la réminiscence, non seulement en ce qui concerne le temps, mais parce que, parmi les animaux autres que l'homme, beaucoup ont de la mémoire, tandis qu'aucun des animaux connus, pour ainsi dire, ne possède la réminiscence, à l'exception de l'homme. La cause de ce privilège est que la *réminiscence est une sorte de raisonnement.* En effet celui qui a une réminiscence fait ce raisonnement qu'auparavant il a vu ou entendu quelque chose ou éprouvé quelque impression, et c'est comme une espèce de recherche. Mais cela n'arrive naturellement qu'aux seuls êtres qui possèdent la faculté de vouloir, car la volition est une espèce de raisonnement[1]. »

La mémoire est une fonction intellectuelle qu'Aristote distingue soigneusement de la sensation et de l'intellection. Par réminiscence, Aristote entend la faculté de se souvenir de façon intentionnelle, de retrouver en soi quelque chose qui y est déjà. Le texte pose que cette réminiscence s'effectue de façon raisonnée, et non spontanée. Le raisonnement en question, puisqu'il s'appuie sur du déjà vu, du déjà senti, doit vraisemblablement être de la famille de l'induction[2].

---

1 *Mem.* 453 a 9-15 (trad. Munier).

2 « Quant à l'induction, elle consiste à partir des cas individuels pour accéder aux énoncés universels ; par exemple, s'il est vrai que le meilleur pilote est celui qui s'y connaît, et

Pour Aristote, ce n'est pas le raisonnement qui est une mémoire synthétique ; c'est plutôt la mémoire qui fonctionne à la manière d'un raisonnement, puisque le processus de la réminiscence, qui est une des formes possibles, propres à l'homme, de la faculté de se souvenir, est semblable à un syllogisme. Aristote construit l'analogie en sens inverse, tout simplement parce qu'il hiérarchise de façon également inverse les facultés intellectuelles. La proximité même de la mémoire et de la sensation interdit pour Aristote de comparer la raisonnement à la mémoire – ce serait une façon de diminuer le prestige du premier vis-à-vis de la seconde. C'est pour Aristote le raisonnement qui constitue la faculté « noble », le terme qui peut servir de point de comparaison. À l'inverse, l'auteur des *Préceptes* semble postuler une prééminence de la mémoire vis-à-vis du raisonnement, qui conduit à attribuer à ce dernier un fonctionnement pensé selon le modèle de la mémoire comprise comme faculté intellectuelle fondamentale.

Pourquoi l'auteur des *Préceptes*, qui écrit à destination des médecins, a-t-il intérêt à proposer une telle définition du raisonnement ? Et surtout, pourquoi rejoint-il, par l'usage de la *periptosis*, une tradition philosophique qui conçoit les notions comme des entités qui dérivent de perceptions sensibles fondamentales ?

L'art médical semble, dans certains textes de la collection hippocratique, se fonder dans sa totalité sur les perceptions sensibles. On pourrait même, de façon un peu radicale, le définir comme l'art d'avoir des perceptions correctes, c'est-à-dire des perceptions les plus fines, les plus précises possibles.

> Ἢ ὅμοια ἢ ἀνόμοια ἐξ ἀρχῆς · ἀπὸ τῶν μεγίστων, ἀπὸ τῶν ῥηΐστων, ἀπὸ τῶν πάντῃ πάντως γιγνωσκομένων. Ἃ καὶ ἰδεῖν, καὶ θιγεῖν, καὶ ἀκοῦσαι ἔστιν · ἃ καὶ τῇ ὄψει, καὶ τῇ ἁφῇ, καὶ τῇ ἀκοῇ, καὶ τῇ ῥινὶ, καὶ τῇ γλώσσῃ, καὶ τῇ γνώμῃ ἔστιν αἰσθέσθαι · ἃ, οἷς γιγνώσκομεν ἅπασιν, ἔστι γνῶναι.
>
> « Dès le début, <relever> les ressemblances et les dissemblances ; <reconnaître> les plus importantes, les plus évidentes, celles qui instruisent parfaitement de tout ; <identifier> ce qui mérite d'être vu, touché, entendu ; ce qui est senti par la vue, le tact, l'ouïe, l'odorat, le goût et aussi par l'intelligence ; tout ce qui peut être connu par tous nos modes de connaissance[1]. »

Nous voyons ici que l'intelligence n'est invoquée qu'en dernier. On ne doit y faire appel que lorsque les ressources de la sensation ont toutes

---

qu'il en va de même du meilleur cocher, alors, d'une façon générale, le meilleur en tout domaine est celui qui s'y connaît ». *Top.* 1, 12 105 a 10 *sq.*

1 *Off.* 1, 1-14.

été épuisées. Le rôle de l'intelligence est un rôle de discernement. Le bon médecin n'est pas celui qui raisonne sur les maladies, c'est celui qui est d'abord capable de les identifier et de tirer les conséquences de ce qu'il voit – on notera dans ce passage l'extrême abondance de verbes liés à la vision. Le travail médical correspond donc bien à une élaboration qui se fait à partir d'un matériau sensible initial qui est absolument fondamental.

En ce sens, l'intérêt d'une gnoséologie telle que la propose le texte des *Préceptes* est évident, puisqu'elle fonde une adéquation entre la structure de la méthode et les structures des concepts engendrés par cette méthode : de même que les notions se composent à partir de perceptions sensibles initiales, de même les raisonnements inspirés par la méthodologie médicale se doivent de remonter des perceptions sensibles aux élaborations théoriques. Dans les deux ensembles doctrinaux qui nous intéressent, l'établissement de la *periptosis* comme mode premier de constitution des concepts, et la définition du raisonnement que cet établissement entraîne, permettent de fonder une méthodologie qui cherchera à reproduire un processus similaire dans ses opérations les plus complexes.

L'avantage offert par le texte des *Préceptes* est qu'il s'agit d'un texte appartenant à la partie tardive de la Collection Hippocratique, donc chronologiquement sans doute contemporain ou très légèrement postérieur à l'émergence de l'épicurisme. Si l'on se penche à présent sur les occurrences de la notion dans la littérature médicale hellénistique, on trouve, comme on l'a déjà signalé plus haut, une thématisation de la *periptosis* dans la méthodologie de l'école Empirique. Le traité de Galien, *Des Sectes à l'usage des débutants* est sans doute le témoignage le plus consistant à ce sujet, avec certains passages de *l'Esquisse empirique.*

K. Deichgräber, dans son ouvrage sur l'école empirique[1] propose une étude très complète des emplois de la notion, dans laquelle il montre que dans la constitution méthodologique de l'empirisme médical, si l'on en croit Galien, la *periptosis* comme modèle d'émergence des notions joue un rôle central. Le traité *Sur la meilleure des sectes* propose même une définition de la *periptosis* comme *eidos* de l'*empeiria*[2] ; il faut prendre ici *empeiria* au double sens d'expérience et d'empirisme ; la *periptosis* véhicule ainsi à la fois la définition de l'expérience et celle de l'art qui

1 *Die griechische Empirikerschule, Sammlung der Fragmente und Darstellung der Lehre*, Weidmannsche Buchhandlung, Berlin, 1930.

2 III, II, 12, p. 95 dans l'ouvrage de K. Deichgräber.

prétend se fonder le plus sur elle. La *periptosis* est ainsi dans la secte empirique à la fois le concept central permettant de rendre compte de la nature de *l'empeiria* sur laquelle se fonde l'art médical, et l'indice du modèle dont devra s'inspirer cette pratique de l'expérience qu'est l'art lui-même. Nous retrouvons une ligne méthodologique directrice qui considère que l'imitation qu'elle effectue du processus de constitution des notions elles-mêmes à partir de rencontres sensorielles immédiates, garantit sa fiabilité. Si la *periptosis* est ainsi constitutive de l'expérience elle-même, elle manifeste de plus aux yeux des empiristes ce qui a déjà été évoqué dans les *Préceptes* : la présence irréductible de la *tuchè* dans toute méthodologie empiriste valable[1]. Nous suivons entièrement Deichgräber lorsqu'il commente la présence de la notion de *periptosis* dans les *Préceptes* comme l'esquisse hippocratique d'un fondement d'une théorie empirique de la connaissance, qui trouvera sa pleine réalisation dans l'école médicale empirique.

Nous avons à présent une idée de ce que peut signifier la *periptosis*, et du rôle que cette fonction réceptive de l'esprit joue lors du processus de formation des notions. Mais avons-nous dégagé toutes les circonstances possibles dans lesquelles la « rencontre » pourrait jouer un rôle ? L'examen de cette question va nous obliger à nous tourner plus précisément vers le troisième corpus faisant appel à la notion de *periptosis* : le corpus des textes anthropologiques.

GNOSÉOLOGIE ET ANTHROPOLOGIE

Le terme de *periptosis* apparaît en tout et pour tout deux fois dans le corpus strictement épicurien : dans le résumé de Diogène Laërce comme nous venons de le voir, mais également dans les fragments de Diogène d'Œnoanda. Le passage en question porte sur l'histoire des techniques ; il s'agit du fragment 12 dans lequel Diogène d'Œnoanda décrit les débuts

1 Sans entrer davantage dans le détail du traitement par Deichgräber de cette question, on peut relever pour résumer son analyse un schéma intéressant (p. 297) synthétisant les différentes occurrences de la *tuchè* vis-à-vis des notions annexes de *peira* et de *periptosis*. Ce schéma est recomposé à partir du corpus galénique : la *periptosis* est soit une *automatikè peira* soit une *autoschedios peira*. À son tour la *automatikè peira* se décompose en *phusikè peira* ou *tuchikè peira*. Enfin la *tuchikè peira* se décompose en quatre procédures empiriques fondamentales : *mimètikè peira, theorèma, empeiria, technè*.

des sociétés humaines et les premières innovations destinées à améliorer les conditions d'existence de l'humanité :

> Et ensuite le passage du temps mit aussi dans leurs esprits, ou les esprits de ceux qui vinrent après eux, le métier à tisser. Ainsi nous ne devons attribuer à Athéna ou à quelque autre dieu ni ces compétences techniques ni aucune autre ; elles proviennent toutes des besoins et de la rencontre (periptôsis) combinés avec le temps[1].

Le fragment de Diogène dont est tirée cette phrase correspond sans doute au développement de l'extrait de la *Lettre à Hérodote* d'Épicure cité par les *Préceptes* qui intervient également juste avant la partie de la lettre consacrée à l'apparition du langage et à l'histoire des techniques

> Ἀλλὰ μὴν ὑποληπτέον καὶ τὴν φύσιν πολλὰ καὶ παντοῖα ὑπὸ αὐτῶν τῶν πραγμάτων διδαχθῆναί τε καὶ ἀναγκασθῆναι, τὸν δὲ λογισμὸν τὰ ὑπὸ ταύτης παρεγγυηθέντα ὕστερον ἐπακριβοῦν καὶ προσεξευρίσκειν ἐν μέν τισι θᾶττον, ἐν δέ τισι βραδύτερον καὶ ἐν μέν τισι περιόδοις καὶ χρόνοις [ἀπὸ τῶν ἀπὸ τοῦ ἀπείρου] ... ἐν δέ τισι κατ' ἐλάττους.
>
> « Il faut bien comprendre aussi que la nature a été instruite, de façon multiple et variée, par les réalités elles-mêmes, et qu'elle a été contrainte par elles ; c'est ensuite que le raisonnement a précisé et enrichi ce que la nature avait donné, parfois plus vite, parfois plus lentement, à certaines périodes et moments [à partir de l'illimité] – selon des progrès plus importants *** à d'autres, selon des progrès moindres[2]... »

Si l'on reprend de façon précise les termes mêmes d'Épicure, le processus évoqué peut être décomposé en deux étapes très visibles :

- les choses s'imposent au début ;
- le raisonnement finit par prendre le dessus[3].

Ce qu'Épicure appelle les « choses » ou encore « la nature », c'est à dire la totalité de ce qui est[4], crée un certain type de conditions d'existence

1 Diogène d'Œnoanda, Fr 12 col I l. 13 à col II l. 11.

2 *Her.* 75. De multiples difficultés de nature philologique ont été recensées dans cette phrase, du fait de l'importante corruption du texte, difficultés que nous détaillons dans l'article de 2006 cité plus haut.

3 On retrouve quelque chose de tout à fait semblable chez Lucrèce, qui se penche lui aussi, mais dans un texte beaucoup plus long, sur l'évocation des progrès de l'humanité rendus possibles par la capacité à inventer.

4 Morel indique que cette conception englobante de la nature ne se retrouve pas dans les fragments conservés de Démocrite (p. 119-121), ce qui l'amène à conclure que le concept de nature n'est pas pour Démocrite « ontologiquement discriminant » ; ce qui signifierait alors qu'un infléchissement notable s'effectue de la part d'Épicure, qui conserverait

pour les êtres vivants ; il faut s'adapter au milieu tel qu'il existe, ce qui se présente comme un impératif vital. Lorsqu'il manque quelque chose pour assurer la survie, le raisonnement intervient pour apporter les solutions adéquates. Le tout se déroule selon un certain temps, variable, qui permet à l'expérience de s'accumuler, et aux concepts de se construire à partir de cette accumulation d'expériences.

Dans cette histoire des techniques, Lucrèce est le seul à vraiment décrire précisément cette première étape, où le besoin se fait déjà sentir de se préserver, mais où l'homme, encore sans mémoire, donc incapable d'invention et d'anticipation, ne fait qu'adopter les solutions immédiatement suggérées par le milieu lui-même[1]. De fait, habitués à se contenter de peu, les premiers hommes sont plus rudes et plus solides ; partant ils ont moins de besoins, donc aucun intérêt à se perfectionner. Le problème est alors de justifier le passage à la deuxième étape. Épicure et Diogène se contentent d'évoquer le rôle du temps qui par la mémoire augmente les capacités intellectuelles des hommes. Lucrèce quant à lui met en jeu quelque chose de beaucoup plus subtil. Il adopte aussi la solution historique pour les premières inventions, qui peuvent toutes être expliquées par des processus d'imitation et de perfectionnement de ce qu'offrait déjà la nature : les huttes qui remplacent les cavernes, les peaux qui servent de vêtements, le feu sans doute recueilli au hasard d'une tempête, et la conjugalité – ces deux éléments permettant la naissance du foyer, et donc d'une communauté. Mais une petite révolution se produit alors ; il y a rupture dans l'ordre historique, car les hommes d'un coup vont avoir plus de besoins et vont donc perfectionner les techniques de façon de plus en plus variée. Lucrèce donne à cela deux explications, mises sur le même plan : tout d'abord, la sensibilité, condition du besoin en tant qu'elle rend l'homme réactif aux agressions du milieu, s'affine progressivement ; on peut observer un progrès de la sensibilité, tout comme il y a un progrès du raisonnement. Or, cette progression s'opère grâce à un premier confort, obtenu de façon immédiate, qui peut faire sentir à l'homme la possibilité d'un mieux être. La deuxième explication est en fait une transposition de la première dans le domaine moral ; de même que l'homme devient sensible physiquement, il se sensibilise aussi moralement, et éprouve les premières affections du cœur. L'homme ne

---

des intuitions anthropologiques importantes de Démocrite dans un cadre ontologique général très différent (« Démocrite et l'objet de la philosophie naturelle : à propos des sens de *phusis* chez Démocrite » in *Democritus : Science, the arts, and the care of the soul*, édit. A. Brancacci et P.-M. Morel, Brill, 2007, p. 105-125).

1 V, 937-957.

va plus alors chercher à améliorer sa vie pour sa seule conservation, mais va se considérer en tant qu'espèce, responsable de sa lignée, de ses petits qu'il reconnaît. Or, pour que cette lignée soit préservée, il faut chercher de nouveaux modes de vie, qui n'ont plus qu'une lointaine ressemblance avec l'insertion première dans le milieu.

Qu'en est-il chez Diogène ? Le processus décrit nous semble être le même, mais il est évoqué sous une forme plus ramassée. La stratégie argumentative reste ainsi à peu près la même : le besoin s'impose à l'homme qui souffre – les premiers temps sont un anti-âge d'or –, et est ainsi le moteur d'un apprentissage de la survie ; la solution est d'abord la plus immédiate possible, puis raffinée au fur et à mesure que l'homme commence à observer et à établir des analogies.

La *periptosis* à laquelle il est fait allusion chez Diogène correspond sans doute aux premières ressources que la nature offre aux hommes primitifs, avant que ces derniers soient capables d'élaborer des artefacts plus complexes ; les tribus sauvages commencent par profiter de l'abri d'une caverne découverte au flanc de la montagne, avant de songer à imiter cet abri naturel en construisant les premières maisons. L'expérience dont ils profitent est comprise comme la réception et la synthèse de « rencontres » ou d'« occurrences », à savoir littéralement les « choses qui tombent sous le sens » et qui constituent la matrice de tout savoir. Ce qui interdit la réduction de toute conception à la rencontre dont elle est issue, c'est ce lent travail de l'expérience qui fait intervenir le temps et qui modifie de façon sensible la donnée de départ. Il serait faux de réduire la maison à la caverne – même si la maison est impensable sans la caverne – de même qu'il serait faux de réduire n'importe quel composé aux éléments qui le constituent.

Dans tous les textes abordés (aussi bien dans les *Préceptes* que dans les textes anthropologiques de Lucrèce, Épicure ou Diogène), un concept semble prendre une importance fondamentale : celui de hasard. Cette insistance sur l'importance de « l'occasion hasardeuse » – ce qui est à notre avis la meilleure traduction ici pour *kairos* – nous permet tout d'abord de concevoir avec beaucoup plus de netteté que ne le permettaient les textes de Sextus et de Diogène Laërce, la différence entre les usages épicuriens ou médicaux, et les usages stoïciens de la notion de *periptosis*. On remarquera en effet que cette dernière est transmise par Cicéron dans ses doxographies stoïciennes par le terme latin *usus*[1], qui ne peut en aucun cas connoter quoi que ce soit d'hasardeux (*usus* devant être

1 *De Fin.* III, 33 par exemple.

pris ici au sens d'absence d'attention spéciale et volontaire de l'esprit : la conception se produit naturellement, et dérive par opération mentale inconsciente des données fournies par les sens). Car dans la mesure où pour le stoïcisme la connaissance est appropriée à l'homme, il serait préjudiciable au développement de la raison que cette émergence des notions puisse devoir quoi que ce soit au hasard. Les épicuriens qui rejettent un tel providentialisme sont bien plus à même d'admettre un tel rôle du hasard dans la formation d'une connaissance.

L'irruption du hasard au début du raisonnement est, aussi bien dans le corpus épicurien que dans le texte des *Préceptes*, gouvernée par ce même souci d'élimination de toute téléologie. On pourra ainsi rapprocher à la fois le texte de Diogène d'Œnoanda et le premier paragraphe des *Préceptes* d'une tradition anthropologique grecque qui, à partir de Démocrite, exposant une vision progressive et non régressive de l'humanité, propose une histoire de la raison à la fois immanente et hasardeuse.

> Καὶ περὶ μὲν τῆς πρώτης τῶν ὅλων γενέσεως τοιαῦτα παρειλήφαμεν, τοὺς δὲ ἐξ ἀρχῆς γεννηθέντας τῶν ἀνθρώπων φασὶν ἐν ἀτάκτῳ καὶ θηριώδει βίῳ καθεστῶτας σποράδην ἐπὶ τὰς νομὰς ἐξιέναι, καὶ προσφέρεσθαι τῆς τε βοτάνης τὴν προσηνεστάτην καὶ τοὺς αὐτομάτους ἀπὸ τῶν δένδρων καρπούς. καὶ πολεμουμένους μὲν ὑπὸ τῶν θηρίων ἀλλήλοις βοηθεῖν ὑπὸ τοῦ συμφέροντος διδασκομένους, ἀθροιζομένους δὲ διὰ τὸν φόβον ἐπιγινώσκειν ἐκ τοῦ κατὰ μικρὸν τοὺς ἀλλήλων τύπους. τῆς φωνῆς δ'ἀσήμου καὶ συγκεχυμένης οὔσης ἐκ τοῦ κατ' ὀλίγον διαρθροῦν τὰς λέξεις, καὶ πρὸς ἀλλήλους τιθέντας σύμβολα περὶ ἑκάστου τῶν ὑποκειμένων γνώριμον σφίσιν αὐτοῖς ποιῆσαι τὴν περὶ ἁπάντων ἑρμηνείαν. τοιούτων δὲ συστημάτων γινομένων καθ'ἅπασαν τὴν οἰκουμένην, οὐχ ὁμόφωνον πάντας ἔχειν τὴν διάλεκτον, ἑκάστων ὡς ἔτυχε συνταξάντων τὰς λέξεις · διὸ καὶ παντοίους τε ὑπάρξαι χαρακτῆρας διαλέκτων καὶ τὰ πρῶτα γενόμενα συστήματα τῶν ἁπάντων ἐθνῶν ἀρχέγονα γενέσθαι. τοὺς οὖν πρώτους τῶν ἀνθρώπων μηδενὸς τῶν πρὸς βίον χρησίμων εὑρημένου ἐπιπόνως διάγειν, γυμνοὺς μὲν ἐσθῆτος ὄντας, οἰκήσεως δὲ καὶ πυρὸς ἀήθεις, τροφῆς δ' ἡμέρου παντελῶς ἀνεννοήτους. καὶ γὰρ τὴν συγκομιδὴν τῆς ἀγρίας τροφῆς ἀγνοοῦντας μηδεμίαν τῶν καρπῶν εἰς τὰς ἐνδείας ποιεῖσθαι παράθεσιν · διὸ καὶ πολλοὺς αὐτῶν ἀπόλλυσθαι κατὰ τοὺς χειμῶνας διά τε τὸ ψῦχος καὶ τὴν σπάνιν τῆς τροφῆς. ἐκ δὲ τοῦ κατ' ὀλίγον ὑπὸ τῆς πείρας διδασκομένους εἴς τε τὰ σπήλαια καταφεύγειν ἐν τῷ χειμῶνι καὶ τῶν καρπῶν τοὺς φυλάττεσθαι δυναμένους ἀποτίθεσθαι. γνωσθέντος δὲ τοῦ πυρὸς καὶ τῶν ἄλλων τῶν χρησίμων κατὰ μικρὸν καὶ τὰς τέχνας εὑρεθῆναι καὶ τἆλλα τὰ δυνάμενα τὸν κοινὸν βίον ὠφελῆσαι. καθόλου γὰρ πάντων τὴν χρείαν αὐτὴν διδάσκαλον γενέσθαι τοῖς ἀνθρώποις, ὑφηγουμένην οἰκείως τὴν ἑκάστου μάθησιν εὐφυεῖ ζῴῳ καὶ συνεργοὺς ἔχοντι πρὸς ἅπαντα χεῖρας καὶ λόγον καὶ ψυχῆς ἀγχίνοιαν.
>
> « Voici donc tout ce que nous avons rassemblé au sujet de la première origine de toutes choses, et quant aux hommes engendrés en premier, on dit que menant une vie désordonnée et bestiale, ils divaguaient çà et là pour trouver leur pâture, se nourrissaient des herbes les plus nourrissantes et des fruits naturels[1] des

---

1 Nous traduisons ainsi *automatous*, car il nous semble que l'auteur fait simplement référence à la capacité propre et spontanée des arbres de produire des fruits, capacité qui n'implique

arbres. Attaqués par les fauves, ils se portèrent ensuite mutuellement assistance, instruits en cela par l'intérêt, et se regroupant du fait de la peur, ils se reconnurent peu à peu les uns les autres selon leurs particularités physiques. Alors que leurs voix étaient d'abord indistinctes et confuses, peu à peu ils articulèrent des mots, et convenant entre eux de symboles pour chacun des objets, leur intelligence s'appropria pour toute chose sa signification. De tels ensembles organisés surgissant partout dans le monde habité, tous n'avaient pas la même langue, chacun ayant combiné les mots au petit bonheur ; c'est pourquoi des caractéristiques si variées distinguent les langues, et ces premiers ensembles une fois engendrés ont été à l'origine de toutes les peuplades. Ces premiers hommes donc, vivaient péniblement car aucune des commodités de la vie n'avait été découverte, habitués à vivre nus, sans maison ni feu, sans aucune idée d'une nourriture cultivée. Car ne sachant constituer de réserve de leur nourriture sauvage, ils ne mettaient pas de fruits de côté en cas de disette ; c'est pourquoi beaucoup mourraient pendant l'hiver de froid ou de l'insuffisance de nourriture. Mais, peu à peu instruits par l'expérience, l'hiver ils se réfugièrent dans des cavernes et ils entreposèrent les fruits aptes à la conservation. Ayant découvert le feu et les autres commodités, peu à peu ils constituèrent les arts et toutes les autres activités utiles à la vie en commun. Car en somme c'est le besoin lui-même qui pour toute chose fut celui qui instruisit les hommes, montrant convenablement ce qu'il faut savoir[1] de chaque chose à cet animal naturellement intelligent, et qui a pour assistants en toute occasion ses mains, sa capacité de raisonnement et la vivacité de son âme[2]. »

Ce texte est traditionnellement attribué à Démocrite. On y relève une insistance importante sur l'idée que les premiers hommes doivent puiser directement dans la nature qui les environne ce qui satisfera leurs besoins ; aucune providence divine ne se soucie de leur prodiguer ses bienfaits ; mais bien plus, aucune harmonie cosmologique préétablie ne se soucie d'adapter la nature aux quêtes de l'humanité naissante. Ce qui explique la cacophonie linguistique des premières époques, lorsque le langage n'est pas encore institué de façon stricte et rigoureuse ; les hommes commencent par ne pas se comprendre, ayant composé les mots « à l'aventure », et c'est progressivement qu'émergent des significations. La pluralité actuelle des langues est ainsi comprise par l'auteur du traité comme un reste de cette « babélisation » primitive, maintenue par l'éloignement des peuples les uns par rapport aux autres. Cependant, la grande différence entre cette vision de l'émergence des langues, et la vision épicurienne, vient de ce que dans ce texte, l'institution des

pas une mise en culture des plantes par les hommes.

1 Le besoin n'indique en effet pas l'essence objective de la chose, mais le contenu de savoir utile pour celui qui éprouve le dit besoin.

2 Diodore de Sicile, *Bibliothèque historique*, I, VIII 1-9.

premiers mots n'est pas à proprement parler d'origine sensorielle, ce qui est le cas dans la *Lettre à Hérodote*, mais qu'il y a bien dès l'origine une convention. On peut donc supposer qu'Épicure a surtout retenu de cette esquisse anthropologique la scansion remarquable qui fait se succéder « l'expérience » au « besoin », permettant ainsi de libérer les premières constitutions techniques de tout appareil explicatif mythologique, et de présenter le premier ordre du monde comme un véritable désordre, organisé de façon strictement immanente par une auto-éducation de l'humanité, présentée dans la dernière phrase de l'extrait que nous citons comme naturellement apte à se socialiser et à progresser. L'homme est capable dès son apparition d'être son propre éducateur. En ce sens, le fait que cette première éducation choisisse comme soutien la rencontre sensorielle ou non ne modifie que peu le processus, dans la mesure où, à chaque fois, ce qui est fourni « automatiquement » ou « naturellement » par l'environnement a vocation à être modifié par cet être intelligent qui doit se développer.

Nous voyons donc bien que dans le cadre d'une telle anthropologie, loin d'invalider la méthode qu'elle conditionne, la constitution de connaissances à partir des rencontres sensorielles leur garantit un point d'appui ferme qui pourra servir d'étai au cours de leur application pratique. On peut sans doute supposer que cette garantie fonctionnera de la même façon pour les médecins concernés par la méthode exposée dans les traités que nous avons cités, et pour les physiciens épicuriens qui souhaitent grâce à elle construire une explication physique de la nature. On retrouve de fait des idées très semblables dans la littérature hippocratique plus classique – par exemple dans le traité *De l'ancienne médecine.* Lorsqu'il s'agit de défendre les méthodes médicales contre l'accusation d'être « hasardeuses », et de fonder leurs procédures sur des vérités rencontrées « au hasard », la stratégie employée ne consiste pas à nier cette irruption du hasard dans le processus de constitution de l'art médical, mais à la déplacer, de la constitution de la méthode elle-même, à la première intuition thérapeutique[1]. En tant qu'elle est d'abord un événement, et en ce sens seulement, l'émergence de la bonne diététique qui préfigure la médecine au sens propre, n'est pas une émergence programmée, à laquelle présiderait une intention dissimulée derrière l'organisation de la nature. Et en ce sens, mais en ce sens seulement elle est hasardeuse, car fondée sur ce qui advient et non sur ce qui doit

1 *VM* XII, 2.

advenir[1]. L'insistance est portée sur l'idée d'une appropriation naturelle entre ce que l'homme cherche et ce qui est à rechercher ; la nature dicte à l'humanité, par l'intermédiaire des impressions de plaisir et de peine, les normes qui lui seront le plus favorables et qui lui permettront d'accéder au bonheur. Ce qui n'exclut pas par la suite une reprise très élaborée et très rationnelle de cette appropriation initiale par l'intellect, reprise qui permettra de la faire accéder au rang de véritable méthode. On retrouve le même schéma chez Lucrèce, dans la description de la naissance du langage dans l'humanité[2] . Le langage ne naît pas d'un désir de conceptualisation, mais d'un désir d'expression des affections subies par celui qui parle ; le paradigme animal exprime bien cette idée, dans la mesure où les bêtes ne font par ailleurs preuve d'aucune velléité de conceptualisation, alors qu'on ne peut leur dénier certaines capacités expressives ; l'affect est donc bien premier, et l'intériorisation de normes conçues selon ces affects fondamentaux, antérieure à des conceptualisations élaborées selon des attendus plus logiques[3].

Nous observons donc que dans les textes épicuriens comme dans les textes médicaux, c'est l'anthropologie qui semble apporter des explications à certaines décisions canoniques et gnoséologiques apparemment arbitraires. L'histoire de la formation de l'esprit humain fonde réellement la thèse de la constitution empirique des concepts.

LA DÉRIVATION DES NOTIONS : RAPPORTS RESPECTIFS DANS LES DOXOGRAPHIES DE LA *METABASIS* ET DE L'ANALOGIE

Épicure fait état de trois autres modes de constitution possibles pour les notions : l'extension, la composition, l'analogie. Si Épicure conçoit, comme l'auteur des *Préceptes*, les notions comme des dérivations de perceptions sensibles, et envisage le travail de l'esprit comme un travail de synthèse de ces perceptions sensibles, il s'interroge également sur la façon

1 *Cf.* aussi Hippocrate, *Aff.* § 45 : « Il faut s'instruire des médicaments qui se donnent en potion, et de ceux qui s'appliquent sur les plaies ; c'est une connaissance de première utilité ; en effet, ce n'est pas par une réflexion qu'on les découvre, mais plutôt par hasard, (*apo tuchès*) et ce ne sont pas non plus les gens de métier que les gens du monde. » (trad Littré).

2 V, 1056-1061.

3 On retrouve ainsi de façon parfaitement cohérente l'usage du terme de *pathè* en *Her.* 75, qui traite de ce même problème de la formation du langage de façon plus concise.

de construire la notion lorsque la perception est défaillante ou insuffisante – surtout dans des cas où, comme nous le verrons, il faut, tout en maintenant l'assise empirique très fermement, sauter conceptuellement jusqu'à l'insensible. Or, si cette synthèse des perceptions sensibles est minimale lorsque la notion apparaît par rencontre, la série de Diogène Laërce suggère qu'elle pourra devenir beaucoup plus complexe dans les trois autres cas envisagés, qui apparaissent justement dans toutes les situations où une simple rencontre sensorielle ne suffit pas à constituer une notion.

On doit à nouveau relever ici les ressemblances dans le texte de Diogène Laërce entre les modes épicuriens et stoïciens, et les redondances qui semblent rapprocher les livres VII et X. Cependant, on constatera – en le déplorant – que la série est détaillée de façon beaucoup plus explicite dans les textes qui concernent la doctrine stoïcienne.

> Κατὰ περίπτωσιν μὲν οὖν ἐνοήθη τὰ αἰσθητά · καθ' ὁμοιότητα δὲ τὰ ἀπό τινος παρακειμένου, ὡς Σωκράτης ἀπὸ τῆς εἰκόνος · κατ' ἀναλογίαν δὲ αὐξητικῶς μέν, <ὡς> ὁ Τιτυὸς καὶ Κύκλωψ · μειωτικῶς δέ, ὡς ὁ Πυγμαῖος. καὶ τὸ κέντρον δὲ τῆς γῆς κατ'ἀναλογίαν ἐνοήθη ἀπὸ τῶν μικροτέρων σφαιρῶν. κατὰ μετάθεσιν δέ, οἷον ὀφθαλμοὶ ἐπὶ τοῦ στήθους · κατὰ σύνθεσιν δὲ ἐνοήθη Ἱπποκένταυρος · καὶ κατ' ἐναντίωσιν θάνατος. νοεῖται δὲ καὶ κατὰ μετάβασίν τινα, ὡς τὰ λεκτὰ καὶ ὁ τόπος. φυσικῶς δὲ νοεῖται δίκαιόν τι καὶ ἀγαθόν · καὶ κατὰ στέρησιν, οἷον ἄχειρ.
>
> « Les sensibles sont donc conçus par contact. Les choses <conçues> à partir d'une réalité proche le sont par ressemblance, comme Socrate est conçu à partir de son image. Celles conçues par analogie <le sont> par agrandissement, comme Tityos ou un Cyclope, et par diminution, comme le pygmée. Et le centre de la terre est aussi conçu par analogie à partir des sphères plus petites. Celles <conçues> par déplacement, c'est comme des yeux sur la poitrine. Un centaure est conçu par composition ; et la mort par opposition. Enfin on conçoit aussi par transfert certaines choses <particulières> comme les exprimables et le lieu. On conçoit de façon naturelle une chose juste et bonne. Et <certaines choses > aussi par privation, comme un manchot[1]. »

La liste que propose la doxographie laërtienne est très désordonnée et fait varier les modes de conception selon la quantité principalement ; le travail de l'esprit qui opère la synthèse consiste à agrandir, diminuer, ajouter ou retrancher.

Comparons ce texte aux occurrences de *periptosis* relevées chez Sextus ; ce dernier semblait, on l'a vu, considérer que la série explicative qui place la *periptosis* en tête des étapes de la formation des concepts avait valeur de *doxa* pour toutes les écoles scientifiques. Parmi les occurrences relevées,

1 Diogène Laërce VII, 53, l.1-27.

un exemple tiré du *Contre les Géomètres* nous semble particulièrement intéressant. Sextus tente de déterminer la valeur de l'énoncé suivant : « une ligne est une longueur sans largeur ».

> Τοσούτων δὴ νοήσεως ὄντων τρόπων, εἴπερ νοεῖταί τι ἀπλατὲς μῆκος, ἐξ ἀνάγκης ὀφείλει ἤτοι κατὰ περιπτωτικὴν ἐνάργειαν νοεῖσθαι ἢ κατὰ τὴν ἀπὸ τῶν ἐναργῶν μετάβασιν. ἀλλὰ κατὰ περιπτωτικὴν μὲν ἐνάργειαν οὐκ ἂν νοοῖτο· οὐδενὶ γὰρ περιεπέσομεν μήκει χωρὶς πλάτους. λείπεται οὖν κατὰ τὴν ἀπὸ τῶν ἐναργῶν μετάβασιν λέγειν αὐτὸ νενοῆσθαι· ὃ πάλιν τῶν ἀδυνατωτάτων.
>
> « Si telles sont les différentes façons de concevoir, quand on conçoit une longueur sans largeur, ce sera nécessairement soit par rencontre évidente, soit par transfert à partir des choses évidentes. Mais par évidence de rencontre, on ne pourra la concevoir, car nous ne rencontrons normalement aucune longueur sans largeur. Nous sommes donc contraints de dire qu'elle a été conçue par transfert à partir des choses évidentes, ce qui appartient là encore à la catégorie des choses tout à fait impossibles[1]. »

La deuxième partie de la démonstration qui examine le cas des conceptions par « transfert » (*metabasis*), c'est-à-dire « soit par ressemblance, soit par composition, soit par analogie », repose sur une prémisse implicite qui veut que chacun de ces trois modes soit en fait une extension du mode par rencontre ; en effet la ressemblance s'établit à partir d'une autre chose déjà connue, la composition s'effectue avec d'autres choses déjà connues, l'analogie opère selon un point commun avec quelque chose de déjà connu ; pour éviter une régression à l'infini, il faut que tous ces modes de conception finissent par se réduire à un seul, le premier, le mode par rencontre.

Si l'on considère que la série proposée par Sextus est scolaire, on doit penser la même chose de l'argument qu'il utilise, et poser que la réduction du transfert à la rencontre est également scolaire et reprise par toutes les sectes philosophiques comme telle. En dernière instance, les *epinoiai* seraient alors toujours engendrées par un événement de nature encore indéfinie, mais dont on peut déjà dire, s'il est une rencontre, qu'il se produit de façon ponctuelle et qu'il est une simple occurrence sans processus de transformation – les transformations ou « déplacements » se produisant toujours à partir de l'occurrence, c'est-à-dire après elle et à partir d'elle.

En réalité, Sextus semble faire un usage sceptique de la série des modes de conception, qui implique une telle réduction, sans pour autant que cette réduction soit effective chez les épicuriens et les stoïciens. En

1 *M.* III (*Contre les géomètres*), 43-44.

ce qui concerne les épicuriens en tout cas, l'usage de la *periptosis* dans le contexte anthropologique ne permet en effet pas de l'identifier comme le seul mode possible de constitution des concepts : dans le texte de Diogène d'Œnoanda que nous avons étudié plus haut, réduire la deuxième partie du processus à une extension de la première est un peu délicat, dans la mesure où Diogène ne suppose pas que quelque chose succède et dérive de la rencontre, mais qu'il y a interaction entre la rencontre en question et autre chose, cette interaction se déroulant selon une durée donnée, non nulle. Et si l'on se pose à présent la question de cette éventuelle réduction d'un mode à l'autre dans la gnoséologie des *Préceptes*, le mouvement observé est exactement le même ; la *periptosis* correspond à une première étape qui est distingué chronologiquement et ontologiquement des autres – le texte est à cet égard sans aucune ambiguïté.

Cette hypothèse est confirmée par d'autres passages du *Contre les Géomètres* qui font bien état d'une dérivation entre les différents modes, sans réduction de l'un à l'autre ; ces passages sont peut-être plus intéressants pour nous, dans la mesure où ils semblent davantage inspirés par les doctrines dogmatiques elles-mêmes. Ainsi dans un passage déjà abordé plus haut[1], une dichotomie stricte est cette fois-ci établie par Sextus entre les constitutions conceptuelles s'opérant par *periptosis* ou par *metabasis*. Malgré une ressemblance évidente entre les deux textes, la subdivision au sein de ces deux grandes catégories n'est pas la même chez Sextus et chez Diogène Laërce ; chez Diogène, c'est le premier terme qui semble se décomposer en ressemblance, analogie, composition, tandis que chez Sextus, c'est le second. Derrière cette apparente divergence, on peut deviner un présupposé commun – qu'il soit ou non assumé par Sextus : il faut dans la série des modes de constitution opérer une distinction entre deux types bien distincts, qui ne diffèrent pas seulement par le degré ; la divergence porte sur la place dans la série de l'élément autour duquel va s'articuler la distinction, à savoir la *metabasis*.

Cependant ce terme, présent dans la liste proposée par Sextus et par Diogène Laërce au livre VII, disparaît chez ce dernier dans le livre X ; la série épicurienne ne semble pas comporter de *metabasis*[2]. En revanche,

---

1 *M.* III, 40.

2 On trouve dans le corpus strictement épicurien une occurrence passionnante de *metabasis* qui concerne la question épineuse des parties minimales dans l'atome (*Her.* 56-58). Comme le fait remarquer le commentaire de Long et Sedley à ce passage (p. 94), l'enjeu

on retrouve, un regroupement de trois notions proches : ressemblance, composition, analogie. Ces trois termes sont considérés par Sextus comme relevant tous de la *metabasis*, tandis que Diogène les présente de façon directe sans les faire dépendre d'un autre terme plus général. Nous pensons que le témoignage de Sextus est ici sans doute plus précis que celui de Diogène, dans la mesure où il indique comment, à partir d'un modèle physique, on peut comprendre l'application logique des termes de composition, de ressemblance et d'analogie (le modèle étant ici celui de la translation ou du déplacement). La série de Diogène se contente en fait de reprendre, par ordre décroissant de complexité, les différentes opérations intellectuelles de construction de notions ; la série de Sextus tente de leur donner un ordre systématique plus rigoureux, en indiquant à partir de quel mouvement physique de parcours ou de passage se conçoit par analogie – justement – le mouvement de l'esprit qui déplace, qui augmente ou qui transforme la donnée sensorielle pour la changer en contenu conceptuel.

---

ici est de distinguer entre deux façons de concevoir l'insécabilité de l'atome : insécabilité réelle ou physique – il est impossible de réduire matériellement, par coupure ou cassure, l'atome à des morceaux d'atomes plus petits ; insécabilité ou indivisibilité théorique – l'atome n'a pas de parties. Ce qui, en interdisant de considérer l'atome comme une quantité finie constituée d'une infinité de parties, résout de façon radicale les paradoxes de Zénon d'Élée. Le terme de *metabasis* est utilisé comme une reprise de la formulation par Zénon lui-même de ses paradoxes ; « passer » d'une point à un autre sur une ligne continue implique pour Zénon la possibilité de diviser l'espace parcouru et la durée du parcours en autant de points traversés par le mobile ; pour Épicure, une telle inférence est fausse, car elle repose sur le principe faux selon lequel passer d'un point à un autre entraîne l'identification de ces deux points comme autant de « parties ». Ce n'est pas parce que la perception d'un espace, si restreint qu'il soit, suppose une certaine durée, que cet espace doit être considéré comme composé de parties parcourues successivement. Épicure va ainsi remplacer la notion de divisibilité à l'infini par celle de division minimale – ou de minimum pensable. Sur tout ce passage complexe de *Her.*, on consultera avec profit le commentaire de Conche dans son édition des *Lettres d'Épicure*, p. 149 et suivantes, et surtout D. Furley, « Indivisible magnitudes » in *Two studies in Greek atomists*, Princeton university press, 1967. Sans aller plus loin dans l'explicitation de ce point de doctrine très complexe, on remarquera sur la question qui nous occupe la consistance proprement physique qu'Épicure donne ici à la notion de *metabasis*, qui ne renvoie pas seulement à un procédé intellectuel, mais bien à un acte réel de perception qui sous-entend un mouvement corporel – le va-et-vient de l'œil qui parcourt la partie minimale, le déplacement d'un corps sur une ligne continue –, un espace et une durée d'effectuation de ce mouvement.

L'ANALOGIE ÉPICURIENNE

L'enjeu d'une méthodologie empiriste est de donner des règles au nécessaire saut du visible à l'invisible que l'on doit effectuer si l'on veut pouvoir travailler à partir de concepts qui ne soient pas de simple reproductions de l'évidence. Ce passage, effectué par l'analogie, n'est légitime que dans la mesure où il ne contrevient pas aux règles sous-entendues par le choix de la sensation comme fondement et pierre de touche du savoir. Le fait que, dans la doxographie du *Canon* d'Épicure les deux séries méthodologiques et gnoséologiques de Diogène Laërce semblent toutes deux placer en exergue l'*aisthésis*, alors que la structure analogique n'apparaît que de façon seconde, voire seulement implicitement dans le cas de la série des critères, indique que le problème est à la fois commun aux deux séries – comment comprendre la constitution empirique de notions portant sur des réalités insensibles ; comment valider empiriquement des énoncés portant au second degré sur ces mêmes réalités insensibles –, et différemment développé dans les deux cas ; la série gnoséologique a pour schème structurel l'idée d'*aisthésis*, mais les modes qu'elle énumère en procèdent sans se confondre avec elle ; le véritable terme premier est *periptosis*, à savoir un véritable phénomène physique ; le recours à l'analogie en est nettement distingué, et considéré comme un artefact méthodologique qui n'intervient qu'en un second temps. Au contraire dans la série critériologique, où il ne s'agit pas de phénomènes, mais d'interprétation de ces phénomènes, *aisthésis* est le terme premier ; le recours à l'analogie est moins évident, et n'apparaît qu'au détour de l'analyse des différents critères. Ces divergences viennent des différents rapports que l'*aisthésis* entretient avec les autres termes de la série, et plus particulièrement avec le mode de l'analogie. Ces rapports sont dans les deux cas problématiques, mais il semble que la difficulté s'exacerbe plus particulièrement dans la série des critères – au moment donc où il n'est plus seulement question de réalités mais de vérités.

L'analogie « gnoséologique » sert dans un premier temps à « remplir » un concept à l'aide d'un autre, en faisant usage de rapports de similitude dont on suppose qu'ils révèlent une parenté entre les dits concepts. On trouve chez Lucrèce deux exemples célèbres de ce type d'analogie : la comparaison des atomes avec les grains de poussière (II, 112-124) ; la comparaison de l'action invisible des principes avec le vent (I, 265-297). Dans le second cas, l'analogie fonctionne en quelque sorte de façon négative : ce n'est pas parce qu'un corps est invisible qu'il n'existe pas et n'a aucun pouvoir d'agir ; le vent est analogue aux corps premiers en ce que sa puissance extrême est sans rapport aucun avec sa visibilité ; en d'autres termes, l'efficace d'un corps ne dépend pas des qualités qui me le rendent sensible. L'analogie ne me permet donc pas comme telle de construire la notion de corps invisible ; mais elle m'indique ce que la notion de corps invisible ne doit pas m'interdire de postuler sur la potentialité causale de ces mêmes corps.

Le premier cas est plus complexe. L'analogie est ici directe et non simplement négative :

> *Cuius, uti memoro, rei simulacrum et imago*
> *ante oculos semper nobis versatur et instat.*
> *Contemplator enim, cum solis lumina cumque*
> *inserti fundunt radii per opaca domorum :*
> *multa minuta modis multis per inane videbis*
> *corpora misceri radiorum lumine in ipso,*
> *et velut aeterno certamine proelia, pugnas*
> *edere turmatim certantia, nec dare pausam,*
> *conciliis et discidiis exercita crebris ;*
> *conicere ut possis ex hoc, primordia rerum*
> *quale sit in magno iacratri semper inani,*
> *dumtaxat rerum magnarum parva potest res*
> *exemplare dare et vestigia notitiai.*

> « Ce fait que je rappelle, un simulacre ou une réplique nous en sont donnés, et demeurent toujours sous nos yeux. Observe en effet, lorsque les rayons du soleil et ses feux s'insèrent dans les ténèbres d'une pièce : à travers le vide, tu verras une multitude de corpuscules subtils se mêler d'une multitude de façons dans la lumière même des rayons, et comme des combattants éternellement en lutte, en masse se heurter et se battre, ne s'accordant aucun répit, tantôt alliés tantôt adversaires ; ainsi tu comprendras que les corps premiers des choses se trouvent dans le vaste vide toujours en mouvement, pour autant que de grandes choses une petite puisse donner un exemple et des indices de sa notion[1]. »

Ce texte appelle trois commentaires principaux.

Ce que Lucrèce nous invite ici à voir, c'est ce qu'il appelle lui-même un simulacre. Cette indication du texte, qui renforce le terme en l'utilisant sous les deux formes que l'on trouve chez Lucrèce pour

1 II, 112-124.

désigner la même réalité, cette redondance n'est pas une simple coquetterie rhétorique, mais doit être prise au sérieux : elle nous indique que l'analogie qui va être ici utilisée pour décrire le mouvement des atomes dans le vide est une perception comme les autres et fonctionne de la même façon ; elle donne à voir à l'œil de l'esprit, ce *sensus animi*, par l'intermédiaire d'un simulacre. Il y a donc un véritable rapport d'identité physique entre l'*illustrans* et l'*illustrandum*, assuré par le support matériel du simulacre.

L'analogie est en fait double : les grains de poussière dans la lumière sont aux atomes dans le vide ce que leur sont aussi les soldats dans le champs de bataille[1]. Ce qui doit nous indiquer, d'abord que l'analogie me sert à construire non pas le concept d'élément premier, ni même de mouvement de l'élément premier, mais bien le concept de mouvement de l'ensemble des éléments premiers dans le vide – c'est-à-dire un aspect tout à fait déterminé et fragmentaire de tout ce que peut contenir le concept complet d'élément premier. Ensuite, que le processus analogique est en droit absolument infini, en ce qu'il me renvoie sans point d'arrêt d'un niveau ontologique à un autre. Je peux emboîter les analogies comme autant de poupées gigognes, et multiplier les « simulacres » qui me permettront de me rapprocher sans cesse de la réalité que je vise ; mais je n'ai à aucun moment de nécessité d'arrêter la procédure analogique – du fait qu'aucune analogie ne peut prétendre me fournir le concept total de cette même réalité.

Notitiai traduit ici certainement *epinoia* ; ce texte reprend donc sans doute et développe le mode analogique cité par Diogène Laërce. Cependant la glose qu'ajoute Lucrèce à la fin peut laisser perplexe : sur le plan de la taille, le grain de poussière n'est pas plus petit, mais plus grand que l'atome qu'il vise ! Et le principe de fonctionnement normal de l'analogie consiste plutôt à passer du grand au petit – et pas du petit au grand. Ce point serait mineur si Lucrèce n'enchaînait pas en mettant sur le même plan la constitution conceptuelle et l'exhibition d'un *exemplum* – c'est à dire en latin à la fois un exemple et un exemplaire. Le grain de poussière dans le rayon de soleil est bien un simulacre réel de l'atome dans le vide ; mais il en est aussi une simple représentation partielle, sans que l'on ait véritablement les moyens de trancher entre ces deux propositions. Ce qui nous ramène à l'idée que l'analogie est une perception ; mais la différence avec la perception au sens premier est que l'analogie est une perception non pas donnée, mais construite ;

1 Jeu de mot très probable sur le premier sens du grec *stoicheos :* rangé en ordre de bataille.

l'analogie construit un simulacre de l'*illustrandum* par un transfert effectué à partir de l'*illustrans*. Ce transfert n'étant opératoire qu'à partir du point précis que l'analogie choisit de mettre en exergue, le concept fourni par l'analogie n'est en même temps qu'un « exemple », c'est à dire un concept partiel – le grain de poussière est analogue à l'atome en tant qu'il est atome dans le vide.

Ces deux analogies permettent de « concevoir », dans une certaine mesure, les principes premiers – par définitions insensibles. Mais on voit bien les limites de ce type de connaissance : l'analogie sert à penser une facette de l'entité à conceptualiser, elle n'en fournit justement pas un concept, une formule complète. L'analogie donne une connaissance fragmentaire, en perspective, selon différents points de vue. La similitude qui la fonde met en évidence l'existence d'un point commun saillant et évident entre les réalités qui sont mises en rapport. Cependant, au point où nous en sommes, nous n'avons pour le moment aucune raison de penser que le rapprochement de l'atome avec le rayon de poussière est réellement pertinent, dans la mesure où rien ne nous indique (puisque justement nous ne le voyons pas !) que la pulvérisation soit réellement une caractéristique « essentielle » de l'atome – en d'autres termes, la notion produite par l'analogie n'offre aucune garantie quant à sa valeur de vérité. L'analogie est une fiction qui met en rapport dans une structure de comparaison plusieurs données hétérogènes pour construire un concept – le concept étant le résultat de cet « agrégat gnoséologique ».

Le raisonnement par analogie, lorsqu'il devient critériologique et non plus seulement support d'une constitution de concept, pose donc un problème essentiel, relevé par G. Lloyd[1] : faut-il tabler sur une simple similitude entre les réalités que l'analogie rapproche, ou sur une véritable identité ? Ceux qui pensent que l'identité n'est pas réelle se méfient de

1 *Cf.* Lloyd, *Polarity and Analogy : two types of argumentation in early Greek thought*, Cambridge university press, Cambridge, 1966. À propos de l'analogie elle-même en tant que procédure privilégiée de l'épicurisme, Lloyd propose d'opposer dans la pensée grecque deux modèles structurants : celui par « polarity » et celui par « analogy ». Dans le cas de la « polarity » la pensée fonctionne par couples de contraires. Les philosophies concernées par ce modèle se concentrent sur l'exposition des principes premiers. L'explication de chaque chose passe ainsi par sa relation avec un des deux membres d'un couple de principes contraires remarquables. Dans le cas de l'« analogy », l'explication de l'objet vient de son identification avec un autre objet. Selon le schéma que propose Lloyd, l'épicurisme devrait plutôt suivre une méthode « polaire » en s'appuyant sur le couple atomes / vide. Mais le choix de principes invisibles va lui faire préférer l'analogie. Car comme le fait remarquer Lloyd, la particularité de la polarité atomiste, c'est de n'être pas qualifiée ; elle n'a donc aucun intérêt explicatif (ce qui conduit même Démocrite sur la voie d'un certain type de scepticisme).

l'analogie : Aristote par exemple. Pour Aristote, l'argument analogique est rhétorique ; en effet l'induction dont il procède est incomplète[1]. La méthode par analogie, qui consiste de fait à remonter du visible à l'invisible, fonde la raison de cette remontée sur une similitude qui s'éprouve d'abord de façon sensible. En ce sens, elle ne peut constituer une voie satisfaisante de remontée vers le principe.

Cependant l'analogie rend de grands services en ce que, permettant d'accéder à l'invisible par le biais du visible, elle peut fournir le moyen d'expliquer certains phénomènes en les faisant procéder d'autres phénomènes qui ont avec eux des relations d'identité. Jouanna dans l'introduction de son édition du traité hippocratique *De la Nature de l'homme*, où il est fait un usage immodéré du raisonnement par analogie, indique que l'auteur (peut-être Polybe) emprunterait ce principe méthodologique à Empédocle. Ce schème explicatif est ainsi employé à outrance, d'une part par des philosophes qui choisissent des principes réels mais invisibles (qu'il s'agisse des épicuriens ou des premiers physiologues présocratiques dont ils s'inspirent), d'autre part par des praticiens qui ne peuvent pas accéder directement au principe des phénomènes qu'ils observent : les médecins.

De l'ancienne médecine recommande ainsi de façon expresse la méthode par analogie. L'auteur explique, comme on l'a déjà vu rapidement, que la médecine, qui doit se soumettre à une contrainte de vérifiabilité, ne peut postuler à partir d'hypothèses comme ceux qui délibèrent sur les choses cachées (§ 1). La méthode propre à la médecine, elle, opère de façon analogique, par comparaison et reconstruction à partir de modèles visibles ; ainsi la médecine, science du bon régime, se conçoit elle-même à partir de l'observation et de l'amélioration du régime valable pour tous[2]. Le médecin est au malade ce que l'entraîneur est à l'athlète et ce que le diététicien est pour le grand nombre. À partir de la diététique, science des aliments destinés à l'homme sain, élaborée à partir d'observations et d'expériences répétées, l'on constitue l'art médical qui est une application de cette science au cas plus délicat du corps malade. Dans la mesure où les causes des maladies sont cachées, on ne pourra les déterminer qu'en les approchant à partir de causes proches mais plus simples à observer. C'est à partir des distinctions opérées entre les aliments qui sont supportés par le plus grand nombre que pourront être établies les natures des aliments et les constitutions qui

---

1 *Rh.* 1356 b 12-18 ; *Top.* I, 11, 104 a 5 – 37 et V, 8, 138 b 24.

2 *VM* VII, 1-2.

peuvent ou non les supporter ; la démarche inverse et non analogique consisterait à présupposer la nature de l'homme ou de l'aliment pour en déduire l'adaptation ou l'inadaptation de celui-ci à celui-là. La procédure analogique se révèle indispensable pour tous ceux qui prétendent éviter l'écueil du principe inobservable, car elle compense la carence de l'inobservabilité des principes[1].

Dans *De l'ancienne médecine*, il ne s'agit pas de dire que la médecine est la même chose que la diététique, mais de dire que si on les considère d'une certaine façon, sous un certain rapport, on peut rapprocher médecine et diététique, en particulier sous l'angle d'une méthode commune qui est une méthode analogique. Ce qui laisse en réalité le problème intact, car qui peut m'assurer que le rapport que j'établis est un rapport licite, qu'il soit au premier degré (du corps sain au corps malade) ou du second degré (de la diététique à la médecine) ? Comment être sûre que l'amélioration de l'alimentation constitue bien un caractère définitionnel, essentiel et non simplement accidentel, de la médecine ? Le problème est d'autant plus aigu que l'analogie statue sur des ressemblances entre des entités visibles et invisibles, entre des réalités données et recherchées – n'est-il pas alors paradoxal de parler même de « ressemblance » ?

Le point est d'autant plus problématique que l'analogie telle que l'emploient les épicuriens, désignée par des termes plastiques comme ceux de « ressemblance » ou de « similarité », semble faire un usage très souple de la notion de « rapport », qui ne saurait se limiter à un rapport de type mathématique ; ce ne sont pas simplement des quantités qui sont rapportées l'une à l'autre, mais aussi bien des qualités ou n'importe quelle catégorie très difficilement mesurable. La souplesse d'un tel mode d'explication devient telle que l'analogie dérive souvent vers la simple métaphore, « transfert » au sens propre d'une réalité vers une autre – au risque de diluer définitivement son efficacité méthodologique, en proposant des concepts vides et des validations purement rhétoriques des arguments.

1 Plus tardivement on retrouve dans l'analogie un des piliers de l'empirisme médical (cf Galien *Subf. Emp.*). Le trépied empirique *autopsia*, *historia* et *metabasis* (ou *epilogismos*) ressemble beaucoup à une réélaboration de la série de formation des concepts : rencontre sensorielle, agrégat de rencontres rendu possible par la mémoire, passage d'un domaine à un autre quand une similitude essentielle le permet.

DE L'ANALOGIE À L'ANTICIPATION : LA SÉMIOLOGIE EMPIRISTE

La prégnance méthodologique de l'analogie pose de graves problèmes, d'une part quant à la cohérence des doctrines qui en font usage, d'autre part quant à la validité même des résultats qu'elle prétend apporter dans la pratique scientifique. Ce chapitre sera consacré à l'étude des procédures qui font le plus usage de l'analogie, à savoir les procédures d'anticipation comme l'inférence par signe et le pronostic. Quels sont les enjeux théoriques et pratiques de ces procédures ? Quels paradoxes méthodologiques découlent de leur usage et comment les résoudre ? Nous verrons comment la mise en œuvre des différents critères étudiés dans la première partie se fait par l'application systématique d'une procédure permettant d'effectuer avec rigueur le passage analogique du visible au caché, selon l'ordre indiqué par Sextus Empiricus dans le tout début du *Contre les Logiciens*[1]. Cette procédure, la *sémèiosis*, permet aux épicuriens de construire les anticipations qu'ils ont besoin d'effectuer pour pouvoir fonder leurs hypothèses physiques ; les médecins quant à eux l'utilisent pour justifier une thérapeutique.

Nous commencerons par présenter les deux formes principales que peut adopter dans les méthodologies épicuriennes et médicales la mise en application de procédures analogiques d'anticipation, à savoir l'inférence par signe ou *sémèiosis*, et le pronostic. Cette étude sera l'occasion de dévoiler les difficultés induites par le choix de ces procédures, en particulier l'impossibilité apparente de les concilier avec les pré-requis d'une méthode empiriste.

---

1 *M.* VII, 24-25.

ENJEUX THÉORIQUES DE L'ANTICIPATION

L'utilisation méthodique de l'anticipation est présente chez Démocrite, et l'examen des usages qu'il en fait va nous permettre de dégager les questions qu'elle soulève.

L'anticipation a chez Démocrite deux fonctions. La première est une fonction préventive sollicitée dans des contextes strictement médicaux – ce qui ne doit pas surprendre dans la mesure où la pratique comme la théorie de la médecine sont depuis les plus anciens doxographes attribuées à Démocrite[1]. L'anticipation correspond alors à une appréhension du trouble à venir, à l'occasion de la perception d'un signe avant-coureur ; elle est la faculté qui permet de se prévenir du mal à venir en se préparant à y faire face. Cette fonction de l'anticipation est exprimée entre autres par l'usage du terme assez rare de *propatheia*, que traduirait le latin *impetus*, et qui renvoie à des mouvements spontanés du corps, des élans annonciateurs d'une pathologie ; on en trouve un exemple chez Plutarque, dans le court traité *De tuenda sanitate praecepta*, qui porte justement sur la question de la rivalité entre médecine et philosophie. Deux personnages s'affrontent, le médecin Glaucos, et Zeuxippe, visiblement davantage porté vers la philosophie et l'appréhension théorique de l'art médical. Zeuxippe propose une énumération de préceptes philosophiques concernant la santé : il soutient ainsi en particulier que, en ce qui concerne le corps, l'homme en bonne santé devra s'habituer à la tempérance et à la frugalité, afin que le régime soit plus facile à respecter durant la maladie. Ce précepte est raillé par Glaucos, qui soutient quant à lui que la métriologie que défend Zeuxippe ne doit pas être élaborée en fonction des aliments, mais en fonction de sa propre disposition. En d'autre terme, l'homme prudent quant à sa santé saura s'observer lui-même, et reconnaître ainsi les signes avant-coureurs d'une maladie. C'est alors qu'intervient dans le texte de Plutarque la référence à Démocrite.

> Ἄτοπον γάρ ἐστι κοράκων μὲν λαρυγγισμοῖς καὶ κλωσμοῖς ἀλεκτορίδων καὶ συσὶν ἐπὶ φορυτῷ μαργαινούσαις, ὡς ἔφη Δημόκριτος, ἐπιμελῶς προσέχειν, σημεῖα ποιουμένους πνευμάτων καὶ ὄμβρων, τὰ δὲ τοῦ σώματος κινήματα καὶ σάλους καὶ προπαθείας μὴ προλαμβάνειν μηδὲ προφυλάττειν, μηδ' ἔχειν σημεῖα χειμῶνος ἐν ἑαυτῷ γενησομένου καὶ μέλλοντος.

1 *Cf.* Morel, « Technique et nécessitéo : le modèle de l'adaptation de Démocrite à Vitruve » in *Ars et ratio. Sciences, art et métiers dans la philosophie hellénistique et romaine*, Lévy, Besnier etGigandet (édit.), Bruxelles, Latomus, 273, 2003, p. 207-220.

« Car il est absurde d'étudier avec minutie les croassements des corbeaux, les caquètements des poules, "l'agitation furieuse des porcs dans leur bourbier" selon les mots de Démocrite, pour en tirer des présages sur le vent ou la pluie, et de ne pas observer les mouvements du corps, ses frissons, ses pressentiments, de ne pas les surveiller, de ne pas les considérer, au sein de nous-mêmes, comme les signes de la tempête à venir[1]. »

Si l'on suit ici Plutarque, Démocrite proposerait donc déjà une pratique très semblable à celle que suggère Glaucos, faisant usage de l'anticipation à des fins thérapeutiques. Les verbes *prolambanein* et *prophulattein* définissent une attitude d'attention qui débouche sur une sémiotique (comme l'indique l'emploi de *sèmeia*) orientée vers le corps et ses manifestations, qui sont autant de symptômes. On reconnaît ici une structure d'argument *a fortiori* : si les « anticipations » animales sont utilisées dans le cadre de la pratique divinatoire, il faut d'autant plus utiliser les anticipations du corps humain dans le cadre médical.

La deuxième fonction de l'anticipation démocritéenne est plus générale : elle consiste en une prévision motivée par la connaissance des causes naturelles des événements. Elle est rendue possible, dans le contexte de la physiologie, par la constitution d'étiologies physiques déterministes. Les exemples de cette fonction de l'anticipation chez Démocrite sont assez abondants. On citera ici le plus célèbre, rapporté par Pline (*Histoire naturelle* XVIII 273) :

Ferunt Democritum, qui primus intellexit ostenditque caeli cum terris societatem, spernentibus hanc curam eius opulentissimis civium praevisa olei caritate futura ex vergiliarum ortu (qua diximus ratione ostendemusque jam planius) magna tum vilitate propter spem olivae coemisse in toto tractu omne oleum, mirantibus qui paupertatem quietemque doctrinarum ei sciebant in primis cordi esse. Atque ut adparuit causa et ingens divitiarum cursus, restituisse mercedem anxiae et avidae dominorum poenitentiae, contentum ita probavisse opes sibi in facili, cum vellet, fore.

« On rapporte que Démocrite, qui le tout premier comprit et fit voir les rapports du ciel avec la terre, alors que ses riches concitoyens méprisaient cette étude, put prédire la cherté de l'huile d'après le lever des Pléiades (par quel raisonnement, nous l'avons déjà dit et abondamment montré). Il racheta toute l'huile des environs à bas prix, grâce à l'aspect des arbres qui promettaient beaucoup, au grand étonnement de ceux qui savaient qu'une vie de sobriété et d'étude tranquille était son seul souci. Et lorsqu'apparut la cause de son comportement et l'immensité de son profit, il rendit la marchandise à ses propriétaires honteux, anxieux et envieux, satisfait qu'il était d'avoir ainsi prouvé qu'il pouvait s'enrichir facilement s'il le souhaitait[2]. »

---

1 Plutarque, *Tuend. San.* 129 A (DK 68 B 147).

2 DK 68 A 17.

Démocrite est sans doute un des premiers à avoir perçu l'existence d'un rapport entre ces deux fonctions, médicale et plus générale, de l'anticipation. La fonction thérapeutique de l'anticipation n'est en effet valable que dans la mesure où la fonction générale, pointant l'existence d'une causalité régulière au sein de la nature, permet d'appréhender effectivement celle-ci comme un réseau de signes qui peuvent être interprétés. De plus, comme le montre un extrait du *De Divinatione* de Cicéron (I, 57, 131 = DK68a138), chez Démocrite cette mise en rapport s'accompagne d'un rejet de toute causalité d'ordre divin et d'un renversement des techniques de divination au service d'un déterminisme rationaliste : Démocrite considère en effet que l'aspect des entrailles des animaux sacrifiés peut réellement nous renseigner sur certains maux à venir, pour des raisons non pas religieuses, mais strictement naturelles – l'aspect des organes étant lié à l'alimentation des bêtes, elle-même en relation avec la salubrité des terres ou du climat ; il opère un retournement rationnel de la pratique de la divination, et en fait l'instrument de prédictions non plus sacrées, mais physiques. Un tel retournement libère de façon radicale la science de la nature de la nécessité de prendre en compte les décrets divins, et permet de fonder une étiologie « séculière ». Ce faisant, elle ouvre la voie, dans le champ d'application médical de l'anticipation, à des pratiques elles aussi désacralisées, et l'on peut considérer pour cette raison Démocrite comme un des artisans essentiels de l'émancipation de la médecine qui se produit en Grèce à partir du ve siècle avant J.-C.

Derrière ces deux fonctions de l'anticipation se profilent donc des enjeux théoriques, qui portent sur les conditions même de possibilité de toute inférence prédictive au sein d'une nature qui se veut rationnelle, et pragmatiques : dans quelles conditions peut-on fonder la légitimité de certaines applications techniques de l'anticipation ?

Nous examinerons en premier lieu les enjeux théoriques. Si ce qui justifie pour Démocrite l'usage de l'anticipation comme procédure prédictive fiable, c'est sa relation à l'étiologie physique qui rend possible la mise en relation d'événements observés comme apparemment distincts, alors l'anticipation en général fonctionne à la fois comme une application des résultats de la physiologie quant à la connaissance des choses, et comme une confirmation de ces résultats[1]. La petite farce de

1 Les présupposés épistémologiques généraux de cette interrelation de l'anticipation et de l'étiologie sont étudiés dans : Barnes « Ancient scepticism and causation » in *The skeptical tradition*, Burnyeat (édit.), University of California press, Berkeley, 1983 ; Burnyeat « The origins of non-deductive inference » in *Science and speculation*, Barnes, Brunschwig, Burnyeat,

Démocrite à ses contemporains prétend valoriser la science de la nature en la présentant comme une discipline efficace, ayant une valeur probatoire.

Or, si l'anticipation dépend de l'étiologie, c'est parce que son bon fonctionnement suppose la vérité d'une thèse elle-même fondatrice pour toute entreprise d'explication causale de la nature : la thèse selon laquelle un certain ordre des choses, qu'il soit immanent ou non, garantit la régularité de l'application des relations que l'étiologie souligne entre les éléments de la nature. En d'autres termes, si la pratique scientifique de l'anticipation est une des applications essentielle de la thèse des critères de vérité, c'est d'abord parce que comme eux elle suppose une « unité de l'expérience » : la certitude que, jusqu'à nouvel ordre, la nature restera semblable à elle-même.

Cet argument est très important dans les systèmes atomistes, et sera repris par l'épicurisme, puisque nous le retrouvons chez Lucrèce au chant III du *De Rerum Natura*, dans la démonstration de la mortalité de l'âme.

Nil igitur mors est ad nos neque pertinet hilum,
quandoquidem natura animi mortalis habetur.
Et velut ante acto nil tempore sensimus aegri,
ad confligendum venientibus undique Poenis,
omnia cum belli trepido concussa tumultu
horrida contremuere sub altis aetheris oris
in dubioque fuere utrorum ad regna cadendum
omnibus humanis esset terraque marique,
sic, ubi non erimus, cim corporis atque animai
discidium fuerit quibus e sumus uniter apti,
scilicet haut nobis quicquam, qui non erimus tum,
accidere omnino poterit sensumque movere,
non si terra mari miscebitur et mare caelo.

« La mort n'est rien pour nous, en rien elle ne nous touche, à partir du moment où la nature de l'esprit s'avère mortelle. Et de même qu'autrefois nous n'avons rien ressenti de douloureux lorsque les Carthaginois montaient de toutes parts à l'assaut, lorsque le vacarme de ce choc terrible faisait trembler d'horreur toutes choses sous les hautes rives du ciel, lorsque le doute régnait pour savoir qui des deux deviendrait maître de toute l'humanité sur terre et sur mer, de même, lorsque nous ne serons plus, après la séparation du corps et de l'âme dont l'union nous constituait, plus rien ne pourra nous arriver, nous qui ne serons plus, plus rien ne pourra émouvoir nos sens, pas même si la terre était engloutie par la mer et la mer par le ciel[1]. »

Schofield, Paris, 1982 ; Kudlien « Endeixis as a scientific term : a) Galen's usage of the word » in *Galen's method of Healing : proceedings of the 1982 Galen symposium*, Durling and Kudlien (édit.), Brill, Leiden, 1991.

1 III, 830-842.

L'argument peut être ainsi résumé :

- nous n'avons ressenti aucune souffrance ni aucune angoisse avant notre naissance ;
- il n'y a donc aucune raison que nous en ressentions après notre mort.

Dans la suite du passage, l'argument se précise encore : quand bien-même un autre « nous-mêmes » serait reconstitué, exactement semblable, dans un avenir plus ou moins lointain, cela ne nous toucherait pas davantage. Cet avatar de notre « moi », envisageable selon l'infinité de l'espace, du temps et des corps premiers que suppose la physique épicurienne, sera aussi distant de nous du point de vue affectif que ces Carthaginois dont la mort ne nous émeut guère.

On voit bien que pour que cet argument fonctionne, il est indispensable qu'il n'y ait aucune raison de penser que les lois de la nature puissent entre temps s'être modifiées[1]. Il est nécessaire de supposer une symétrie absolue entre l'avant et l'après. Cette symétrie est rendue possible par une extension au temps du concept d'*isonomie*, qui désigne la règle d'égale distribution revendiquée par les épicuriens[2]. L'espace dans lequel s'exerce cette isonomie, s'il n'est pas euclidien, a néanmoins une caractéristique commune avec ce dernier, qui est l'équivalence absolue de tous ses points. Les épicuriens refusent toute idée de « niveaux métaphysiques », c'est-à-dire de niveaux de réalité distincts. Or, s'il n'y a aucune raison de privilégier une portion de l'espace en considérant qu'elle suit des règles distinctes d'une autre, il semble qu'il n'y en ait pas davantage qui permette d'isoler de la même façon un moment dans la série des événements naturels. Ainsi, de même qu'ici et maintenant, pour que quelque chose nous affecte, il faut que nous soyons réellement présents, âme et corps unifiés par la mémoire en un moi conscient de lui-même, de même avant et après, aucune unité du moi ne peut exister sans cette

1 La question reste entière de savoir si ce qui semble convaincant ici sur le plan théorique l'est bien sur le plan pratique – et ce point n'est pas indifférent, puisqu'il s'agit d'un argument destiné à fonder une thèse massive de l'éthique épicurienne. Ici, l'argument repose sur une application au temps du principe d'isonomie ; mais le temps est-il, comme l'espace infini, susceptible d'une symétrie parfaite du point de vue de l'individu qui vit dans ce temps et qui s'y situe ? Pouvons-nous éprouver avec indifférence cette symétrie que nous constatons rationnellement ?

2 *Cf.* De Lacy, « Colotes'first Criticism of Democritus », tiré du recueil *Isonomia, Studien zur Gleichheitvorstellung im grieschichen Denken*, Mau et Schmidt (ed), Akademie-Verlag, Berlin, 1964. Kleve, « The epicurean isonomia and its sceptical refutation », in *Symbolae Osloenses*, LIV, 1979, p. 27-35.

union continue – qui, dans le cas de l'expérience de pensée envisagée par Lucrèce, ne peut se réitérer « pour nous » du fait de l'interruption de notre mémoire entre l'avant, le maintenant qui est le temps du moi, et l'après.

Mais, si l'unité de l'expérience conditionne l'application correcte des critères acceptés par l'empirisme – à savoir la sensation et ce qui en dérive suivant certains règles précises –, elle-même n'est jamais « prouvée » en tant que telle par les systèmes qui s'appuient sur elle, mais est considérée peu ou prou comme un principe liminaire indispensable et indémontrable. Ou plus exactement, l'hypothèse de l'unité de l'expérience n'est démontrable que de façon négative et indirecte ; négative, par l'absence d'incompatibilité avec les phénomènes tels qu'ils sont observés ; indirecte, par les possibilités pratiques qu'une telle appréhension de la nature ouvre. Si l'on s'intéresse à la démonstration négative, les procédures en question – attestation, non attestation, contestation, non contestation – dans lesquelles on reconnaît ce que nous avons identifié plus haut comme des reformulations du critère de la sensation, reposent elles-mêmes sur des mécanismes d'anticipation fort intéressants.

Ces procédures nous intéressent ici en fonction des présupposés sur la nature des choses qu'ils impliquent. Ces présupposés sont explicitement abordés par Philodème, qui tout en utilisant ces différents critères dans le livre *Sur l'inférence par signes*, indique avec précision ce qui rend possible leur fonctionnement logique.

Cet ouvrage se propose de défendre le procédé d'inférence par analogie ou similarité (*omoiotès*), utilisé par les épicuriens, en particulier en physique, en l'opposant à l'inférence par élimination (*anaskeuè*) des stoïciens. Philodème y rapporte entre autres les réponses de Zénon de Sidon, d'un certain Bromios et de Démétrius Lacon à Diogène de Babylone, et d'autres philosophes stoïciens et académiciens inconnus (dont peut-être Denys de Cirène). Les inférences ici traitées se construisent en établissant des relations de similitude entre différents phénomènes ; on peut alors inférer de ce qui s'applique à tel phénomène que la même chose s'appliquera à un phénomène de même type. Ce qui pose deux problèmes essentiels, relevés par les critiques que recense Philodème : premièrement dans un champ phénoménal homogène, ne peut-on pas se tromper sur la nature de ce qui est commun entre les deux phénomènes ? Deuxièmement, si l'on ne se contente pas d'inférer de l'évident à l'évident, mais si l'on croise les champs de l'évident et du non-évident, – comme dans le cas du vide invisible inféré à partir du mouvement visible –, est-ce que ce saut n'invalide pas toute tentative d'analogie, dans la mesure où il empêche définitivement que cette analogie soit jamais vérifiable par les sens, donc par l'ultime critère ?

> Nous établissons le lien nécessaire entre *ceci* et *cela* à partir de l'observation de son occurrence dans tous les cas qui tombent sous notre expérience ; nous avons rencontré des êtres vivants fort variés qui, appartenant tous à la même espèce, différaient les uns des autres à tous égards mais partageait certains caractères communs. Ainsi nous disons que l'homme lui aussi, en tant qu'homme et parce qu'homme, est mortel, parce que nous avons collecté de nombreux cas d'hommes qui différaient beaucoup les uns des autres, à l'exception de cet attribut précis, sans que rien ne nous amène à supposer le contraire[1].

Tant que je n'ai rencontré aucun homme immortel, je peux m'attendre à ce que tout être identifié par moi comme un homme obéisse à la règle de la mortalité. La non-contestation par l'observation entraîne ainsi une attente d'un certain type de constatation vis-à-vis des phénomènes non encore observés ; or cette attente n'est possible que si je considère que les lois de la nature ne changent pas entre le moment de l'observation non-contestante et le moment de l'observation suivante. Le principe est ensuite étendu par Philodème à plusieurs types d'observations possibles, par une série d'exemples (le feu, le mouvement) dont on remarque que plusieurs apparaissent régulièrement chez Sextus lorsqu'il cite la doctrine épicurienne sur cette question des critères indirects.

Si le principe de la non-contestation peut ainsi fonctionner, c'est dans la mesure où les lois de la nature ne changent pas ; c'est donc dans la mesure où s'exerce quelque chose comme une causalité régulière. Cette confiance nécessaire en une régularité de la nature, confiance qui conditionne le bon fonctionnement des critères en ce qu'elle valide la possibilité d'une anticipation raisonnée, est traduite chez Lucrèce par l'expression des « pactes de la nature », qui organisent de façon immanente l'expérience en imposant à la nature certaines limites génétiques et étiologiques[2].

---

1 *Sign.* XXXV, 5-22. Des éditions nouvelles du texte de Philodème étant actuellement en préparation, le texte établi par Ph. De Lacy est en grande partie obsolète et pour cette raison nous renonçons à le citer. Les traductions proposées se trouvent dans cette situation de nature strictement indicatives et hypothétiques ; elles indiquent l'orientation générale du raisonnement tel qu'il peut être reconstitué en l'état actuel du texte, non la lettre même du propos de Philodème.

2 Sur les « pactes de la nature », notion lucrétienne extrêmement discutée, nous renvoyons à De Lacy, « Limit and variation in the Epicurean philosophy », *Phoenix* 23, 1969 ; Droz-Vincent, « les *fœdera naturae* chez Lucrèce », in *Le concept de nature à Rome. La physique*, Lévy (édit.), Presses de l'Ecole Normale Supérieure, Paris, 1996 ; Morel, « Épicure, l'histoire et le droit », *Revue des Études anciennes*, 102, 3-4, 2000.

Le prologue du chant VI du *De Rerum Natura*, qui rappelle à plusieurs reprises cette existence des *fœdera naturalia*, dévoile la structure physique qui les rend effectifs – à savoir, à nouveau, le principe d'isonomie, l'existence d'un « système du ciel » (*ratio caeli*) compris comme un espace homogène, équivalent en tous ses points, et qui ne doit pas être divisé en lieux différenciés[1]. Lucrèce indique avec assurance que le principe de la causalité naturelle ne peut être compris que si la nature est pensée comme un système – c'est-à-dire une structure neutre organisée comme une totalité cohérente, mais sans aucun principe de hiérarchisation qui lui soit extérieur. L'insistance que met Lucrèce à reformuler les questions météorologiques en terme d'espace ne doit pas être interprétée comme une simple volonté de démarquer les *meteora* d'Aristote de ceux d'Épicure (et d'opposer une physique des lieux à une physique mécaniste), mais nous paraît renvoyer précisément au principe d'isonomie. Ne pas diviser le ciel, c'est en fait pour Lucrèce rappeler que les lois qui régissent les rapports des choses entre elles doivent rester les mêmes tant que rien ne s'y oppose, en vertu du principe d'équivalence des différentes parties du tout – cette équivalence reposant elle-même sur la stricte égalité de répartition des éléments matériels au sein du tout.

Ainsi, le principe de validation qui sous-tend la méthodologie épicurienne repose sur la possibilité d'effectuer des anticipations. Cette possibilité elle-même est fondée par une confiance dans la causalité, du fait de la régularité effective de l'expérience – les *fœdera naturalia* garantissant que, sauf preuve du contraire, les phénomènes observés en un point de la nature se répèteront de la même façon à un autre moment et dans un autre lieu, pour peu que ce lieu ne présente aucune différence structurelle essentielle avec le lieu de la première observation.

Cependant, on remarque que, selon un principe d'auto-cohérence, cette similarité de structure est fondée par la doctrine même qui la réclame ; c'est en fonction des principes de l'atomisme que la nature telle que je la pense est constituée d'une infinité de lieux équivalents. Si donc, selon l'application du même principe d'auto-cohérence, la causalité physique parvient à fonder la pratique de l'anticipation, celle-ci en retour garantit, tant qu'elle peut être appliquée sans dommage, le bien-fondé d'une croyance en la causalité.

La procédure méthodologique qui manifeste dans le déroulement du raisonnement cette intrication entre anticipation et causalité est tout à fait précise et connue : c'est l'inférence par signe (*séméiosis*).

---

1 VI, 83-89.

L'INFÉRENCE PAR SIGNES : NATURE ET USAGE DE LA *SÉMÉIOSIS* DANS L'ÉPICURISME

Selon J. Allen[1] l'inférence par signe, ou *séméiosis*, peut être définie de deux façons différentes, selon la nature accordée à l'inférence :

- soit l'inférence est un raisonnement, permettant de relier certaines prémisses à certaines conclusions, raisonnement qui pourra être évalué selon des procédures de validation logique ; en ce cas, la séméiosis est un type de raisonnement dans lequel le rôle de la prémisse est joué par le signe qui commande l'inférence, et qui vise à mettre en relation une observation avec une conclusion (sens stoïcien, aristotélicien, rationaliste en général).
- Soit l'inférence n'est pas un raisonnement, mais un acte mental non discursif, qui vise à juxtaposer deux impressions ou séries d'impressions ; en ce cas, la séméiosis sera une juxtaposition de ce genre, par laquelle on va susciter au moyen d'une impression actuelle – le signe – une impression non actuelle (école Empirique, certains sceptiques).

Dans les deux cas, ce qu'on va appeler *séméiosis* correspond à un certain type de relation que l'on va établir entre des réalités qui ne sont pas accessibles en même temps, l'une d'elles – le signe – ayant justement pour particularité d'indiquer par sa seule présence autre chose que strictement elle-même. La *séméiosis* suppose donc bien un rapport de continuité entre anticipation et causalité, puisque l'exhibition du signe suscite chez celui qui pratique l'inférence l'attente d'un phénomène nouveau, encore invisible, mais dont la réalité est nécessairement impliquée par la seule présence de la réalité-signe. Notons immédiatement l'extrême importance des procédures sémiotiques dans les pratiques médicales antiques ; elles constituent de fait pour la secte empirique une des parties de l'art médical[2]. Mais dans les textes hippocratiques déjà,

1 *Inference from signs – ancient debate about the nature of evidence*, Clarendon press, Oxford, 2001.

2 *Cf.* Galien, *Subf. Emp.* ch. v, 52 : « ce sont là les parties de l'art médical tout entier : la sémiotique, la thérapeutique et l'hygiène. La sémiotique a comme parties le diagnostic des phénomènes présents et le pronostic des phénomènes futurs. »

l'attention du médecin aux « signes » est sans cesse invoquée comme une partie fondamentale de son travail.

Selon J. Allen toujours, parmi toutes les écoles philosophiques qui pratiquent systématiquement la *séméiosis*, les épicuriens posent un problème particulier, du fait qu'ils ne semblent pas parvenir à choisir entre les deux sens de l'inférence qui ont été relevés. Malgré un empirisme méthodologique patent, qui apparaît avec beaucoup d'acuité dans l'usage de la contestation et de la non-contestation, les épicuriens refusent deux des attendus fondamentaux de la conception empiriste de l'inférence : le remplacement du raisonnement par la « suscitation », et l'inexistence de toute causalité.

Nous suivons la lecture de Allen jusqu'à un certain point ; effectivement, la position épicurienne est complexe. Si les épicuriens sont bien amenés à pratiquer ce qu'ils appellent eux-mêmes des inférences par signes, leur empirisme affiché les place dans une certaine mesure dans une situation d'auto-contradiction. Cependant, nous divergeons pour notre part quant à la raison de cette position difficile. Selon Allen, qui se fonde principalement sur la lecture du livre de Philodème, les épicuriens sont ici victimes de leur laxisme logique, et ne discerneraient même pas la différence entre dériver une conclusion d'une prémisse, et ne pas entrer en contradiction avec les phénomènes[1]. Il est vrai que toute une partie très importante du livre *De l'inférence par signe*, est consacrée à la réfutation de la méthode analogique par élimination, méthode inférentielle d'inspiration stoïcienne qui se caractérise par son extrême formalisme. Ce type d'analogie est refusé par les épicuriens, qui considèrent que la structure logique de l'inférence n'est probante que dans la mesure où elle est soutenue par des observations réelles[2] ; c'est l'expérience qui donne à la *séméiosis* son efficacité, ce n'est pas le respect dialectique d'un formalisme, si précis soit-il.

Dès le début du texte, est postulée la coexistence de deux méthodes d'inférences par signes : celle dite par « similarité », et celle par « élimination », qui est celle que veut privilégier l'adversaire stoïcien. La méthode par élimination repose sur un principe très simple qui veut que les signes ne puissent exister sans ce qu'ils signifient. Si donc l'on pose l'inférence suivante :

Si f, alors q,

1 *Op. cit.* p. 204.

2 *Cf.* E. Asmis : alors que les stoïciens valident leurs inférences selon le principe de l'*anaskeuè* (élimination), les épicuriens font usage de l'*adianoèsia* (inconcevabilité).

et que l'élimination de q entraîne celle de f, alors on peut supposer que l'inférence est exacte. Comme le fait remarquer D. Sedley[1], c'est bien une méthode purement formelle, qui ne s'intéresse qu'aux rapports logiques entre les propositions.

À ce formalisme avant l'heure les épicuriens opposent la méthode d'inférence par similarité, qui semble bien proche de ce que les Empiriques appellent méthode par analogie.

Si x = f, y = f, car x = y.

Il est selon les épicuriens illusoire de prétendre fonder une inférence selon des règles uniquement déductives ; toute inférence repose sur une part d'induction, c'est à dire d'empiricité – ici comprise sous l'égalité x = y, qui ne peut être découverte et assumée qu'empiriquement, car elle s'attache au contenu des termes et non simplement à leur forme[2].

Cette position sur l'inférence, malgré son ambiguïté, traduit-elle vraiment comme le pense J. Allen une confusion entre structure logique et structure empirique de l'inférence ?

Il nous semble au contraire que les épicuriens voient bien la différence, et que c'est volontairement qu'ils maintiennent une certaine ambiguïté sur la question : ils souhaitent adopter de fait une appréhension très empiriste de l'inférence, comme mise en présence de réalités phénoménales, tout en maintenant l'hypothèse de la causalité qui transforme cette mise en présence en une mise en relation – et qui consiste finalement en une traduction physique de la contrainte formelle de la déduction. Philodème lui-même semble bien indiquer une telle chose, lorsqu'il déclare à propos des adversaires de la position épicurienne, en reprenant sans doute une argumentation de Démétrius Lacon :

1 « On Signs », in *Science and Speculation*, 1982, p. 239-272.

2 Ceci nous conduit à beaucoup de scepticisme vis-à-vis de la méthode employée successivement par I. Avotins (« Notes on Lucretius, II, 251-93 » in HSCP 84 (1980)) et D. Fowler (« Lucretius on the clinamen and "free will" », *SYZETESIS)* pour transcrire avec les outils de la logique formelle l'inférence par signes, qu'ils rapprochent d'un « modus tollendo tollens », assimilé à l'argument anapodeictique de la logique stoïcienne (*cf. M.* VIII, 225) ; ces reformulations ne sont pas à proprement parler « fausses » ; mais elles manquent justement le propos de Philodème, qui explique bien pourquoi la *sémèiosis* épicurienne ne peut pas être comprise comme une relation formelle entre des propositions, mais comme une relation réelle entre des phénomènes. Malgré une tentation semblable, J. Barnes nous semble avoir une vision déjà bien plus juste de la sémiotique épicurienne (*Cf.* Barnes, « Epicurean signs », *Oxford studies in ancient philosophy*, suppl., Oxford, 1988, p. 91-134).

> Ils échouent aussi à comprendre comment nous établissons <une thèse> par l'absence de réfutation par les phénomènes. Car il ne suffit pas, pour admettre les déclinaisons minimales des atomes, de s'appuyer sur le hasard ou sur ce qui dépend de nous, mais il faut montrer aussi que rien parmi les évidences ne vient combattre <cette thèse>[1].

Philodème présente comme complémentaires deux types de raisonnement de nature inférentielle à propos du *clinamen* ; l'un, qui utiliserait comme signe de son existence le libre-arbitre et la possibilité de l'accidentel dans la nature ; l'autre, qui procèderait à une inférence sémiotique négative, selon la procédure de non-contestation par les phénomènes. Il semble évident que pour Philodème les deux types d'inférences ne s'identifient pas l'une à l'autre. Cependant, on pourrait nous rétorquer que Philodème est un épicurien tardif, et qu'il ne fait alors que tenter de corriger une lacune de la doctrine. Nous allons donc tenter de résoudre cette difficulté soulevée par J. Allen, en réintroduisant la pratique de la *séméiosis* épicurienne dans son contexte physiologique initial chez Épicure lui-même.

> Εἶτα κατὰ τὰς αἰσθήσεις δεῖ πάντα τηρεῖν καὶ ἁπλῶς τὰς παρούσας ἐπιβολὰς εἴτε διανοίας εἴθ' ὅτου δήποτε τῶν κριτηρίων, ὁμοίως δὲ καὶ τὰ ὑπάρχοντα πάθη, ὅπως ἂν καὶ τὸ προσμένον καὶ τὸ ἄδηλον ἔχωμεν οἷς σημειωσόμεθα, ταῦτα δὲ διαλαβόντας συνορᾶν ἤδη περὶ τῶν ἀδήλων.
>
> « Ensuite c'est selon les sensations, et en général selon les projections présentes (celles de la pensée ou celles de n'importe quel critère) et les affections réelles qu'il faut examiner toutes choses, afin d'être en mesure d'inférer par signes ce qui est à confirmer et ce qui est caché ; ce point saisi, on doit maintenant <présenter> une vision d'ensemble des réalités cachées[2]. »

Selon la lecture décisive qu'E. Asmis propose de ce texte fondamental, Épicure pose ici les jalons principaux de sa méthode scientifique. Celui qui désire pratiquer la *physiologia* doit satisfaire deux exigences méthodologiques indispensables : avoir pour son enquête des points de départ réels, évidents, auxquels on pourra ramener tout le reste et qui puissent servir d'étalon de mesure au discours (il s'agit d'éviter la régression à l'infini) ; et pouvoir effecter cette réduction de façon strictement empirique, soit directement, soit indirectement, par une inférence par signe. Le respect de ces deux points garantit la saisie par l'esprit de la nature réelle des choses, non d'une image illusoire.

---

1 *Sign.* XXXVI, 9-17.

2 *Her.* 38.

Ces deux règles méthodologiques fondent une méthode physique strictement sémiologique, où l'évidence qui est donnée pointe vers la réalité qui est recherchée (à savoir le *prosménon*, et l'*adèlon*, qui représentent deux instances possibles d'évidence non actualisée). En ce sens, la méthode épicurienne se démarque de façon remarquable de la méthode démocritéenne : le trope méthodologique de la *séméiosis* constitue le point de rupture entre ces deux modèles de physiologie, en poussant à la limite la conception commune du critère comme anticipation fondée sur la possibilité d'une étiologie ; en effet, le monde démocritéen est divisé par une faille ontologique, du fait de l'impossibilité de valider les impressions sensibles qui ne sont que de l'ordre de la convention[1]. Les sensations ne peuvent pour Démocrite renvoyer à rien d'autre qu'elles mêmes. De ce fait, ce qui est perçu ne peut en aucun cas autoriser un passage « significatif » en direction d'une réalité cachée, que cette dissimulation soit de fait ou de droit. Là où Démocrite en reste à des ressemblances, par la *sémèiosis* Épicure infère de ces ressemblances des identités.

E. Asmis rapproche ce programme méthodologique d'une distinction élaborée dans le *De Finibus* par l'épicurien Torquatus, entre la voie de la *ratio*, qui dévoile ce qui est caché, et *l'admonitio* qui désigne ce qui est évident (I, § IX et suivants). La voie de la *ratio* relie l'évident à ce qui ne l'est pas, provisoirement ou définitivement, en s'appuyant sur la possibilité réelle du raisonnement ; celle de l'*admonitio* correspond à l'appréhension directe de l'évidence, point de départ et point d'appui de toute enquête physique[2].

Ces deux règles indiquent selon nous que la méthode physique va suivre deux directions strictement parallèles : une direction que nous qualifierons de déductive – on descend à partir du point de départ évident fourni par la saisie directe, pour construire rationnellement tout l'édifice de la nature – et la voie inférentielle, régressive, qui n'est pas une voie d'invention mais une voie de validation. D. Sedley a pu montrer, dans un article important[3], que la *Lettre à Hérodote* suit un ordre de progression inférentiel – puisqu'il s'agit de fonder la doctrine pour en proposer une version directement assimilable par le disciple. Nous pensons pour notre part que, si l'ordre de progression de la *Lettre à Hérodote* est bien inférentiel, cela ne signifie pas que les épicuriens en

1 DK 68 B 6-11.

2 *Cf.* aussi Morel, « Corps et cosmologie dans la physique d'Épicure », in *Matière et devenir dans les philosophies anciennes, Revue de Métaphysique et de Morale*, janvier-mars 2003.

3 *Cf.* « The Inferential Foundation of Epicurean Ethics », in *Epicureismo greco et romano*, Giannantoni et Gigante (édit.), Naples, Bibliopolis, 1993.

général ne peuvent s'autoriser aucune pratique de la déduction, ni que cette pratique de la déduction doive nécessairement entrer en contradiction avec toute pratique inférentielle. Même si le concept d'atome dans la *Lettre à Hérodote* par exemple est bien construit par inférence à partir du concept de corps, lui-même dépendant de l'observation directe de corps composés, l'exposé de ce concept de corps est premier par rapport aux exposés cosmologiques qui rendent compte de la composition des agrégats dans le vide, dans la mesure où leur mode de composition est bien déduit, au sens où il est compris comme une conséquence des propriétés des corps premiers. On retrouve un même parallélisme chez Lucrèce. Ainsi, la doctrine des simulacres et la théorie épicurienne de la sensation sont-elles bien présentées après l'exposé sur la nature de l'âme, comme une conséquence réelle de cette dernière, dans la mesure où sur le plan ontologique la réception des simulacres est conditionnée par la structure même de l'âme et sa relation physiologique avec le corps dans sa totalité. Cette progression génétique est indiquée dans le prologue du chant IV :

> *atque animi quoniam docui natura quid esset,*
> *et quibus e rebus cum corpore compta vigeret,*
> *quove modo distracta rediret in ordia prima,*
> *nunc agere incipiam tibi, quod vehementer ad has res*
> *attinet...*
>
> « Et puisque j'ai enseigné quelle est la nature de l'âme, et de quels éléments elle tire sa vigueur et s'enchevêtre avec le corps, de quelle façon elle s'en arrache et se résout en atomes, à présent je dois aborder pour toi un sujet qui touche résolument à ces matières[1]... »

Immédiatement après ce prologue, lorsque Lucrèce commence l'exposé détaillé de la thèse des simulacres, la structure de l'argumentation redevient nettement inférentielle, puisque ce sont à partir des objets qui perdent visiblement des effluves ou des pellicules (la fumée émise par le feu, les mues des cigales ou des serpents, les membranes amniotiques des veaux), que va être pensée la possibilité d'effluves invisibles[2] .

On reconnaît ici une inférence par signe, qui fonctionne à la fois par indication – les phénomènes visibles indiquent un mécanisme réel – et par non-contestation – aucun autre phénomène n'interdit le passage inférentiel de ces émanations visibles à des émanations invisibles.

1 IV, 30-34.
2 IV, 54-66.

Contrairement à ce que pense donc J. Allen, il n'y a pas confusion chez les épicuriens qui appliquent la *séméiosis* entre deux usages de l'inférence – un usage déductif et un usage régressif –, mais distinction entre l'inférence par signe, qui est toujours régressive, et l'explication causale, dont dépend l'inférence, mais qui ne remplit pas la même fonction, et qui est toujours déductive ou génétique. Si l'on revient à présent à l'exemple que proposait le texte de Philodème à propos du *clinamen*, ce sont bien ces deux tropes méthodologiques distincts qui sont évoqués : le *clinamen* est à la fois cause de certaines phénomènes, et certains phénomènes sont signes – positifs ou négatifs (absence de signes contraires) – de sa présence ; les deux constats n'ont pas la même valeur méthodologique, même s'ils sont intrinsèquement liés.

SÉMIOLOGIE ATOMISTE CONTRE SÉMIOLOGIE STOÏCIENNE : ENJEUX ÉTHIQUES

Revenons à la *sémèiosis* elle-même. En tant que procédure d'anticipation, on peut lui attribuer deux sortes d'enjeux ; des enjeux théoriques, qui sont à présent clairement explicités ; et des enjeux pratico-éthiques que nous avons jusqu'à maintenant laissés de côté. Nous allons voir à présent que sur le plan de la pratique, les épicuriens doivent résoudre des difficultés tout à fait proches de celles rencontrées par Démocrite, dans la mesure où les structures méthodologiques qui permettent de fonder les prédictions physiques et l'application à la nature des critères sensibles, peuvent être utilisées à des fins éthiques qui divergent de celles proposées par la *physiologia*. L'étiologie séculière fondée par Démocrite et reprise par les épicuriens est confrontée à des systèmes physiques concurrents, comme ceux des stoïciens, qui s'appuient eux aussi sur une étiologie rationnelle, et qui adoptent dans une certaine mesure les procédures de validation empirique que nous venons d'aborder, mais pour appuyer une lecture téléologique de la nature.

Nous prendrons pour exemple d'une telle démarche les *Questions naturelles* de Sénèque qui cherchent à prouver physiquement l'existence d'une providence. On remarquera que l'on va retrouver chez Sénèque des exposés très proches, aussi bien dans la formulation même que dans les thèmes choisis, de ceux que l'on peut lire dans les chants V et VI du *De Rerum Natura*. L'inclusion ou l'exclusion de l'action divine dans la causalité naturelle semble pouvoir être démontrée pour Sénèque et Lucrèce à partir d'arguments proches. Un cas tout à fait remarquable pourra être étudié à l'aide des deux textes suivants : celui de l'explication de la foudre[1].

> *Quoniam constat utramque rem ignem esse, videamus quemadmodum ignis fieri soleat apud nos ; eadem enim ratione et supra fiet. <fit> duobus modis, uno si <ictu> excitatur, sicut e lapide, altero si adtritu invenitur, sicut cum duo ligna inter se diutius fricta sunt. (…) potest ergo fieri ut nubes quoque ignem eodem modo vel percussae reddant vel adtritae.*
>
> Puisqu'il est avéré que [fulguration et foudre] sont du feu, voyons comment en général le feu naît sous nos yeux. Il ne naîtra pas autrement dans les régions supérieures. Or il y a deux manières de faire du feu. Ou bien on le fait jaillir brusquement, par exemple en frappant un pierre. Ou bien on l'obtient par friction ; ainsi, en frottant longuement deux morceaux de bois l'un contre l'autre. (…) Il est donc possible que les nuages donnent du feu, soit par percussion, soit par frottement[2].

> *Quippe etenim supra docui permulta vaporis*
> *semina habere cavas nubes, et multa necessest*
> *concipere ex solis radiis ardoreque eorum.*
> *Hoc ubi ventus eas idem qui cogit in unum*
> *forte locum quemvis, expressit multa vaporis*
> *semina, seque simul cum eo commiscuit igni,*
> *insinuatus ibi vertex versatur in arto,*
> *et calidis acuit fulmen fornacibus intus.*
> *Nam duplici ratione accenditur, ipse sua cum*
> *mobilitate calescit et e contagibus ignis.*
> *[…]*
> *Fit quoque ut ipsius plagae vis excitet ignem,*
> *frigida cum venti pepulit vis missa sine igni…*
> *[…]*
> *ut, lapidem ferro cum caedimus, evolat ignis…*
>
> « En effet j'ai dit plus haut comment les creux nuages contiennent une multitude d'atomes de chaleur, qu'ils reçoivent nécessairement des ardents rayons du soleil. Lorsque le même vent qui les rassemble par hasard en un lieu, en a fait sortir de nombreux atomes de chaleur, et qu'il s'est en même temps mélangé avec ce feu, devenu tourbillon, il s'insinue dans ce lieu étroit,

1 Toute cette étude est tributaire en très grande partie des résultats présentés par A. Gigandet, le 24 mai 2003 à Paris XII-Créteil, lors d'une conférence intitulée : « Le Signe dans les *Questions Naturelles* de Sénèque », portant sur le statut épistémologique du signe divinatoire chez Sénèque.

2 *Natur. Quaest.* Lib. II, 22.1-2

> et attise une foudre au sein des ces braises ardentes. Et il s'échauffe de deux façons, par son propre mouvement et par contact avec le feu. [...] Il arrive aussi que la seule force du choc du vent fasse jaillir le feu, lorsque, froide, elle entre en collision sans transporter de feu. [...] De même, lorsque nous frappons la pierre contre le fer, volent les étincelles [...][1]. »

Ces deux explications du phénomène de la foudre sont étonnamment proches, et réunissent les caractéristiques du modèle épicurien de l'explication causale : ce sont des étiologies rationnelles, qui font valoir une causalité dont le modèle est recherché de façon inférentielle dans la production artificielle d'un phénomène semblable (le feu)[2].

Cependant, là où ces deux systèmes explicatifs divergent, c'est dans la valeur intrinsèque qu'ils accordent aux phénomènes étudiés. Alors que le chant VI du *De Rerum Natura* est consacré à l'étude des phénomènes exceptionnels dans le but de les désacraliser, et de les expliquer sans avoir recours à une volonté divine, l'explication causale qu'élabore Sénèque est considérée par ce dernier comme n'invalidant en aucune mesure la possibilité de procéder à une lecture providentialiste de ces mêmes phénomènes.

> *Nos putamus quia nubes conlisae sunt fulmina emitti ; illi existimant nubes conlidi ut fulmina emittantur. Nam cum omnia ad deum referant, in ea opinione sunt tamquam non quia facta sunt significent, sed quia significatura sunt fiant. Eadem tamen ratione fiunt sive illis significare propositum sive consequens est. (...) ista nihilominus divina ope geruntur si non a dea pennae avium reguntur, nec pecudum viscera sub ipsa securi formantur. (...) quidquid fit, alicuius futurae rei signum est. Fortuita et sine ratione vaga divinationem non recipiunt ; cujus rei ordo est, etiam praedictio est.*
>
> « Nous pensons que la foudre est lancée parce qu'il y a eu collision de nuages ; suivant eux, la collision se fait pour que la foudre soit lancée. Rapportant toute chose à la divinité, ils sont convaincus, non pas que les coups de foudre donnent des signes parce qu'ils se sont produits, mais qu'ils se produisent parce qu'ils ont quelque chose à signifier. Que l'annonce en question soit leur but ou leur conséquence, ils éclatent cependant de la même manière. (...) Tout cela n'arrive pas moins par un effet de la puissance divine, quand bien même ce n'est pas un dieu qui dirige les ailes des oiseaux et qui donne une certaine forme aux entrailles des animaux sous la hache du sacrificateur. (...) Tout ce qui se passe est le signe de quelque chose qui arrivera. La divination ne saurait s'appliquer à des faits qui se présentent au hasard, sans règle ni raison. Qu'une chose fasse partie d'une série, elle est matière à prédiction[3]. »

---

1 VI 271-322.

2 *Cf. De la providence* 1, 3 : Sénèque énumère des phénomènes qui semblent « confus et irréguliers » et qui pourtant se produisent en fonction de causes propres : la pluie, les nuages, les éclairs, les éruptions, les séismes ; tous ces phénomènes sont analysés par Lucrèce en VI.

3 *Natur. Quaest.* Lib. II, 32 2-4.

Remarquable renversement ! Alors que la possibilité d'une étiologie rationnelle ouvre pour les épicuriens la voie à une pratique de l'inférence délivrée de toute religiosité, et à une acception purement physique du signe, les stoïciens pour leur part distinguent en sus de la *sémèiosis* scientifique une *sémèiosis* religieuse, parallèle et qui ne peut pas être contredite et réfutée par la première. Chez Sénèque l'étude de la causalité physique rend ainsi possible une appréhension des phénomènes comme signes, selon un modèle qui est celui des pratiques divinatoires.

> *videbimus an rerum omnium certus ordo ducatur et alia aliis ita implexa sint ut quod antecedit aut causa sit sequentium aut signum ; videbimus an diis humana curae sint, an series ipsa quid factura sit certis rerum notis nuntiet.*
>
> « Nous verrons si un ordre fixe se déroule dans le monde et si les événements sont liés les uns aux autres de telle manière qu'un fait antécédent soit ou la cause ou le présage de ceux qui le suivent. Nous verrons si les dieux s'occupent de ce qui est humain, si l'enchaînement même des choses permet, par des signes certains, de prévoir ce qu'il amènera dans la suite[1]. »

L'enchaînement causal est explicitement pensé comme une application de l'enchaînement providentiel. Le mode de connaissance de cet enchaînement sera une certaine forme de divination, conçue comme le déchiffrement d'une nature rationnelle et orientée en fonction des desseins divins.

Chez Lucrèce, au contraire, le choix du modèle permettant de concevoir le mode d'anticipation rendu possible par la physique est résolument anti-téléologique ; il s'agit en effet du modèle du pronostic médical. Alors que l'analogie construite par Sénèque entre anticipation physique et prédiction divinatoire rend compréhensible l'idée de nature providentielle, le choix que font les épicuriens d'un paradigme technique nouveau va justement interdire toute lecture providentialiste de ce type. La hiérarchie démocritéenne relevée en 138 A, entre usage théorique et usage pratique de l'anticipation, est alors inversée ; alors que chez Démocrite, il fallait libérer les techniques d'un usage religieux de l'anticipation, en transformant la divination en pratique inférentielle physique, chez Lucrèce, il s'agit de libérer la physiologie, en revenant pour l'étude de la nature à l'usage médical de l'inférence par signe.

1 *Natur. Quaest.* Lib. I, 1, 4.

LA SÉMIOLOGIE MÉDICALE ET LE PRONOSTIC

Qu'appelons-nous un usage médical de l'inférence par signe ? Au début du chant VI du *De Rerum Natura*, Lucrèce montre Épicure libérant l'humanité en lui montrant l'origine du mal – c'est à dire en expliquant à la fois les causes de la mortalité et l'inconséquence de la peur de la mort.

> *Veridicis igitur purgavit pectora dictis,*
> *et finem statuit cuppedinis atque timoris,*
> *exposuitque bonum summum quo tendimus omnes*
> *quid foret, atqueviam monstravit tramite cursu,*
> *quidve mali foret in rebus mortalibus passim,*
> *quod fieret naturali varieque volaret*
> *seu casu seu vi, quod sic natura parasset,*
> *et quibus e portis occurri cuique deceret,*
> *et genus humanum frustra plerumque probavit*
> *voluere curarum tristis in pectire fluctus.*
>
> « Il purifia les cœurs, il exhiba le souverain bien vers lequel tous nous tendons, il fit voir quel petit chemin y mène. Il montra la nature du mal répandu dans les choses mortelles, qu'il survient par nature et se répand sous divers aspects, par hasard ou par nécessité, ainsi que la nature l'a voulu ; il enseigna par quelles issues lui échapper, et prouva que l'espèce humaine, en vain, souvent berce en son cœur l'amer flot des soucis[1]. »

Le terme de mal est ici à double sens, puisqu'il désigne à la fois ce que les hommes croient être le mal – la mortalité – et ce qui les accable réellement – leur propre appréhension, déformée et fantasmée, de cette mortalité. La tâche libératrice de l'épicurisme va ainsi consister à rendre compte de la mortalité, à l'expliquer – ce qui va amener à en dévoiler le caractère implacable et général : tout meurt, tout doit mourir –, et à expliquer également que ce mal universel n'en est pas un, que la mort qui nous guette n'est rien pour nous.

La fin du chant VI est en ce sens exemplaire ; la description saisissante de la peste d'Athènes, tout en procédant à une étude très précise des causes de l'épidémie, de son déroulement et de sa « clinique », indique que c'est moins la maladie elle-même, que les réactions psychologiques pathologiques à cette maladie qui ont pu en faire pour l'humanité une catastrophe épouvantable.

1 VI, 24-34.

Beaucoup d'hypothèses ont été avancées pour expliquer que le *De Rerum Natura* s'achève sur ce constat accablant pour l'humanité : la plus habituelle étant celle d'un inachèvement de l'œuvre. Nous suivrons pour notre part l'interprétation de D. Sedley, qui suppose que, si le texte n'est pas à proprement parler inachevé – au sens où il en manquerait une partie – il était sans doute pour Lucrèce destiné à être remanié, pour en rendre la morale plus explicite[1]. Mais en l'état ce texte constitue déjà une synthèse de tout l'enseignement du poème. Si l'on en croit le prologue de VI en effet, l'objet à la fois privilégié et paradoxal de la physique, c'est la mort : l'âme est mortelle, les mondes sont mortels, l'univers va périr. Or cette synthèse assez provocatrice de tout ce qui a déjà été dit suit presque immédiatement une longue analogie dans laquelle Lucrèce compare explicitement la doctrine épicurienne à un diagnostic médical. Épicure cherchant la raison des maux de l'humanité comprend que ces maux sont provoqués par la mauvaise constitution de cette dernière, comparée à un vase poreux ; la parole épicurienne est alors identifiée à une purge, capable d'éviter la contamination de cette véritable maladie qu'est la peur de la mort[2]. La peste d'Athènes joue dans ce contexte comme une description symbolique de cette maladie générale de l'humanité. Et le traitement discursif que Lucrèce en propose confronte deux façons opposées d'aborder un tel événement : la façon irrationnelle et la façon raisonnable. La façon irrationnelle consiste à y chercher un sens autre que lui-même – ce serait justement la façon stoïcienne : on cherche dans le phénomène de quoi alimenter une prédiction, c'est à dire un énoncé donnant l'illusion d'un sens méta-naturel de l'événement. La façon raisonnable, c'est la façon épicurienne : le constat raisonné de ce qui arrive, de pourquoi cela arrive – par quelles causes physiques, par quelles interactions attendues et régulières de phénomènes – et de comment cela va finir : on remplace la prédiction par le pronostic. On sait par Diogène Laërce que Démocrite et Épicure sont l'auteur de *Pronostics* perdus. Par pronostic, on entend dans la langue médicale dès le Ve siècle l'usage de l'anticipation à des fins thérapeutiques – cet usage reposant sur des techniques d'inférence très proches, voire dans certains cas identiques, à ce qu'on a pu étudier ci-dessus sous le terme de *sémèiosis*.

1 *Cf. Lucretius and the transformation of greek wisdom*, Cambridge university press, Cambridge, 2000, p. 160-161.

2 Voir aussi l'image, davantage commentée, du miel des vers permettant d'absorber l'absinthe de la doctrine.

Deux types de pronostics sont évoqués conjointement dans la collection hippocratique :

- le pronostic sémiotique qui s'appuie sur l'expérience et l'observation (*Prénotions Coaques*, *Prorrhétiques* 1 et 2) ;
- le pronostic qui se fonde sur une théorie (*De la nature de l'homme*).

Le traité *Du pronostic (Prognosticum)* fait en quelque sorte la synthèse entre ces différentes façons possibles de pratiquer le pronostic ; c'est sur lui que nous nous appuierons pour développer cette notion. Le pronostic est un pilier de la pratique médicale, il est même considéré comme le seul résultat effectif qu'on soit en droit d'attendre du médecin. Faire un bon pronostic, c'est-à-dire pouvoir anticiper l'issue favorable ou défavorable d'une maladie, et la durée du mal, suffit dans certains cas à justifier sa qualité de médecin. Le traité du *Pronostic* utilise pour désigner cette qualité le terme de *pronoia* ; on remarque qu'au niveau des termes utilisés il y a bien une rivalité explicite avec la divination – le pronostic est une *pronoia* rivale de la *pronoia* divinatoire.

Le traité énumère trois fonctions du pronostic[1] :

- « reconnaître la nature d'effets semblables »
- « savoir de combien elles dépassent la force de la constitution »
- « savoir s'il y a quelque chose de divin dans les maladies »

L'utilité de cette pratique est ainsi double : elle permet en effet de mieux soigner les malades qui peuvent l'être, et de ne pas encourir de blâme quand c'est impossible. Le pronostic s'effectue dans une très large mesure par un examen raisonné du corps et des symptômes ; le cas le plus remarquable énoncé dans *Le Pronostic* est celui du faciès morbide qui annonce le décès[2]. On remarque que la description très détaillée du visage de l'agonisant est reprise, quasiment mot pour mot, par Lucrèce dans le récit de la peste d'Athènes.

Item ad supremum denique tempus
compressae nares, nasi primoris acumen
tenue, cavati oculi, cava tempora, frigida pellis
duraque, in ore jacens rictum, frons tenta tumebat.

---

1 *Prog.* I.

2 *Prog.* II : « les traits ont atteint le dernier degré d'altération quand le nez est effilé, les yeux enfoncés, les tempes affaissées, les oreilles froides et contractées, les lobes des oreilles écartés, la peau du front sèche, tendue et aride, la peau de toute la face jaune ou noire, ou livide, ou plombée. »

> « Enfin, au moment suprême, on leur voyait les narines pincées, la pointe du nez amincie, les yeux caves, les tempes creusées, la peau froide et dure, un rictus déformant la bouche, tandis que le front bombé se tuméfiait[1]. »

Il se trouve que ce passage est un des rares qui, dans le *De Rerum Natura*, ne corresponde pas à une traduction latine mot à mot du récit que fait Thucydide du même événement, et dont on considère que Lucrèce s'est plus qu'inspiré. Ce qui indique donc que Lucrèce a complété sa documentation par la lecture, sinon du *Pronostic* lui-même, du moins de textes médicaux qui citent ce traité.

Le pronostic est décrit par l'auteur hippocratique comme un raisonnement (*sullogismos* § 15). Le médecin qui pronostique doit donc savoir observer *et* raisonner. L'exercice du pronostic n'est possible que dans la mesure où un tel raisonnement peut accompagner les observations ; c'est-à-dire – et le texte souligne ici un point que nous avons déjà commenté – dans la mesure où il y a une régularité dans les maladies qui garantit que les bons signes seront toujours bons, et les mauvais toujours mauvais. Dans un texte bien plus tardif, la *Systèmatisation de la médecine* de Galien, cette condition est également évoquée[2].

Le pronostic, en tant qu'usage pratique de l'anticipation, doit donc se soumettre aux mêmes règles que pour l'usage théorique : il ne peut fonctionner que dans un cadre étiologique strict, déterministe au moins jusqu'à un certain point. Il faut qu'il y ait du certain ; et il faut que ce certain soit connu et que son extension soit délimitée – tous les phénomènes ne se produisant pas de façon strictement nécessaire. Cette dernière réserve s'applique de façon éminente dans le cas des maladies dont le déclenchement dépend en grande partie de la constitution du sujet.

À la période hellénistique, l'école Empirique qui va donner à la pratique du pronostic une ampleur nouvelle, l'intègre dans l'ensemble plus général de la sémiotique qui est considérée depuis la période alexandrine comme une des parties de l'art médical. Le pronostic est orienté vers une précision encore plus grande, et articulé à l'usage du raisonnement par épilogisme. Cette articulation repose sur l'usage de la « distinction », qui consiste à appréhender au sein d'un syndrome identifié les signes propres et les signes communs ; c'est-à-dire à savoir faire la différence entre un symptôme relevant de la constitution particulière du malade, et des manifestations pathologiques récurrentes qui permettent d'identifier

1 VI, 1192-1195.

2 *Systématisation de la médecine* 290.

une maladie. Un exemple intéressant proposé par Galien dans l'*Esquisse empirique* est celui de l'observation du visage ; on y trouve également une nouvelle allusion transparente au « faciès hippocratique ».

> *in pronosticatione vero ita : nasus acutus, oculi concavi, tempora concisa, si interrogaverit aliquis, quid futurum significant dicemus, quod si quidem in valde cronica egritudine fiant aliquod nocumentum moderatum significant, si vero in principio fiant, periculum mortis de proximo.*
>
> « Dans le pronostic, les choses se passent ainsi : si quelqu'un demande ce qu'un nez aigu, des yeux creux, des battements aux tempes signifient pour le futur, nous dirons que, s'ils adviennent dans le cas d'une maladie fortement chronique, <ces symptômes> signifient un dommage léger, mais s'ils adviennent au principe d'une <maladie>, ils <signifient> un danger de mort à très court terme[1]. »

L'apport de l'école Empirique est ici très important ; il consiste à identifier sous l'observation phénoménale des signes une structure générale de récurrence qui va modifier l'interprétation du signe et orienter le pronostic. C'est le raisonnement par épilogisme qui rend possible cette structuration du raisonnement. La *Systématisation de la médecine* de Galien se prononce plus précisément que le traité hippocratique du *Pronostic* sur la distinction entre pronostic et prédiction :

> « Supposer donc que le pronostic des médecins est de même nature que les prédictions des devins est ridicule. Ceux-ci en effet disent, par exemple, que l'homme sera sauvé au 9ème jour, sans préciser "si tout évolue bien" ; car leur pronostic prédit seulement si, pour le malade, tout évoluera bien ou mal. Mais le médecin quant à lui ne prédit pas l'avenir de cette façon ; il annonce, par exemple, que si tout évolue comme il faut, la maladie s'éteindra au 7ème jour ; mais que, si une anomalie survient, elle peut compromettre la durée de guérison ; si elle est petite, elle peut la faire passer de 7 à 9 jours, si elle est plus sérieuse, de 7 à 10 jours, 14 jours si elle est encore plus grave ; et si elle est extrêmement fâcheuse, elle aura pour conséquence un danger de mort, à la place d'une certitude de salut[2]. »

C'est la façon de prédire qui est différenciée, absolue dans un cas, relative aux événements dans l'autre. Le travail du médecin est ainsi plus précis, plus fouillé, plus laborieux et difficile – et, on peut le supposer, plus fiable – que le travail du prophète. Galien est pourtant moins sévère que les textes hippocratiques qui, eux, considèrent la plupart du temps

1 *Subf. Emp.* VI, 47, 11-18 (trad. Pellegrin).

2 *Systématisation de la médecine* 292.

celui qui prétend prédire sans être médecin comme un charlatan. De fait, le prophète et le prêtre sont les rivaux directs du médecin ; le traité *De la maladie sacrée (De morbo sacro)*, consacre ainsi une grande partie de sa démonstration à fustiger l'inanité des techniques thérapeutiques religieuses qui prétendent soigner l'épilepsie.

Quel est le résultat thérapeutique que procure la pratique du pronostic ? C'est avant tout un apaisement psychologique – et pas seulement une façon pour le médecin de se dédouaner en cas d'échec[1]. De nombreux traités insistent ainsi sur le désarroi du malade livré à sa souffrance, pour qui le pronostic indique, sinon la date d'une guérison, du moins la garantie d'une issue. L'auteur du *Régime dans les maladies aiguës* insiste en particulier sur la terreur sans égal que provoque la mort soudaine et inexpliquée. Cependant, on notera que dans d'autres textes, le pronostic est présenté comme ne devant en aucun cas concerner le malade, surtout s'il est défavorable[2]. Le pronostic n'a donc d'efficacité thérapeutique que dans la mesure où celui à qui il s'adresse peut s'en satisfaire – soit que le pronostic soit bon, soit que le malade ait assez de fermeté d'âme pour le supporter. Cependant, si on admet que l'épicurisme fasse un certain usage du pronostic en tant qu'application pratique des procédures d'anticipation, n'y a-t-il pas alors un paradoxe à suggérer une thérapie éthique par le pronostic – surtout si l'on considère, pour revenir à ce qui a été dit précédemment, que le pronostic épicurien est un pronostic fatal ? Ce paradoxe est pourtant bien inscrit dans l'énoncé même de la doctrine épicurienne, qui fait dépendre la paix de l'âme et le bonheur de l'étude de la physiologie, c'est-à-dire de l'examen de la mortalité des choses. On remarquera que les prédictions étudiées par Sénèque dans les questions naturelles sont supposées avoir exactement la même efficacité thérapeutique que le pronostic épicurien : le résultat thérapeutique est le même, que l'on anticipe en utilisant la providence ou non ; et c'est un résultat d'ordre psychologique[3]. Pour Sénèque, rien

1 « *In the therapeutic procedure prognosis is, therefore, important not as knowledge from which to derive other knowledge ; its importance is psychological.* » Dans la procédure thérapeutique le pronostic n'a pas l'importance d'une connaissance à partir de laquelle on pourrait accéder à une autre connaissance ; son importance est d'ordre psychologique. Cf Edelstein *Ancient medicine : selected papers of Edelstein*, Johns Hopkins Press, Baltimore 1967, « Hippocratic prognosis » p. 65 à 87.

2 *Cf. De la bienséance* (*De decenti habitu*) par exemple : « Ne lui laisser rien apercevoir de ce qui arrivera ni de ce qui menace ; car plus d'un malade a été mis à toute extrémité par cette cause, c'est-à-dire par un pronostic où on lui annonçait ce qui devait arriver ou ce qui menaçait. »

3 « Si vous voulez n'avoir peur de rien, réfléchissez que tout vous est redoutable. »

ne doit mieux nous armer contre la mort que la conscience même de notre mortalité, qui dérive d'une compréhension de la nature comme gouvernée par un *logos* divin qui a inscrit cette mortalité dans le monde comme une de ses caractéristiques fondamentales.

Les deux physiques, épicurienne et stoïcienne, souhaitent chacune que l'anticipation de la mortalité générale et irrémédiable de l'univers aboutisse au calme et à un bienheureux apaisement ; dans les deux cas, on constate que l'effet éthique attendu n'est pas un effet évident, et repose sur des hypothèses psychologiques contestables... Les deux modèles prédictifs concurrents que sont la prédiction divinatoire et le pronostic médical ne s'opposent donc pas selon leurs effets – puisque, dans un cas comme dans l'autre, la thérapie qui doit en découler est une thérapie paradoxale – mais selon les choix idéologiques qui les sous-tendent – une nature soit ordonnée de façon immanente, soit habitée par un *logos* divin qui en est le principe extérieur d'organisation.

ÉRASISTRATE ET LES « CONCEPTS THÉORIQUEMENT OBSERVABLES »

Qu'on les aborde sur le plan théorique ou sur le plan pratique, les pronostics soulèvent des difficultés multiples, et leur usage semble autoriser toutes les critiques. Ils établissent, peut-être indûment, des ponts entre le lointain et le proche, entre le connu et le caché, et ouvrent ainsi la voie à d'innombrables abus. Ils reposent surtout sur une conception apparemment contradictoire du réel, que l'on va retrouver dans toutes les autres méthodes d'inférence par signe. Le bon usage de l'inférence par signe implique en effet de distinguer avec beaucoup de soin ce qui est inobservable, mais néanmoins accessible par inférence, et ce qui ne peut en aucun cas faire l'objet d'investigations quelles qu'elles soient, faute de sombrer dans le charlatanisme ou la superstition. Toute la difficulté est bien d'opérer cette distinction alors même qu'il n'existe aucun signe préalable permettant de supposer que les réalités « non encore connues » existent réellement, et qu'elles sont bien connaissables ! Épicure, tentant de parer ce type de critique, laisse une place, à côté des réalités connues directement par la sensation, à « ce qui attend confirmation » ; le *prosménon* dont il est question correspond à ces entités insensibles au moment où elles sont postulées, mais qui ne sont pas de droit inatteignables et pour lesquelles l'analogie peut être utilisée ; il s'oppose au *to mè tèn epimarturèsin*, ce sur quoi il ne pourra jamais y avoir de témoignage, et qui doit donc être laissé de côté – on pourra considérer que les dogmes religieux correspondent parfaitement à cette dernière catégorie[1]. Les Empiriques, qui représentent sur cette question un pôle de radicalité, choisissent de ne jamais distinguer l'inobservable de droit de l'inobservable de fait ; ce qui m'est caché ne peut en aucun cas être atteint, même par inférence empirique, et sur son existence ou sa nature, il me faut suspendre mon jugement ; seule l'évidence telle qu'elle m'est livrée par mes sens constitue un fond suffisamment solide pour appuyer l'art médical. Ce qui aboutit à une posture sceptique, car faute de pouvoir s'appuyer sur autre chose que sur la sensation pure, le médecin empirique est amené à rejeter la majeure partie des généralisations qui sont la conséquence habituelle des déductions menées par les dogmatiques ; ils ne peuvent pas davantage faire usage des hypothèses physiques héritées d'Aristote, dans la mesure où ces hypothèses sont pour la plupart invérifiables. Lorsque nous nous sommes penché sur la pratique hérophiléenne de la dissection, nous avons vu à quel point les Empiriques se méfiaient de toute tentative de rechercher les « causes cachées » à l'œuvre dans le corps, qui échappent selon eux nécessairement au champ réel de l'expérience. Ce sont là, on l'a vu, deux conceptions du rôle de la sensation et de l'expérience elle-même qui s'affrontent ; soit la sensation est suffisamment fiable pour ouvrir le champ de l'expérience, et pour rendre possible le saut analogique qui va mener vers l'inconnu ; soit la sensation est vague, relative, singulière, et ne peut fonder qu'une méthodologie répétitive, enfermée par souci de rigueur au sein d'une champ expérimental définitivement clos. La catégorie épicurienne des réalités « qui attendent confirmation » représente alors une limite difficile à saisir entre le champ ouvert et le champ fermé ; elle sous-entend en effet qu'il reste des réalités à découvrir, mais elle considère que ces réalités ne peuvent en aucun cas remettre en question la nature de ce qui est déjà connu ; le champ de l'expérience ne peut donc s'ouvrir qu'à la condition que ce qui y sera découvert n'entrera pas en contradiction avec le reste – puisque le reste, connu par la sensation directe, est assuré. Le *prosménon* apparaît ainsi comme une sorte de compromis entre les deux positions.

---

1 *Cf. Max. Cap.* XXV, *Her.* 38.

Or, Épicure n'est pas le seul à avoir cherché à concilier ces deux tendances apparemment inconciliables. On trouve ainsi chez Érasistrate de Céos la notion de « concepts théoriquement observables » (*logos theoreton*), dont on va voir qu'ils s'attirent les mêmes critiques que les réalités « qui attendent confirmation », auxquelles ils ressemblent assez étrangement. Ces concepts semblent s'apparenter à des postulats nécessaires, proche du postulat euclidien[1]. Érasistrate propose grâce à eux une axiomatisation approximative de sa physiologie, s'appuyant sur des éléments premiers inobservables en fait, mais observables en droit. Érasistrate postule en particulier deux entités anatomiques, le *pneuma*, souffle vital transporté dans les artères, et la *triplokia*, « tresse » ou réseau emmêlé de veines, de nerfs et d'artères composant les parois des nerfs, veines et artères observables, qu'il va utiliser à la manière de postulats destinés à recevoir une confirmation empirique. De même que les postulats euclidiens sont en quelque sorte démontrés par la possibilité de construire grâce à eux les objets définis sous forme d'hypothèses, de même les postulats d'Érasistrate doivent être confirmés par le rôle qu'il joue dans la restitution de phénomènes physiologiques considérés comme incompréhensibles sans eux. C'est bien le cas en ce qui concerne la *triplokia*, qui permet d'expliquer comment les artères et les nerfs, qui ne contiennent selon Érasistrate pas de sang, peuvent néanmoins recevoir les principes nutritifs véhiculés par le sang.

> Καὶ τῶν ἀρτηριῶν αὐτῶν τὸν χιτῶνα καὶ πάντων ἁπλῶς τοῦ ζῴου τῶν μορίων ἐκ φλεβὸς καὶ ἀρτηρίας καὶ νεύρου πεπλέχθαι φησὶ καὶ τρέφεσθαί γε πρὸς τῆς ἐν αὐτῷ φλεβὸς ἕκαστον, τῆς ἁπλῆς ἐκείνης καὶ λόγῳ θεωρητῆς.
>
> « Et il dit qu'une tunique est tressée à partir des veines, des artères et des nerfs, qui constitue les artères elles-mêmes et toutes les parties du vivant en général et que chacune est nourrie à partir des veines qu'elle contient. Elle est générale[2] et à observer par l'esprit[3]. »

L'idée de principe « à observer par l'esprit » est explicitement présente chez Épicure, dans la *Lettre à Hérodote* et dans la scholie de la première *Maxime Capitale* ; l'expression est à chaque fois employée à propos de

1 L'expression est attribuée plusieurs fois à Érasistrate par Galien. Vegetti suggère qu'elle peut marquer chez Érasistrate la présence d'une influence directe de l'épistémologie épicurienne (*cf.* « L'épistémologie d'Érasistrate et la technologie hellénistique » in *Clio medica*, 1995, vol. 28, p. 461-472, n. 4.).

2 La traduction de *aplôs* pose ici problème, dans la mesure où la *triplokia* peut difficilement être considérée comme une réalité de nature « simple ». Nous supposons que Galien donne à la *triplokia* la valeur d'un principe général d'explication.

3 Galien, *De usu partium*, VII, 8.

principes inobservables à propos desquels on se permet néanmoins d'élaborer des hypothèses considérées comme indispensables pour sauvegarder la cohérence générale du système. On la trouve également dans un texte de Diogène d'Œnoanda, dans le fragment 43, à propos des simulacres mentaux. Au paragraphe 47 de la *Lettre à Hérodote*, il est ainsi question de « temps » ou de « durées » perçus par la raison, faute de pouvoir l'être par les sens – il s'agit en particulier de la vitesse de déplacement des atomes, si vive que seule la pensée peut la saisir[1]. Dans le cas de la scolie de la première *Maxime Capitale*, c'est la connaissance de la forme des dieux, qui est le produit d'un *logos theoreton.*

> ἐν ἄλλοις δέ φησι τοὺς θεοὺς λόγῳ θεωρητούς, οὓς μὲν κατ' ἀριθμόν ὑφεστῶτας, οὓς δὲ κατὰ ὁμοείδειαν, ἐκ τῆς συνεχοῦς ἐπιρρύσεως τῶν ὁμοίων εἰδώλων ἐπὶ τὸ αὐτὸ ἀποτετελεσμένων, ἀνθρωποειδεῖς.
>
> « Ailleurs, il est dit que les dieux sont visibles par la raison, existant d'une part numériquement, d'autre part selon l'identité de forme, à partir d'un écoulement continu de simulacres semblables qui ont été constitués en une identité, de forme humaine. »

On voit bien quel est le problème que pose cette démarche par « postulat empirique » ; ce qui fonctionne extrêmement bien dans les *Éléments* d'Euclide, du fait de la clôture du système hypothetico-déductif, ne peut être appliqué tel quel dans une physique. Ainsi, chez Érasistrate, l'observation des phénomènes, qui devait être éclaircie par le postulat, va, soit remplacer avantageusement le postulat, soit, au pire, le contredire. Le postulat, s'il n'est pas étayé par l'expérience, ne peut être une méthode satisfaisante pour une science qui se veut empirique ; faute d'une telle assise, il se transforme en hypothèse *ad hoc.* On retrouve ici le problème du raisonnement par analogie – en l'occurrence, chez Érasistrate, la comparaison de la structure des tissus à une « tresse », ou encore à la trame d'un vêtement.

C'est de fait cette pratique illégitime d'hypothèses *ad hoc*, maquillées en analogies rigoureuses, que les Empiriques reprochent en termes virulents à Érasistrate. On retrouve un fragment intéressant de cette polémique dans le traité *De l'expérience médicale* de Galien, que nous citerons en totalité malgré sa longueur, tant il apporte d'éclaircissements à cette « querelle du postulat et de l'analogie ».

---

1 *cf.* Macé, « La vitesse de la pensée ; sur la pensée épicurienne de la co-affection », in *Cahiers Philosophiques de Strasbourg*, n° 15, Printemps 2003.

> Dans ces conditions, Érasistrate se trouve confondu, et l'on découvre que c'est de lui qu'il se moque, pas de nous, et que c'est lui et pas nous qu'il mène à des erreurs en racontant l'histoire de l'homme qui a versé de l'eau chaude dans un vase et l'a appliquée sur cette partie affectée de sorte qu'il puisse être en contact avec la partie affectée et couvrir l'endroit du pli dans le but de soigner la rétention d'urine. Car si la connaissance des trois sortes de vaisseaux – c'est à dire les veines, les artères et les nerfs – tout comme la connaissance que la substance qui coule dans ces vaisseaux demeure sans mélange, aussi bien que la connaissance des conceptions qui résultent de cela, indiquent cette méthode thérapeutique, par Zeus, il a parfaitement le droit de se vanter et d'être fier de lui. Mais si une autre méthode et une autre argumentation mènent à cette sorte de thérapeutique, je ne pense pas que vous maintiendrez que la caractéristique de cette argumentation et de cette méthode est la conclusion du visible à l'invisible connue sous le nom d'analogisme. Car selon votre manière de penser, aucune argumentation conclusive de cette sorte ne peut être correcte si ce n'est votre propre argumentation conclusive. Mais serait-elle découverte par une argumentation conclusive selon la caractéristique de la conclusion du visible au visible que l'on appelle épilogisme, c'est alors, selon les empiriques et l'humanité en général, quelque chose d'universel, vous incluant vous et les autres gens. Je vous prie de me dire qui ignore le fait que quelque chose de chaud stimule et met en branle toute évacuation. Ou qui, d'après vous, ne sait pas que prendre un bain chaud met en branle l'évacuation des substances résiduelles, et que nous, si nous voulons uriner, nous pressons la partie interne du pubis ? Mais s'il ne fait qu'user d'équivoque et prendre des choses évidentes comme mesure, perçues par les sens et connues de tout le monde, quelle sorte de conclusion du visible à l'invisible y a-t-il là[1] ?

Les Empiriques reprochent dans ce texte au postulat d'Érasistrate sa parfaite inutilité ; ce qui est soi-disant éclairci grâce à lui pourrait aussi bien être inféré d'une observation rigoureuse des phénomènes habituels, sans qu'il soit besoin de faire appel à d'hypothétiques théories physiologiques que l'on ne peut vérifier réellement. Prétendant appuyer sa thérapeutique sur sa physiologie, Érasistrate ne fait en réalité qu'habiller d'un masque théorique superflu des injonctions qui émanent plutôt du bon sens populaire et d'une connaissance empirique de certains mécanismes simples du corps.

On remarquera que dans cette critique, les Empiriques utilisent un argument emprunté explicitement aux Dogmatiques – l'impossibilité d'expliquer le même phénomène de plusieurs façons différentes. Érasistrate est désavoué parce que son explication analogique est redondante, et qu'il

---

1 *Exp. Med.* XXVI [1] (trad. Pellegrin). On retrouve la première partie de ce texte dans les *Erasistrati Fragmenta* de I. Garofalo, fr. 36, p. 72, Giardini, Pisa, 1988.

arrive par une voie détournée à un résultat atteignable depuis longtemps par des moyens plus simples. Cet argument est strictement polémique ; en effet, les Empiriques quant à eux ne tiennent absolument pas pour l'unicité des explication. Il ne faudrait pas se laisser ici égarer par certaines remarques de Galien lui-même, très opposé à la thèse des explications multiples, et qui se refuse à lui accorder une quelconque validité[1] ; il ne semble pas en cela suivre les véritables positions des Empiriques. De fait, si jamais l'on admet l'existence d'explications multiples, le reproche fait à Érasistrate dans ce texte devient beaucoup plus léger – puisqu'alors, il n'est plus illégitime de recouper grâce à la théorie et au raisonnement déductif ce que l'expérience a commencé à montrer.

Cette voie semble effectivement la seule réellement pratiquable. Chez Épicure, le fait que cette démarche du *logos theoreton*, que l'on pourrait décrire comme une « inférence conceptuelle », soit appliquée de façon privilégiée à la connaissance des dieux, renforce les difficultés. Cette vision intellectuelle oblitère-t-elle la sûreté du concept ainsi formé ? Que vaut une connaissance sans possibilité de vérification empirique ? Ce qui est décrit dans la scholie que nous avons citée, est-ce une prolepse des dieux ? Quelle différence en ce cas, entre ce type d'inférence intellectuelle, portant sur le *prosmenon*, et les autres prolepses ? La liaison établie entre *prosmenon*, *logos theoreton* et pronostic, autorise l'exploration de voies nouvelles, par l'intermédiaire de la *séméiosis*, foyer de convergence de ces différentes problématiques.

1 *cf. Exp. Med.* XII [1].

LES PARADOXES DE L'EMPIRISME ET LEUR RÉSOLUTION

La méthode empirique n'est pas d'un usage évident lorsqu'il s'agit d'expliquer les phénomènes. Comment faire usage de la *sémèiosis* d'une façon qui soit compatible avec le programme étiologique de Démocrite, alors même que le choix d'une telle procédure transgresse un interdit de l'atomisme démocritéen, en supposant une véracité au premier degré des impressions sensibles ? Quelles sont les différentes stratégies mises en œuvres par les épicuriens pour résoudre cette difficulté, et quelles nouvelles apories en découlent ? Les paradoxes de l'empirisme d'Épicure se retrouvent-ils, à l'identique, au sein de l'empirisme médical ? Le traitement de ces différentes questions impose à présent de se pencher sur une procédure inférentielle particulière, spécifiquement conçue pour résoudre ces difficultés : l'*epilogismos*, ou inférence empirique.

LE PARADOXE DE L'IMMANENCE

Le paradoxe de l'épicurisme que nous aimerions aborder, nous pourrions le rebaptiser paradoxe de l'immanence. Nous l'avons déjà rencontré à plusieurs reprises sans le nommer ; il nous faut à présent l'explorer de façon systématique. On peut le formuler ainsi :

a. je décide que le critère du vrai est la sensation
b. mais la sensation est de toute façon mon seul contact possible avec le monde
c. dans quel mesure ce choix ne me condamne-t-il pas à une illusion permanente ?

Il y a là un vrai problème méthodologique énoncé sous sa forme paradoxale par Lucrèce en IV, 483 :

> *An ab sensu falso ratio orta valebit*
> *dicere eos contra, quae tota ab sensibus orta est ?*
> *Qui nisi sunt veri, ratio quoque falsa fit omnis.*
>
> « Si la raison toute entière naît des sensations, comment pourra-t-elle donc contre elles s'inscrire en faux ? Qu'elles s'avèrent erronnées, et c'est la raison elle-même qui en devient également fausse. »

En d'autres termes : si a vient de b, et si b est faux, alors a est faux. Donc a ne peut réfuter b, donc b est vrai. La suite du texte de Lucrèce montre que cet argument doit être considéré comme valable, dans la mesure où il est impossible de mettre les sens en défaut ; ils ne peuvent être réfutés, ni par la raison, ni par eux-mêmes. Le critère épicurien nous enjoint de prendre les sensations, en tant qu'impressions vraies, pour règle de validation des propositions ; mais ce choix est peut-être invalidé par l'impossibilité réelle de distinguer impressions vraies et impressions fausses. Les épicuriens sont parfaitement conscients du problème posé par une telle affirmation. Comme le fait remarquer J. Barnes[1], l'épicurisme n'est pas une philosophie idiosyncrasique : toutes les apparences ne sont pas pour Épicure des évidences. Tout le problème du critère peut alors être reformulé comme une injonction à distinguer l'évident de l'obscur ou du caché, en ajoutant cette difficulté que l'évident ne se réduit pas au visible – ou plus exactement au sensible.

La polémique sur la taille du soleil, que la *Lettre à Pythoclès* suppose aussi grand que ce que l'on peut en voir, pose de façon très abrupte cette question de la véracité des sens, et de la difficulté à distinguer l'évident du visible. J. Barnes propose une reconstitution relativement claire de l'argumentaire anti-épicurien sur cette question, tel qu'il est rapporté dans les fragments du PHerc 1013 attribué à Démétrius Lacon :

> Posons que si le soleil semble être d'une taille M, alors le soleil est d'une taille M ; donc pour tout F, si le soleil semble F, alors il est F. Le soleil semble immobile
> Mais le soleil n'est pas immobile
> Donc, par (2) et (3) :
> On ne peut pas poser que pour tout F, si le soleil semble F alors il est F

---

1 *Cf.* Barnes, « The size of the sun in Antiquity », *Acta Classica Universitatis Scientiarum Debrecensis*, Debrecen, 1989. *Cf.* aussi Sedley, « Epicurus and the mathematicians of Cyzicus », *Cronache Ercolanesi*, 6, 1976.

> Donc par (1) et (4) :
> On ne peut pas poser que si le soleil semble de taille M alors il est de taille M.

J. Barnes fait judicieusement remarquer que l'argument fonctionne sur le rejet de (2) – vous croyez que le soleil ne bouge pas, mais c'est faux. L'adversaire en revanche ne remet pas en question (1), qui semble une assertion très générale reposant sur un principe de base de l'épistémologie épicurienne, qu'on résume souvent ainsi : Si x paraît F à y, alors x est F. On sait qu'en fait les choses sont plus complexes[1], ce qu'exprime très clairement un fragment de Diogène d'Œnoanda.

> Beaucoup de gens supposent que le soleil est aussi proche de la terre qu'il semble dans le ciel. Mais il n'est pas si proche. Car s'il l'était, la terre et toute chose seraient brûlées[2].

La thèse soutenue ici limite de façon assez importante l'extension de F dans le principe général énoncé ci-dessus. Tout ce qui semble tel n'est pas tel. Cependant comme le note J. Barnes, ni Diogène d'Œnoanda ni Démétrius Lacon n'expliquent comment on peut, lorsqu'on est épicurien, supposer que la perception de la taille du soleil est évidente et n'a besoin d'aucun réajustement, alors que celle de la distance ne l'est pas – ce qui est d'autant plus troublant qu'aujourd'hui nous savons que la perception épicurienne de la taille du soleil est fausse, alors que celle de la distance ne l'est pas… Cet exemple de la taille du soleil illustre bien la difficulté : le critère de la sensation soulève, pas seulement chez les adversaires des épicuriens, mais chez les épicuriens eux-mêmes, des problèmes de méthode, qui entraînent dans la physiologie épicurienne des résultats faux.

Ces difficultés sont-elles néanmoins rédhibitoires ?

UNE PREMIÈRE SOLUTION : LES EXPLICATIONS MULTIPLES

Ce premier paradoxe peut être résolu si l'on considère que le critère de la sensation est bien celui qui seul peut apporter la paix de l'âme. Ce procédé de résolution apparaît ailleurs dans l'épicurisme, sous la forme des

1 *Cf.* Taylor, « All Perceptions are True » in *Doubt and Dogmatism : studies in Hellenistic epistemology*, Schofield, Burnyeat, Barnes, (édit.), Maison des sciences de l'homme, Clarendon press, Oxford, 1980.

2 fr. 13, II, 1-8.

explications multiples. Dans la *Lettre à Pythoclès* en effet, Épicure pose comme un prérequis méthodologique que, pour certaines réalités, il est possible de concevoir des étiologies concurrentes, sans que cette diversité explicative nuise pour autant à la rigueur scientifique de l'explication ainsi conçue.

> Μήτε τὸ ἀδύνατον [καὶ] παραβιάζεσθαι, μήτε ὁμοίαν κατὰ πάντα τὴν θεωρίαν ἔχειν ἢ τοῖς περὶ βίων λόγοις ἢ τοῖς κατὰ τὴν τῶν ἄλλων φυσικῶν προβλημάτων κάθαρσιν, οἷον ὅτι τὸ πᾶν σῶμα καὶ ἀναφὴς φύσις ἐστίν, ἢ ὅτι ἄτομα στοιχεῖα καὶ πάντα τὰ τοιαῦτα δὴ ὅσα μοναχὴν ἔχει τοῖς φαινομένοις συμφωνίαν· ὅπερ ἐπὶ τῶν μετεώρων οὐχ ὑπάρχει, ἀλλὰ ταῦτά γε πλεοναχὴν ἔχει καὶ τῆς γενέσεως αἰτίαν καὶ τῆς οὐσίας ταῖς αἰσθήσεσι σύμφωνον κατηγορίαν.

> « Ne pas forcer <le raisonnement> en dépit du bon sens, ni aborder toute chose de la même façon que lorsqu'il s'agit des propositions portant sur les genres de vie ou de celles qui proposent une issue aux problèmes physiques – comme par exemple le fait que le tout est à la fois corps et nature intangible, ou bien que les éléments sont des atomes, et toutes les difficultés de ce genre, où une seule <hypothèse> s'harmonise avec les phénomènes ; ce n'est pas le cas en ce qui concerne les réalités célestes, mais elles ont au contraire une multitude d'explications quant à leur origine et de formules quant à leur essence[1], en accord avec les sensations[2]. »

Le domaine d'application des explications multiples est apparemment limité aux seuls *meteora*, c'est-à-dire à un certain genre de phénomènes qui se caractérisent par leur rareté ou leur éloignement spatial (tremblements de terre, éclipses, tonnerre). Cependant à cette limite objective se superpose dans le cours du texte une limite subjective d'application de ce principe étiologique, qui sera fonction de la valeur thérapeutique de l'explication recherchée[3] .

Il ne faut donc pas chercher à tout prix une seule cause à un phénomène lorsqu'elle est impossible à déterminer selon les seuls phénomènes[4]. Mais cette interdiction méthodologique ne se fonde pas sur la seule nature physique des objets sur lesquels porte l'explication ; elle implique également une interdiction de type moral, qui légifère quant au principe même de l'explication comme telle. On reproche au critère de la sensation d'être mal fondé sur le plan logique ; Épicure rétorque en posant que la confiance en certains principes de la science, en particulier

1 Sur la présence ici d'une des seules occurrences de *ousia*, *cf.* Benatouil, « La méthode épicurienne des explications multiples », *L'épicurisme antique*, Cahiers Philosophiques de Strasbourg, 15, Printemps 2003, p. 22.

2 *Pyt.* 86, 1-8.

3 *Pyt.* 85, 8-11.

4 *Cf.* Asmis p. 321 *sq.* sur une tradition scientifique antérieure à Épicure d'utilisation d'explications multiples, en particulier chez les premiers physiologues et chez Aristote.

dans la valeur probatoire de la démonstration telle qu'elle est habituellement définie – c'est-à-dire découlant de principes premiers certains, de telle façon qu'il soit possible de parvenir à une seule explication – est également de l'ordre du préjugé. De même pour la thèse selon laquelle il n'y a qu'une seule cause vraie pour chaque phénomène ; fournir une explication consisterait alors toujours à renvoyer à cette seule cause vraie. Pour Épicure, préférer la vérité scientifique, selon une définition bien particulière, à la paix de l'âme, est déjà un choix infecté d'*a priori*.

La *Lettre à Pythoclès* ne cherche donc pas à établir la meilleure méthode du point de vue de la scientificité classiquement comprise – c'est-à-dire celle qui nous mènera le plus près possible de la vérité quant à l'explication des phénomènes – mais la meilleure méthode du point de vue de l'efficacité éthique. Or c'est le même raisonnement qui sous-tend chez Lucrèce la défense radicale du critère de la sensation ; ce dernier présente, du point de vue de l'appréhension de la vérité des choses, des défauts, et ne peut être démontré que négativement, par l'impossibilité de le réfuter ; mais ces défauts sont compensés par son extrême efficacité thérapeutique.

Pour en revenir à la question de la taille du soleil, c'est pour Épicure l'exemple même d'un faux problème. Sa formulation dans la *Lettre à Pythoclès* le montre déjà :

> Τὸ δὲ μέγεθος ἡλίου τε καὶ τῶν λοιπῶν ἄστρων κατὰ μὲν τὸ πρὸς ἡμᾶς τηλικοῦτόν ἐστιν ἡλίκον φαίνεται, (…) κατὰ δὲ τὸ καθ'αὐτὸ ἤτοι μεῖζον τοῦ ὁρωμένου ἢ μικρῷ ἔλαττον ἢ τηλικοῦτον [οὐχ ἅμα].
>
> « La taille du soleil et aussi celle des autres astres relativement à nous est telle qu'elle apparaît. [...] En lui-même, il est soit plus grand, soit légèrement plus petit, soit identique à ce que l'on voit [pas en même temps][1]. »

Épicure maintient volontairement un degré de précision assez faible dans sa réponse. La *Lettre à Pythoclès* s'attache à montrer que dans certains domaines, une prétention à fournir une explication trop précise fait sombrer dans le mythe tout aussi certainement qu'un récit cosmogonique. C'est le cas pour tout ce qui ne peut être soumis à une vérification empirique satisfaisante – et le soleil correspond exactement à ces réalités trop éloignées pour pouvoir être perçues d'une façon canoniquement satisfaisante. L'impossibilité d'une attestation directe ne rend pas l'explication multiple moins valide ; elle a la même valeur explicative qu'une explication unique, tant qu'elle n'a pas été réfutée par l'exhibition d'un décalage avec les phénomènes observés qui pourrait l'invalider.

1 *Pyt.* 91 1-7.

Les arguments des adversaires d'Épicure se retournent contre eux-mêmes : ces derniers accusent Épicure de refuser les preuves géométriques qu'ils lui soumettent par ignorance des mathématiques. Cependant Épicure ne peut être atteint par cette critique, dans la mesure où ce qu'il vise, ce n'est pas tant une détermination précise de la taille du soleil comme telle et de façon absolue, mais une détermination qui n'entraîne aucune terreur superstitieuse ni aucune angoisse vis-à-vis de l'objet ainsi mesuré. L'astronomie mathématique que défendent ses adversaires, héritée d'Eudoxe, est imprégnée de théologie, et cherche à favoriser entre autre la thèse d'une divinité du soleil. Ramener la taille du soleil à des proportions moindres c'est aussi lui ôter sa nature de divinité. Épicure fait donc ici d'un problème scientifique un cas exemplaire de sa méthode thérapeutique. Une telle position n'est justifiable que dans la mesure où les épicuriens subordonnent la physique à l'éthique. Il n'y a alors plus de contradiction à prétendre proposer une explication vraie de la nature, tout en limitant dans le même temps le champ méthodologique au sein duquel cette étiologie pourra être formulée de façon positive. Ainsi, les épicuriens résolvent les difficultés soulevées par le choix de la sensation comme critère fondamental, en faisant dépendre ce choix d'une décision primordiale : subordonner tous les domaines du savoir à la thérapie de l'âme.

Mais en ce cas, les épicuriens n'ont-ils pas tout simplement décalé le premier problème ? Si le choix du critère s'effectue en fonction d'impératifs éthiques, comment fonder cette primauté de l'éthique ?

LE *TELOS* DE LA SCIENCE : PÉTITION DE PRINCIPE OU SAUVETAGE DE L'EXPÉRIENCE ?

Cette difficulté est traitée explicitement dans le *Contre les Logiciens* de Sextus Empiricus. En 203, Sextus s'attarde sur la genèse du critère épicurien ; considérant qu'il est construit à partir du critère éthique, Sextus le fait reposer sur une analogie que l'on peut ainsi formaliser :

- de même que ce qui est agréable ou désagréable ne peut s'empêcher de l'être, et nous procure ainsi nécessairement une impression agréable ou désagréable,

– de même ce qui est tel ou tel sur le plan phénoménal ne peut s'empêcher de produire en nous l'impression en conséquence.

Οὕτω καὶ ἐπὶ τῶν φαντασιῶν, παθῶν περὶ ἡμᾶς οὐσῶν, τὸ ποιητικὸν ἑκάστης αὐτῶν πάντῃ τε καὶ πάντως φανταστόν ἐστιν, ὃ οὐκ ἐνδέχεται, ὂν φανταστόν, μὴ ὑπάρχειν κατ' ἀλήθειαν τοιοῦτον οἷον φαίνεται, <...> ποιητικὸν φαντασίας καθεστάναι.

« De même en ce qui concerne les choses qui produisent en nous une impression, quand elles nous affectent, l'agent de chacune d'elles, est entièrement "impressible". Et il ne peut arriver qu'en tant qu'"impressible" il puisse ne pas être en vérité tel que l'impression produite, s'il est bien l'agent de ce qui produit l'impression[1]. »

Ce que Sextus cherche à souligner en proposant un tel parallèle, c'est que le critère logique emprunte en fait son évidence au critère éthique. Analysons le détail de l'argument qu'il propose.

– A. L'agréable est produit par un agent plaisant ;
– B. Cet agent, s'il est plaisant, ne peut pas ne pas produire l'agréable (sinon il n'est plus agent), et ne peut pas non plus ne pas être agréable ou avoir un caractère agréable (car le semblable produit son semblable) ;
– C. De même l'impression est produite par un agent « impressible », suceptible de produire l'impression ;
– D. Cet agent, s'il est « impressible », ne peut pas ne pas produire l'impression, et ne peut pas ne pas avoir en soi le caractère que l'on retrouve dans l'impression.

Le but de Sextus dans cette reformulation est de jeter un doute sur le critère épicurien ; s'il procède de l'éthique, il n'est pas premier – et ne peut donc être critère ; car quel est le critère qui décide que le vrai se comprend par analogie avec le bien ? On reconnaît dans ces lignes de Sextus une argumentation sophistique, qu'on retrouve, quasiment dans les mêmes termes, dirigée contre certaines doctrines médicales rationalistes qui font usage du concept général de causalité. Le traité de Galien qui traite de cette question, *Sur les causes antécédentes*[2], débute son propos par une considération qui ne peut que nous intéresser ici, puisqu'il constate que « depuis toujours », les philosophes théorisent à propos de ce qui est manifeste comme de ce qui est caché ; mais que la

1 *M.* VII (*Contre les Logiciens*), 203 (Us. 247).
2 *Cf.* éd. de Hankinson, *On Antecedent Causes*, Cambridge university press, Cambridge, 1998.

progression du savoir qu'ils rendent ainsi possible est mise en péril par les sophismes de charlatans – et parmi ces sophismes, celui que vise ici Galien concerne la cause dite antécédente, ou cause *procatarctique.* La cause antécédente, appelée encore parfois cause *occasionnelle* – parce qu'à l'occasion de sa manifestation se révèle la fragilité du corps – voit son effet produit non pas par sa seule puissance propre, mais par la coïncidence d'une faiblesse de l'organisme avec l'exercice de cette puissance. L'exemple privilégié est celui du froid, qui ne cause pas de fièvre chez tous les individus. Voici le sophisme que veut réfuter Galien :

> *Ait enim : « si frigere est causa febriendi, qui magis friguerunt magis utique febrirent. » Sed non est ita. Si enim efficere quid potest effectiva causa absque patientium aptitudine, qui magis friguerunt magis febrirent. Si vero non omni corpori gelu potens est febrem inferre, sed soli ei qui ad febriendum habet preparationem, eos qui magis friguerunt non est necesse magis febrire, sed quidam eorum neque omnino habuerunt febrium semina.*
>
> « Il dit en effet : si avoir froid cause la fièvre, ceux qui ont eu le plus froid doivent avoir la plus grande fièvre. Mais ce n'est pas vrai. Car si la cause effective était capable d'agir sur un patient qui n'a pas la condition appropriée, alors ce serait le cas. Mais si avoir froid ne peut pas causer la fièvre dans tous les corps, mais seulement dans ceux qui ont une prédisposition à le faire, alors ce ne seront pas nécessairement ceux qui souffrent le plus grand froid qui auront le plus de fièvre, mais certains d'entre eux qui n'ont pas du tout eu les "racines" de la fièvre[1]. »

L'adversaire est ici un sceptique qui utilise l'argument de la fièvre pour mettre en péril le principe même de la causalité : si une cause n'agit pas toujours, il n'y a pas de cause, et la fièvre arrivera par le fait du hasard et non pour des raisons déterminées. Le concept de « cause antécédente », qui relativise la puissance effective de l'agent causal et fait dépendre son efficacité de sa concordance avec un état du corps, est utilisé par les médecins pour rétablir la pertinence de la notion de cause dans la pratique médicale.

Les sophismes ici invoqués sont considérés par Galien comme dangereux. Ils semblent avoir été pris au sérieux par la communauté médicale. Hérophile, qui ne peut être taxé de scepticisme, aurait visiblement – et Galien le lui reproche en termes peu amènes – jugé bon d'aménager son étiologie en fonction de cette difficulté.

> *De Herophilo autem et de ea que circa sermones sapientia magis Erasistrato oportet mirari et increpare eum de timore. Dubitans enim de omni causa fortibus et multis*

1 Galien, *De Causis procatarcticis*, VIII 107-108.

> *rationibus postea ipsemet invenitur utens eis discendo multis hominibus sic videri. Summe enim timidi est dimittendo rationem, ut hominibus videtur, sic existimare. Quid igitur ait ? « causa vero, utrum sit vel non, natura quidem non est invenibile, existimatione autem puto infrigidari, estuari, cibo et potibus repleri. »*
>
> « Mais à propos de Hérophile, et de cette fameuse sagesse que l'on trouverait dans ses propos, on doit s'étonner, bien plus que pour Érasistrate, et on doit s'indigner de sa timidité. Car tandis que Hérophile met en doute chaque cause avec des arguments puissants et nombreux, on le surprend lui-même en train d'en faire usage, à chaque fois qu'il dit que telle chose semble telle pour de nombreux individus. C'est bien le propre d'un être très timoré, que d'estimer que "c'est ce qui semble aux gens" pour expédier un argument. Que dit-il donc ? "que la cause existe ou qu'elle n'existe pas, c'est indécidable par nature ; mais par hypothèse je peux supposer que je suis refroidi, nourri et rassasié par la nourriture et la boisson[1]" ».

Hérophile prend une décision lourde de conséquence sur le plan méthodologique, puisqu'il fait de la cause une nécessité théorique, dont le rôle peut être assumé par une simple hypothèse, tout en laissant de côté la question de l'existence de son substrat ontologique. Galien lui reproche ce qu'il estime être une forme de lâcheté intellectuelle ; mais Hérophile ne montre-t-il pas plutôt, derrière cette apparente prudence, que les sophismes qui sont en question dans ce texte ne suffisent pas à discréditer une notion bien comprise de la causalité ? Hérophile se rapproche ici de façon sensible de la stratégie des médecins Empiriques, qui sont absolument désarmés face à des arguties dialectiques de ce genre, mais qui conservent néanmoins, sous une forme affaiblie, l'explication causale comme outil méthodologique d'une absolue nécessité[2].

Revenons à Sextus, et à sa doxographie critique du critère épicurien. La réfutation de Sextus fait fond sur l'argument épicurien selon lequel la sensation est critère parce que ce qui agit ne peut pas ne pas agir selon sa nature réelle ; les épicuriens semblent ainsi appliquer à la sensation comprise comme « impression » une action causale qui se doit d'être toujours efficace. Cette hypothèse repose directement sur deux prémisses qui, aux yeux de Sextus, ne sont pas justifiées par Épicure :

- l'analyse de l'agréable et du désagréable comme des causes toujours efficientes ;
- l'identification de toute sensation à une sensation de type « éthique », c'est à dire agréable ou désagréable.

---

1 Von Staden, fr. 59 a, Galien, *De Causis procatarcticis*, XVI, 197.

2 Galien, *De Causis procatarcticis*, XIII, 170.

La position épicurienne est très claire en elle-même : l'éthique et le noétique procèdent d'une évidence de même nature. De même que nous ne pouvons nous empêcher de fuir la douleur et de rechercher le plaisir, de même nous ne pouvons pas ne pas nous fier aux sensations. Le critère est ainsi ramené à sa fonction essentielle, qui est de rendre possible la vie heureuse en éliminant l'angoisse de la mort et des dieux ; du fait qu'il découle d'impressions physiques de plaisir et de douleur, le critère est assuré par son lien avec la nature, dans ce qu'elle a de plus évident et de plus puissant ; ce qui tend à montrer que, contrairement à ce que l'on pourrait penser, ce n'est pas le critère qui dévoile la nature, mais bien la nature qui assume et qui donne son contenu et sa force au critère ; un critère n'a aucun sens dans un environnement dans lequel il n'y a pas une urgence vitale, pratique, à choisir entre le vrai et le faux, c'est à dire entre ce qui est à chercher et ce qui est à fuir.

En ce cas, cependant, le critère permettant de valider les explications physiques se fonde lui-même sur une interprétation orientée de la *physis*. Pour être efficace le critère doit « agir » d'une certaine façon sur celui qui en fait usage ; mais l'efficacité de cet « agir » n'est garantie que dans la mesure où les structures mêmes de la nature ne peuvent en aucun cas contrecarrer l'action de l'agent en question – il faut une équivalence parfaite entre les pouvoirs causaux du critère et les pouvoirs causaux admis dans la nature. Sextus a alors beau jeu de réfuter la validité du critère épicurien, simplement en mettant en doute la capacité de l'impression en tant qu'agent à avoir toujours la même efficace.

Les médecins hellénistiques, aux prises avec des arguments de même nature, trouvent dans la notion de « cause occasionnelle » un recours relativement efficace. Qu'en est-il des épicuriens ? Curieusement, alors même que, comme nous le montrerons plus loin, on peut trouver dans l'épicurisme des traces de cette double causalité, efficiente et occasionnelle, ce n'est pas de cette façon que les épicuriens contournent la difficulté méthodologique ici soulevée. Comment s'y prennent-ils donc ?

On a montré, par l'intermédiaire du premier paradoxe, que le vrai problème que pose le critère épicurien est d'être une procédure de validation qui n'est elle-même validée par rien, et qui semble reposer sur un choix irrationnel. On a évoqué un présupposé empiriste initial ; pourquoi donc est-il important, fondamental même, que les connaissances s'enracinent dans le sensible ? Nous avons vu plus haut, lors de l'étude du concept d'anticipation, que même si le critère en tant que tel n'est pas susceptible de vérification, le choix de la sensation comme critère du vrai est rendu possible par une vision de la nature comme puissance de reproduction et de répétition du même. C'est au sein de cette nature-là, répétitive et éthiquement normée, que peut fonctionner le trope méthodologique qui articule, dans le système d'Épicure, le théorique et le pratique.

LA SOLUTION DE L'*EPILOGISMOS*

Nous avons déjà indiqué comment, dans une méthodologie empiriste, la mémoire vient à assumer la plupart des fonctions classiquement dévolues au raisonnement. Cependant, notre analyse de l'anticipation a mis en évidence l'existence de fonctions intellectuelles de relation autres que la simple remémoration. Ces fonctions ont jusqu'à maintenant été assimilées à des procédures sémiologiques identifiées aux « inférences par signe ». Mais nous avons jusqu'à présent laissé de côté un terme important qui apparaît très régulièrement dans les passages des différents corpus dans lesquels il est fait allusion à ces « inférences ». Ce terme est celui d'*epilogismos* ; il recouvre une procédure méthodologique mal connue, dont l'élaboration correspond à une étape essentielle de la formation des empirismes antiques.

Les problèmes liés à l'*epilogismos* sont multiples. Le plus important peut-être est lié au manque de textes sur la question. Il apparaît à de multiples reprises dans le corpus des textes épicuriens, mais n'est pas l'objet d'une thématisation particulière dans les textes les mieux conservés. Les allusions à son sujet sont vagues, et présupposent de la part du lecteur une connaissance préalable de ce dont il est question. Il est donc extrêmement difficile d'en dégager la structure, et de montrer comment fonctionne concrètement un épilogisme, sauf à se plonger dans des ensembles de textes à la lettre beaucoup moins assurée – à savoir, les fragments reconstitués du *Peri Phuseos* ou les livres de Philodème.

On peut néanmoins parvenir à se faire une première idée générale de cet outil par le biais de la seule analyse du terme. *Epilogismos* est un composé facilement identifiable de *logismos*. On peut donc postuler sans trop de risque d'erreur qu'un auteur qui fait allusion à l'épilogisme se réfère à un certain type de raisonnement. E. Asmis s'est livrée à une comparaison entre les trois types de *logismos* que l'on rencontre dans les textes épicuriens[1] :

1 *Cf. Epicurus scientific method*, p. 175 *sq.* Sur la question de la technicité ou non du terme *epilogismos*, *cf.* aussi Schofield, « Epilogismos : an appraisal » *Rationality in Greek Thought*,

> « Le premier, *sullogismos*, (du verbe *sullogizesthai*), correspond à la combinaison de concepts par la démonstration. [...] Ensuite, on trouve les composés formés sur *ana-*, parmi lesquels *analogizein*. Ce composé, avec les autres formes *analoga* et *analogos*, est utilisé au sens de la construction d'analogies, que ce soient des analogies entre les phénomènes ou entre des phénomènes et des choses non observées. [...] Troisièmement, il y a le composé *epilogismos* (ou *epilogizesthai*), que je traduis, faute de mieux, par le terme général de "calcul". Ce composé est fréquent à la fois dans les textes d'Épicure et dans ceux plus tardifs, et il ne semble pas rapporté à l'inférence scientifique lorsque Platon et Aristote en font usage[1]. »

E. Asmis relève ici deux difficultés majeures pour la compréhension de l'épilogisme : premièrement l'absence d'autre occurrence technique du terme chez les auteurs précédents qui ont pu se pencher sur des questions de méthodologie[2] ; deuxièmement l'impossibilité de traduire ce terme de façon satisfaisante, du fait de sa généralité.

Dans un contexte éthique, l'épilogisme semble largement employé par les épicuriens mais aussi par leurs éventuels adversaires (même si l'identité de ces derniers n'est pas connue de façon certaine) dans l'étude des différents vices et des traits de caractère qu'il convient ou non d'attribuer au sage. Ainsi le livre de Philodème consacré à la *Colère* fait-il allusion à des épilogismes pratiqués par « certains » pour trancher (dans un sens ou dans l'autre, ce qui indique bien que l'usage de l'épilogisme n'est pas ici réservé aux épicuriens) sur la question de savoir si le sage peut se mettre en colère ; l'épilogisme est très explicitement associé à des raisonnements par analogie[3]. Pour ceux qui supposent que la colère du sage est un mouvement volontaire, l'épilogisme fonctionne à partir d'une analogie entre colère et gratitude, deux sentiments dont le sage a une égale maîtrise, puisqu'il ne les dirigera pas contre des objets par exemple. Pour leurs adversaires, qui considèrent que la colère est un mouvement spontané de l'âme, l'épilogisme est cette fois-ci construit à partir d'une analogie entre colère et ivresse : au cours d'un banquet, tous ceux qui consomment suffisamment de vin s'enivrent, le sage y compris, car son corps n'est pas conformé différemment de celui des autres, et il n'y a pas là de faute morale de sa part. Dans ces différents cas, l'épilogisme semble

Frede et Striker (édit.), Oxford university press, Oxford, 1996, p. 221-239.

1 p. 176-177, nous traduisons.

2 La seule occurrence chez Aristote est très révélatrice de l'absence de technicité épistémologique préalable du terme ; on la trouve dans *Pol.* VI, 8, 1322 b 36 ; l'épilogisme détermine la charge des magistrats qui surveillent les fonctionnaires et en « calculent » la gestion.

3 Col. 46-48.

désigner une procédure d'application assez générale, peut-être commune aux épicuriens et aux stoïciens. En tout état de cause, si nous ne disposions d'aucune autre occurrence, il serait bien délicat sur cette seule base de déterminer l'éventuelle originalité de l'épilogisme épicurien...

La deuxième difficulté s'est présentée avec acuité pour tous les traducteurs des textes épicuriens, puisqu'on relève pas moins de quatre traductions habituelles pour ce concept. J.-F. Balaudé et D. Sedley usent de périphrases (« raisonnement précis », « empirical inference » qui semble le plus approprié), E. Asmis comme on l'a vu propose « calculation », M. Conche « réflexion »...

L'occurrence la plus intéressante de *epilogismos* dans le corpus bien conservé des œuvres d'Épicure lui-même se trouve au § 72 de la *Lettre à Hérodote*, qui porte sur la connaissance du temps. La façon adéquate de raisonner sur le temps y est évoquée par l'opposition d'une série d'adjectifs verbaux, les uns désignant la bonne méthode d'investigation, les autres, la mauvaise :

- οὐ ζητητέον [...] ἀνάγοντες ἐπὶ τὰς βλεπομένας παρ' ἡμῖν αὐτοῖς προλήψεις, ἀλλ' αὐτὸ τὸ ἐνάργημα [...] ἀναλογιστέον
- οὔτε διαλέκτους [...] μεταληπτέον, ἀλλ' αὐταῖς ταῖς ὑπαρχούσαις κατ' αὐτοῦ χρηστέον
- οὔτε ἄλλο τι κατ' αὐτοῦ κατηγορητέον [...]ἀλλὰ μόνον [...] ἐπιλογιστέον
- il ne faut pas mener la recherche en <le> ramenant, selon nos propres prolepses, à ce que nous avons considéré empiriquement / mais il faut procéder par analogie par rapport impressions évidentes
- il ne faut pas changer les termes courants / mais il faut utiliser ceux qui existent déjà
- il ne faut pas lui attribuer quelque chose selon une identité propre / mais il faut seulement pratiquer un épilogisme

Ce texte est beaucoup trop complexe pour que nous puissions dès maintenant en tirer quelque chose de définitif quant au sens même du terme d'épilogisme ; nous aurons l'occasion de l'aborder à nouveau. Pour le moment, on notera simplement que le § 72 de la *Lettre à Hérodote* fait cohabiter *epilogismos* avec toute une série de termes techniques dont certains sont proprement épicuriens, ce qui tend à montrer qu'il s'agit bien là d'un mot appartenant au glossaire technique de l'épicurisme, et plus largement, à la panoplie méthodologique de l'empirisme antique.

L'ÉPILOGISME MÉDICAL

Il existe un autre panel de textes et d'analyses méthodologiques, plus accessible, dans lequel l'épilogisme joue un rôle non négligeable, et se trouve nettement explicité. Il s'agit des passages du corpus galénique qui font état des méthodes de l'école médicale Empirique.

Le terme d'épilogisme est la plupart du temps invoqué lorsqu'il s'agit de présenter dans son détail la théorie de l'empirisme médical, en tant qu'elle consiste d'abord en une critique des connaissances que le médecin doit employer. Le critère de l'évaluation est simple : il consiste en un refus de ce qui provient d'une connaissance par « indication ». On trouve chez Sextus une définition du signe indicatif, par opposition au signe « commémoratif ».

> Καὶ ὑπομνηστικὸν μὲν σημεῖον καλοῦσιν ὃ συμπαρατηρηθὲν τῷ σημειωτῷ δι' ἐναργείας ἅμα τῷ ὑποπεσεῖν, ἐκείνου ἀδηλουμένου, ἄγει ἡμᾶς εἰς ὑπόμνησιν τοῦ συμπαρατηρηθέντος αὐτῷ καὶ νῦν ἐναργῶς μὴ ὑποπίπτοντος, ὡς ἔχει ἐπὶ τοῦ καπνοῦ καὶ τοῦ πυρός. ἐνδεικτικὸν δέ ἐστι σημεῖον, ὥς φασιν, ὃ μὴ συμπαρατηρηθὲν τῷ σημειωτῷ δι' ἐναργείας, ἀλλ' ἐκ τῆς ἰδίας φύσεως καὶ κατασκευῆς σημαίνει τὸ οὗ ἐστι σημεῖον, ὥσπεροῦν αἱ περὶ τὸ σῶμα κινήσεις σημεῖά εἰσι τῆς ψυχῆς.
>
> « Ils appellent signe commémoratif celui qui, ayant été observé avec évidence avec ce qu'il signifie en même temps qu'il nous tombe sous le sens, alors que le signalé est obscur, nous amène au souvenir de ce qui a été observé en même temps que lui et qui ne nous tombe pas pour l'instant avec évidence sous le sens, comme pour la fumée et le feu. À l'inverse, un signe indicatif, à ce qu'ils disent, est celui qui n'a pas été observé avec évidence en même temps que son signalé, mais signifie ce dont il est le signe à partir de sa nature et de sa constitution propres, comme les mouvements du corps sont signes de l'âme[1]. »

Le signe commémoratif remet en tête ce dont il est signe, car il a été la plupart du temps observé en compagnie de ce qu'il signifie – par exemple, immédiatement avant. Dans ce cas, le rapport entre signe et « signalé » est de l'ordre de l'évidence ; on peut observer tous les jours que le feu dégage de la fumée. Dans le cas du signe indicatif en revanche, le rapport n'est pas immédiat ; il n'y a aucun lien empiriquement observable entre les mouvements du corps et l'âme – du fait que l'âme elle-même n'est pas une réalité de type observable. C'est donc grâce à une déduction opérée à partir de la connaissance de l'essence de l'âme et du mouvement, qu'un lien peut être deviné entre les deux. Il faut passer par le biais du raisonnement, et non de l'observation.

1 *P.* II, 10 [100-101] (trad. Pellegrin).

La distinction entre signe indicatif et signe commémoratif est liée par Sextus à une autre distinction, établie entre les choses obscures par nature, et obscures par accident [II, 99]. Les choses obscures par nature ne pourront jamais être observées directement, et ne peuvent donc être connues que par le biais de l'indication ; tandis que les choses obscures par accident – par exemple un feu dissimulé par un talus – se prêtent à la commémoration ; il sera en effet toujours possible dans ce cas de confronter ce qui est observé immédiatement à un souvenir d'observation passée, puis de vérifier l'inférence effectuée au moyen d'observations futures – par exemple en contournant le talus. Le refus méthodologique de l'indication chez les médecins Empiriques peut donc indiquer, si l'on tient compte de cette seconde distinction, soit qu'ils refusent l'existence des choses cachées par nature, soient qu'ils considèrent qu'on peut les connaître autrement, soit enfin qu'ils ne s'en préoccupent pas dans le cadre de la pratique médicale. Les textes de Galien proposent une réponse qui tient à la fois des deux dernières hypothèses : les Empiriques refusent l'indication parce qu'ils pensent que c'est une mauvaise méthode, mais aussi parce que les choses véritablement cachées par nature ne nous sont d'aucun secours dans l'art médical – ce qui revient au même, car elles sont inutiles du fait d'être inconnaissables ; il n'y aucun moyen de « signaler » correctement une chose véritablement cachée par nature.

> Ils n'acceptent pas du tout l'existence de l'indication, ni qu'une chose puisse être connue à partir d'une chose différente – car toutes les choses doivent être connues à partir d'elles-mêmes –, ni qu'il existe le moindre signe d'aucune chose cachée par nature[1].

Telles sont les structures de l'empirisme médical, qui vont donner sens au choix méthodologique de l'épilogisme comme outil de raisonnement privilégié : le refus de l'indication, et par là d'une procédure de déduction strictement rationnelle, qui semble aller contre une exigence empirique radicale. C'est en effet par le biais de tels arguments que Galien décrit dans un autre traité l'usage médical de l'épilogisme :

> *ita autem et ratio emperica a ratione dogmatica differt in eo quod illa quidem evidentium rerum est, illa autem immanifestarum. Nominant autem et hec propriam quidem rationem epilogismum, eam vero que dogmaticorum analogismum.*
>
> « C'est aussi en cela que le raisonnement empirique diffère du raisonnement dogmatique : l'un porte sur des choses évidentes, l'autre sur des choses non

1 *De sectis* V, 10 (trad. Pellegrin).

apparentes. Ils appellent le raisonnement qui leur est propre "épilogisme", et celui des dogmatiques "analogisme[1]" ».

L'épilogisme médical infère de l'évident à l'évident, tandis que l'analogisme infère de l'évident au non-évident, et transgresse ainsi un interdit fondamental de l'empirisme, en faisant un saut entre deux ordres de choses différents. L'épilogisme est là pour remplacer en quelque sorte l'arrière-fond théorique qui justifie l'analogisme, et que les Empiriques refusent d'intégrer à l'art médical. Le texte *Des Sectes* est plus explicite en ce sens que *L'Esquisse* :

> Ἤδη δὲ καὶ περὶ τῶν μοχθηρῶν τρόπων τῆς ἀποδείξεως, οἷς εἰώθασιν οἱ δογματικοὶ χρῆσθαι, λέγουσί τι καὶ περὶ παντὸς τοῦ ἀναλογισμοῦ, καὶ ὡς οὗτος μὲν ἀδύνατος ἐξευρίσκειν, ἃ ἐπαγγέλλεται, καὶ οὔτ' ἄλλη τις τέχνη συνίσταται κατ' αὐτὸν οὔθ' ὁ βίος τῶν ἀνθρώπων πρόεισιν. ὁ δ' ἐπιλογισμός, ὃν δὴ <τῶν> φαινομένων λόγον εἶναί φασι, χρήσιμος μὲν εἰς εὕρεσιν τῶν προσκαίρων ἀδήλων· οὕτω γὰρ αὐτοὶ καλοῦσιν, ὅσα τοῦ γένους μέν ἐστι τῶν αἰσθητῶν, οὐ μὴν ἤδη γέ πω πέφηνε· χρήσιμος δὲ καὶ πρὸς ἔλεγχον τῶν κατὰ τοῦ φαινομένου τι λέγειν τολμώντων. χρήσιμος δὲ καὶ τὸ παρορώμενον ἐν τοῖς φαινομένοις δεῖξαι καὶ σοφίσμασιν ἀπαντῆσαι μηδαμοῦ τῶν ἐναργῶν ἀφιστάμενος, ἀλλ' ἐν τούτοις ἀεὶ διατρίβων,
>
> « Ils signalent aussi les modes invalides de démonstration dont les dogmatiques ont coutume de se servir, et notamment le raisonnement par analogie dans son ensemble, en disant que celui-ci est incapable de trouver ce qu'il prétend trouver, que par son intermédiaire aucun des arts ne se constitue, et aucun progrès n'est fait dans la vie des hommes. L'épilogisme, en revanche, dont ils disent qu'il est "un raisonnement concernant des choses apparentes", est utile pour la découverte des choses occasionnellement cachées – car c'est ainsi qu'ils appellent tout ce qui entre dans le genre des choses sensibles mais qui ne s'est pas encore manifesté. Il est aussi utile pour réfuter ceux qui osent dire quelque chose contre l'apparence. Il est utile, enfin, pour montrer ce qui était passé inaperçu parmi les choses apparentes, et pour aller contre les sophismes, lui qui ne s'écarte aucunement des choses évidentes, mais reste toujours en contact avec elles[2]. »

Sur les modalités de cet exercice de l'épilogisme, nous pouvons déduire de *L'Esquisse empirique* que l'épilogisme utilise nécessairement les deux facettes du travail du médecin : l'observation et la mémoire, qui sont deux notions omniprésentes chez les Empiriques. Selon Galien, Ménodote avait même tendance à confondre parfois épilogisme et observation [87], ce que Galien met sur le compte d'un mauvais maniement du concept dû à une certaine balourdise intellectuelle de Ménodote...

1 *Subf. Emp.* VII, 48, 21-27 (trad. Pellegrin).
2 *De sectis* V, 11 (trad. Pellegrin).

Nous en retiendrons l'idée que l'épilogisme doit certainement être, tout comme l'analogie, une manière d'associer observation et mémoire et d'en inférer quelque chose. Mais, alors que l'analogie des rationalistes fonde la légitimité de son inférence sur un arrière-plan théorique prédéterminé, l'épilogisme empirique se contente de son adéquation stricte avec l'expérience.

Nous pouvons à présent récapituler les différents points qui donnent à l'épilogisme sa structure chez les Empiriques :

- l'épilogisme consiste en une inférence de l'évident à l'évident ; il respecte un interdit méthodologique fort qui refuse de faire porter la réflexion sur les choses cachées par nature. Cet interdit peut être assimilé à l'interdit méthodologique de l'analogie, qui, elle, infère de l'évident au non-évident.
- l'épilogisme s'oppose en cela à l'indication, qui suppose l'usage d'un raisonnement théorique et non de la simple expérience ; l'expérience elle-même consiste en la connaissance issue des sensations.
- Les outils fondamentaux de l'épilogisme sont l'observation et la mémoire. L'observation joue à deux niveaux : c'est par l'observation que l'on acquiert des connaissances ; et c'est le fait qu'il y ait ou non observabilité en droit qui rend praticable l'épilogisme – aucune connaissance préalable, aucune observation présente ou passée ne pourra nous renseigner sur ce qui se passe sur Saturne.

En quoi cet épilogisme médical participe-t-il donc à cette unification de l'expérience, dont nous supposons qu'elle est un préalable obligé à l'exercice d'une méthodologie empiriste ? Il nous semble que son principe même de fonctionnement, qui postule que nous n'allons jamais dans une inférence que du connu au connu, constitue le champ d'application de cette inférence empirique comme un champ homogène. L'expérience se trouverait scindée et différenciée par les arrière-fonds théoriques qui la distinguent en lieux entre lesquels l'esprit doit circuler ; c'est cette circulation même que l'épilogisme interdit, et ce faisant, il délimite un champ d'inférence strictement clos, au sein duquel il devient licite d'exercer un raisonnement de type inductif.

L'ÉPILOGISME ÉPICURIEN : UNE PROCÉDURE ANTIDIALECTIQUE ?

Un tel schéma est-il applicable à l'épilogisme épicurien ? Nous nous appuierons en premier lieu sur les ressemblances entre ce que nous appellerons les « contextes épistémologiques » des épicuriens et des Empiriques. À peu de choses près, les problèmes abordés sont les mêmes, et prennent place dans le cadre de polémiques semblables. Le texte *Des Sectes* insiste assez lourdement sur l'efficacité de l'épilogisme en ce qui concerne la lutte contre les sophismes et les roueries des dialecticiens. Et *l'Esquisse empirique* inscrit bel et bien la démarche de l'école empirique dans le cadre d'une réaction violente aux abus de la dialectique – ce qui expliquerait sans doute en partie la radicalité du postulat anti-rationaliste. Comment ne pas comparer une telle attitude aux mots amers d'Épicure contre la dialectique ? Selon D. Sedley, la notion d'épilogisme se forge chez Épicure au moment d'un affrontement très violent avec les Mégariques[1], décrit dans le livre XXVIII du *Peri Phuseos* et portant sur l'utilisation, par les épicuriens, d'un trope dialectique particulier : la « réfutation pragmatique » (*elenchos pragmatikos*).

> Je dis donc qu'il faut rapporter à cette règle toute opinion pour laquelle nous n'avons pas encore pu procéder à un épilogisme ; en effet, je ne crois pas que toute opinion soit immédiatement associable à un épilogisme ; mais il suffit que chacun ait simplement la possibilité de procéder à cet épilogisme chaque fois que l'occasion s'en présentera. En effet celui qui ignore l'épilogisme, et qui examine un objet dans ces conditions, d'une façon particulièrement inappropriée, ne pourra pas du tout procéder à une évaluation…
> …il utilise ce même mouvement ; et, tout autant que pour les catégories éthiques de l'abstinence et de la préférence, sous la conduite de cette règle il sera amené à accomplir le juste.
> Parmi les opinions, certaines ne concernent pas le champ pratique – je veux parler ici de celles qui n'ont pas trait aux appréhensions empiriques, mais qui font partie de la sphère théorique. Ces opinions seront mises à bas si elles sont mensongères, ou erronées, soit du fait de leur irrationalité, soit du fait d'un raisonnement ; soit qu'on énonce à partir d'elles quelque autre énoncé de type théorique, qui soit manifestement faux ; soit que, se trouvant en liaison indirecte avec le champ pratique, elles conduisent à quelque chose d'inadmissible. Si on ne trouve rien de tout cela, on en conclura aisément que l'opinion n'est pas mensongère. Pour cette raison, aisément aussi on se moquera de celui qui, voulant réfuter quelqu'un persuadé qu'il est impossible que la même personne possède la science et ne la possède pas, utilise pour cela l'argument du père voilé, ou tout autre du même acabit. Car ceci ne…

1 *Cf.* « Epicurus *On Nature*, XXVIII », in *Cronache ercolanesi*, 3, 1973, p. 5-83. Voir aussi à ce sujet Gigante, *Scetticismo e epicureismo*, Bibliopolis, Naples, 1981.

> ...de même que celui qui, ayant aveuglément admis certaines conclusions, et voyant à présent sur quoi se fonde ce qu'il a conclu, se moque de ce sophisme ; car il n'embrassait pas dans ses réponses ce qui en a été extirpé, à partir d'une habitude de la langue, de sorte que l'on pût en déduire l'énoncé : « il est possible que la même personne possède la science et ne la possède pas », et que cela ne pût être nié, à cause de la manière qu'a eu le sophiste d'utiliser l'argument. Pour cette raison, n'importe qui, tenant tout d'abord la thèse opposée, et n'étant pas sur ce point circonspect comme certains sophistes, ne croira pas qu'il est soumis à une réfutation de type pratique. Cependant il n'a pas vérifié que, à part pour des cas du genre de ceux qu'utilise le sophiste, il est impossible pour la même personne de savoir et d'ignorer. Mais ceux qui ne comprennent pas de façon raisonnée cette différence, sont manifestement menacés du même sort que cet autre homme qui, lui, n'a pu qu'être convaincu de l'application générale de ce sophisme...
>
> ...selon chaque cas particulier, mais d'une certaine manière qui implique la généralité ; tandis que notre homme, qui a été convaincu du sophisme, accordera son opinion ou la refusera, pour chaque cas, d'une façon très différente. Je dis donc que, pour celui qui ne voit pas la différence, ces deux hommes agissent de façon semblable. Mais ils n'agissent pas de façon semblable ; le premier est à lui-même son propre garant ; et lorsqu'il pose une opinion générale – même si, en ce cas, il pourrait effectuer un nombre infini d'appréhensions empiriques de peur qu'un seul cas vienne infirmer sa thèse –, et lorsqu'il s'abstient. Lorsqu'il pose une opinion, il s'engage directement dans une attitude de type pratique, tout à fait comme s'il n'avait posé sa thèse qu'en fonction d'appréhensions empiriques effectuées au cas par cas : cela est-il ou non ainsi ? Mais il ne fait cela que si sa thèse a des implications de type pratique ; sinon, il fait autrement. Cependant, c'est la même chose pour la sphère théorique ; en effet, lorsque la thèse est posée, si elle l'a été, dans un autre registre, selon la stricte appréhension empirique de ce qui a été confirmé par l'expérience ...
>
> ...l'homme, désireux d'agir en accord avec ses opinions générales, lorsqu'il se trouvera qu'un fait est en accord avec son opinion, se trompera [si l'opinion est fausse]. Dans le cas contraire, il ne fera rien de tel.
>
> Il faut utiliser ces signes pour distinguer cette différence. Et si nous nous comportons ainsi pour tous les énoncés, nous ne nous ridiculiserons pas dans le domaine que j'ai évoqué.

Le problème ici évoqué par Épicure est celui de l'application de l'épilogisme épicurien ; la « règle » dont il est question doit permettre de préparer cette application, afin de pouvoir procéder à des évaluations correctes. Assez rapidement dans la première partie du texte, vont être distingués deux champs d'investigation spécifiques, le champ du pratique et le champ du théorique ; cette distinction est introduite pour délimiter les lieux d'application de la « règle » qui vient d'être définie. Le champ pratique est visiblement lié à la problématique éthique comme l'indique explicitement l'allusion aux « catégories éthiques de l'abstinence et de la préférence[1] » ; mais il semble désigner également en règle générale les occurrences vitales dans lesquelles les principes de la décision sont semblables à ceux appliqués dans le cas d'un choix de type éthique. Le « mouvement » spontané de l'homme est rendu possible par la faculté éthique instinctive de se tourner vers le plaisir. Le champ théorique quant à lui est apparemment opposé au premier et défini comme le champ des objets non appréhendables par l'expérience. Les objets qui lui appartiennent sont-ils tout de même susceptibles d'une quelconque évaluation par le critère ?

Épicure propose, pour répondre à cette question, d'appliquer une règle que l'on peut à partir de ce texte reconstituer ainsi : observer dans quelle mesure ces opinions font aussi partie du champ de l'expérience, et vont donc pouvoir être soumises *a posteriori* à une vérification ; et en attendant d'avoir procédé à cette observation systématique, mettre sa confiance dans le jugement immédiat des sens ; car dans le champ théorique également nous sommes susceptibles de suivre un mouvement spontané qui nous porte vers le vrai et nous éloigne du faux, une sorte de « sens » logique qui fait refuser ce qui est sans raison, ou « manifestement » – c'est-à-dire « sensiblement » – faux. Mais cette première solution reste insuffisante, et cette limite apparaît clairement si on l'applique à un cas particulier : les arguments sophistiques utilisés par l'école Mégarique – en particulier l'argument dit du « Voilé[2] ». Ces arguments utilisent pour preuve que ce que nous appelerons des paradoxes inductifs formels[3] ; ces paradoxes mettent en avant des étrangetés et des exceptions de type logique qui viennent contredire une régularité naturelle apparente. Ces paradoxes sont en quelque sorte le pendant négatif des techniques épicuriennes d'infirmation et de non-confirmation, qui consistent en une mise en contradiction des opinions et des phénomènes, et qui s'apparentent plutôt à des paradoxes inductifs empiriques. Mais alors que les infirmations épicuriennes sont efficaces, parce qu'elles prennent comme critère le témoignage des sens, les paradoxes mégariques sont ridicules, parce

1 *Men.* 129 : « c'est le plaisir que nous avons reconnu comme le bien premier et congénital, et c'est à partir de lui que nous commençons à *choisir et refuser*… »

2 Dorion propose une reconstitution très claire du Voilé dans son commentaire aux *Réf. Soph.* d'Aristote (p. 368 n. 351) : « Connais-tu celui qui s'approche et qui est voilé ? – Non. (On enlève le voile qui recouvre Coriscus.) – Connais-tu cet homme ? – Oui, c'est Coriscus. – Donc tu connais et tu ne connais pas le même homme ». Voir aussi Muller, *Les mégariques : fragments et témoignages*, Vrin, Paris, 1985.

3 Expression empruntée à D. Sedley.

qu'ils sont totalement contre-intuitifs. Il est absurde de tenter de fonder une opinion contre le témoignage des sens.

Épicure complète cette première réfutation par une autre, beaucoup plus subtile, dans laquelle il introduit de façon tout à fait originale le trope de l'*elenchos pragmaticos*. Épicure s'éloigne visiblement de la première solution, trop aisée, trop simple, trop facilement contestable. Il faut prendre au sérieux les paradoxes des Mégariques. Toutefois, dans le même mouvement, Épicure refuse ce qui se présenterait alors comme l'alternative naturelle à cette première déconstruction empirique du paradoxe ; à savoir une déconstruction formelle par la mise en évidence d'une simple « convention linguistique » – telle que la pratique par exemple Aristote dans les *Réfutations Sophistiques*[1]. L'argument d'Épicure pour refuser cette déconstruction formelle est tout à fait étonnant, puisqu'il indique que celui qui se contenterait de cette explication, serait lui aussi un sophiste, et qui plus est un sophiste maladroit. Pourquoi est-elle considérée comme insuffisante ? Répondre à cette question revient à se demander ce que recouvre pour Épicure l'expression *elenchos pragmaticos*. Alors même qu'une distinction préalable a été posée entre des champs théoriques et pratiques, le recours au pratique est désigné comme indispensable pour résoudre une contradiction de nature absolument théorique en apparence. Le paradoxe mégarique met bien en jeu le champ pratique dans sa totalité – et Épicure sous-entend que seule l'acuité particulière du regard épicurien discerne un enjeu fondamental pour la vie, là où d'autres ne voient qu'un « jeu de langage[2] ».

Cette règle méthodologique est si importante pour Épicure qu'il va jusqu'à renvoyer dos à dos le fin linguiste et le benêt trompé par l'argument, en accordant l'avantage au benêt : certes, celui-ci s'est laissé berner, mais il l'a fait de bonne foi, en ayant eu l'impression d'arriver à cette conclusion par un véritable raisonnement mettant en jeu sa propre vie pratique ; tandis que le fin dialecticien, évaporant la querelle dans le terrain du jeu de mots, lui a fait perdre toute consistance, tout intérêt, et a donc perdu de vue cette dimension pratique qui échappe à la plupart des interlocuteurs des sophistes.

Épicure poursuit alors son argumentation, en mettant en avant ce qu'il appelle une « différence » entre la généralisation abusive de la thèse du sophiste, qu'il faut bien entendu éviter, et la généralisation licite, que nous sommes en droit et même en devoir d'utiliser dans un cadre

1 *SE* 24, 179 a 34 *sq.*

2 *Sur la Nature*, XXVIII, Fr. 13 col. X sup., 5-9.

scientifique, mais qui va justement devoir être soumise à l'*épilogismos*. Épicure veut montrer comment résoudre un cas-limite de la règle énoncée dans le premier paragraphe ; un cas où l'objet rencontré, tel qu'on ne peut encore le soumettre à vérification, semble remettre lui-même en question toute vérification possible. Le paradoxe mégarique du Voilé remet en effet en cause la possibilité même d'un savoir ou d'un non-savoir certain. Le sophiste joue bien ici sur une ambiguïté entre « ne pas savoir » et « ne pas connaître », les deux sens étant contenus dans le terme grec utilisé. Ce paradoxe met en jeu non pas simplement le champ des mots, mais celui des actes ; sa réfutation porte bien sur le pratique, et c'est pourquoi il convient d'opposer au sophiste à une réfutation pratique une riposte de type pratique. Bref, si on l'accepte, on s'interdit toute possibilité de vérifier quoi que ce soit. Mais si on le refuse, comment l'invalider ? La solution envisagée par Épicure est de type « pratique » au sens où elle doit montrer comment le paradoxe peut nous entraîner bel et bien à des « choses inadmissibles », c'est-à-dire nous entraver dans notre action. Il faut alors substituer aux généralisations de type formel, qui obligent à accepter cet argument, les généralisations de type pratique, qui constituent une sorte de logique de la vie courante et de l'action, non moins exacte, mais où le paradoxe mégarique n'est plus possible.

L'épilogisme semble alors, selon la reconstitution de D. Sedley, intervenir dans le second temps de cette « réfutation pratique ». Il faut pratiquer l'épilogisme pour vérifier que dans la réalité des cas, ce que dit le sophiste est bel et bien faux : il est impossible de savoir et de ne pas savoir en même temps. Ce qui vient éclairer *a posteriori* la règle inaugurale : il faut que dans chaque cas où intervient le jugement, c'est à dire à propos de chaque opinion, puisse intervenir un épilogisme, au moins en droit – même lorsque l'on s'imagine qu'une simple pirouette lexicale suffirait à trancher un débat. Si l'on prend ici Épicure au mot, l'épilogisme au sens propre, ramène sur le phénomène l'esprit porté à s'en détacher. C'est par l'épilogisme, c'est à dire par l'inférence purement appuyée sur l'expérience, que je sais à la fois évaluer le sensible et travailler à partir du sensible. L'épilogisme me permet à la fois de répondre au sophiste qu'il est faux de dire que l'on peut à la fois savoir et ne pas savoir, tout en me fournissant le critère qui me permet d'invalider cet énoncé.

D. Sedley, éditeur de ce texte, indique en préface : « In our passage *epilogismos* is invoked as a method of judging the correctness of opinions ». Mais il ajoute aussitôt que cette méthode ne peut être appliquée qu'à certains types d'opinions. D. Sedley distingue deux types d'opinions dans le texte :

- celles qui ont une incidence immédiate (*a direct bearing*) sur l'activité humaine ; elles sont dites *pragmatikè* ou encore *peri praxeôn* ;
- les thèses physiques spéculatives qui portent sur des entités invisibles, qualifiées de *theorétikè.*

D. Sedley considère que les premières sont réfutables selon une procédure qui ressemble fortement à une *epimarturèsis* ; pour les secondes, il les rapproche de *l'antimarturèsis*, dans la mesure où les spéculations portant sur les invisibles ne peuvent être directement réfutées, mais seulement non contredites par les événements observés ou par d'autres thèses physiques. Nous avons précédemment montré dans quelle mesure ces deux procédures peuvent être rapprochées, en tant que deux instances d'une même méthode de validation : la méthode par analogie. Une considération semblable s'impose selon nous dans ce texte ; ce qu'Épicure appelle ici « épilogisme » ne doit pas être considéré comme ne s'appliquant qu'à l'une des deux sortes de *doxai* distinguées à juste titre par D. Sedley ; il n'y a aucune raison de considérer que le mode de réfutation, qu'il soit direct ou indirect, change de nature suivant le statut des hypothèses envisagées. Au contraire, il nous semble que la grande force de ce texte réside dans l'articulation qu'il introduit entre ces deux champs du savoir apparemment distincts – ce qui est très explicite dans le texte, si l'on considère que la restitution de D. Sedley est exacte. Le « raisonnement empirique » fonctionne dans les deux cas, par extension du cas au champ de l'expérience dans sa totalité, que cette expérience soit éthiquement ou scientifiquement abordée, qu'elle soit vécue ou étudiée. Ensuite, que l'incompatibilité se révèle de façon immédiate – infirmation – ou médiate – non-confirmation –, cela ne change pas réellement l'esprit de la démonstration empirique ; dans les deux cas, c'est bien la confrontation avec la réalité telle qu'elle se présente empiriquement qui a de l'importance, dans la mesure où nous avons pu montrer que pour un épicurien, tout savoir scientifique, même le plus pointu, même celui qui porte sur les réalités les plus « cachées », reste un savoir de l'empiricité.

C'est bien pour cette raison que la réfutation du sophiste se range dans la catégorie des réfutations « pragmatiques », alors même que le savoir du sophiste se présente avec le masque du savoir théorique. L'objectif de l'épilogisme est de dissiper ces fausses frontières et de montrer que tout sophisme dialectique a toujours une incidence pratique – et que c'est par l'examen de ces incidences pratiques que l'on peut le dissiper le plus efficacement. Le langage joue alors un rôle assez intéressant : il est le masque que prend le champ pratique lorsqu'il se déguise en champ théorique ; ou, plus exactement, c'est en déguisant un problème pratique en problème logique que le mégarique peut faire perdre à son adversaire le « sens du vrai » au sens propre de l'expression, en le détachant du champ empirique qui est beaucoup plus difficile à éliminer lorsque l'on reste dans la sphère des jugements éthiques. Le mégarique vit dans le songe d'une réalité de nature exclusivement dialectique et discursive et ne peut donc pratiquer l'épilogisme qui fait, lui, intervenir les sens de façon massive.

L'ÉPILOGISME ASSOCIÉ AU RAISONNEMENT PAR ANALOGIE

Si ce premier point semble bien confirmer une communauté d'intérêts entre Empiriques et épicuriens, il faut voir dans quelle mesure ce n'est pas également une communauté d'erreur. Le reproche de cercle logique formulé à l'égard des épicuriens l'a été également contre les Empiriques, sous la forme d'une critique de leur rejet massif du rationnel. En d'autres termes, si l'épilogisme empirique semble se mordre la queue, c'est parce qu'il refuse d'assumer son assise théorique. Si l'expérience peut fournir matière à l'épilogisme, celui-ci fait aussi usage de la raison pour parvenir à trouver et à critiquer ; il faut à un moment ou à un autre sortir de l'expérience pour parvenir à la constituer – et c'est bien là le problème de tout empirisme, que nous retrouvons ici inchangé.

Or, c'est ici qu'apparaît une grande différence entre la position épicurienne et les thèses de l'école empirique[1]. Car les épicuriens ne

1 Schofield envisage le décalage entre les deux emplois de *epilogismos* par les épicuriens et les empiristes de façon un peu différente : il considère en effet que les épicuriens conservent un emploi relativement peu technique du terme, désignant de façon indifférenciée des modes non scientifiques de raisonnement et d'investigation – l'emploi du terme chez Sextus serait le même. Les empiristes récupèreraient ce terme introduit par les épicuriens dans le lexique philosophique pour lui donner une densité conceptuelle plus importante et l'associer systématiquement à des raisonnements de type inférentiel. Il nous semble que cette supposition sous-estime un point important : à savoir la conservation remarquable, attestée par tous les doxographes, de la doctrine depuis sa formulation par Épicure. Si donc Philodème emploie de façon extrêmement technique le terme d'*epilogismos*, il nous semble qu'il ne peut le faire qu'en s'inspirant de thèses déjà au moins en partie formulées par Épicure lui-même – ce qui n'exclut pas bien sûr l'hypothèse de réaménagements légers de l'épicurisme par Philodème. Au lieu donc de supposer une chronologie peu évidente comme le suggère Schofield, nous préférons pour notre part ne pas formuler d'hypothèses de filiation ou de transmission ; il nous suffit pour notre investigation de faire état de similitudes frappantes dans l'usage de ce terme entre épicuriens et médecins empiristes.

partagent assurément pas ce refus radical de la rationalité que l'on trouve chez les Empiriques. Cela s'exprime surtout par la position de la méthodologie épicurienne par rapport à l'analogie dont on a vu que, non seulement Épicure ne la refuse pas mais qu'elle est au contraire, en tant que fondement à la fois de la constitution conceptuelle et de la prolepse, une procédure essentielle à l'épicurisme.

Il faut à présent revenir plus en détail sur le § 72 de la *Lettre à Hérodote* portant sur le statut de la connaissance du temps. Ce texte est d'une importance décisive dans la mesure où il donne un premier exemple de cette association méthodologique assumée par Épicure entre l'épilogisme et le raisonnement par analogie.

> Τὸν γὰρ δὴ χρόνον οὐ ζητητέον ὥσπερ καὶ τὰ λοιπά, ὅσα ἐν ὑποκειμένῳ ζητοῦμεν ἀνάγοντες ἐπὶ τὰς βλεπομένας παρ' ἡμῖν αὐτοῖς προλήψεις, ἀλλ' αὐτὸ τὸ ἐνάργημα, καθ' ὃ τὸν πολὺν ἢ ὀλίγον χρόνον ἀναφωνοῦμεν, συγγενικῶς τοῦτο περιφέροντες, ἀναλογιστέον.
>
> « En ce qui concerne le temps, il ne faut pas mener la recherche à son propos comme pour les autres choses, qui résident en un substrat, et que nous rapportons à nos propres prénotions ; mais il faut raisonner par analogie, en nous référant à l'évidence elle-même, selon laquelle nous parlons de temps long ou bref, <évidence> qui nous est congénitale[1]. »

Pour Épicure, la nature du temps ne se conçoit que par analogie. Le temps n'est pas une réalité séparée ; le temps ne peut en aucune façon être substantialisé, dans la mesure où il n'est qu'une réalité de nature purement accidentelle. Le temps n'est pour Épicure que le nom que nous donnons à un certain type de perception qui accompagne, quasiment à la manière d'un transcendantal kantien, toutes les autres perceptions que nous pouvons avoir vis-à-vis de n'importe quel type de réalité : le temps est un quasi-jugement. Il est ainsi le résidu conceptuel de l'impression de durée que nous pouvons éprouver au long de notre existence d'être percevant. En ce cas, nous voyons bien que l'usage de la méthode analogique pose problème. Si l'analogie consiste bien en un transfert tel que nous l'avons décrit, comment et à partir de quoi transférer si aucun substrat ne peut appuyer le dit transfert[2] ? Quel savoir sur le temps pouvons-nous avoir, dans la mesure où il est impossible de construire un concept du temps ?

Lucrèce est légèrement plus explicite lorsqu'il déclare :

---

1 *Her.* 72.

2 Sur tout ce passage et le statut du temps en général dans l'épicurisme, *cf.* Wellesley, « Lucretius 1, 469-470 » *Classical review* n.s. 1963 ; Isnardi Parente, « *Chronos epinooumenos* ou *nooumenos* in Epicuro pap. Herc. 1413 », *Parola del Passato* 167 (1976) ; Morel, « Les

nec per se quemquam tempus sentire fatendumst
semotum ab rerum motu placidaque quiete.

« Et il faut bien admettre que personne ne ressent le temps en lui-même, abstraction faite du mouvement des choses ou de leur repos[1]. »

Ce qu'il faut ici comprendre par analogie, c'est justement le fait pour le temps de ne pouvoir être conçu que de façon seconde ou « dérivée » ; le deuxième terme de l'analogie est construit non pas par ajout, mais par abstraction. En d'autres termes, au lieu de placer face au temps une réalité autre qui permette par comparaison de le déterminer, c'est la réalité même qu'il s'agit de décomposer pour y distinguer par analyse l'événement tel qu'il est perçu (bref ou long), et l'idée de durée comme telle.

Dans le cas du temps, la question sera donc de savoir quel type de représentation une telle abstraction analogique peut bien faire naître. Le temps fait partie des « qualités secondes » des corps ; il n'a pas d'existence atomique, mais son existence est phénoménale et dépend de l'observateur – le temps fait partie de l'expérience intime du sujet. Je n'ai donc pas de perception du temps autre que celle d'un attribut de mes autres perceptions. Si la procédure analogique est un transfert réel d'un point de l'espace à un autre, ce transfert suppose un lieu dans lequel il s'effectue, et une durée d'effectuation. En ce qui concerne le temps, nous voyons bien que la constitution conceptuelle est impossible du fait que le transfert qui la sous-tendrait n'aurait aucune durée dans laquelle s'effectuer qui ne soit pas déjà « du temps ».

La suite du texte du § 72 accentue la difficulté :

Καὶ οὔτε διαλέκτους ὡς βελτίους μεταληπτέον, ἀλλ'αὐταῖς ταῖς ὑπαρχούσαις κατ' αὐτοῦ χρηστέον, οὔτε ἄλλο τι κατ' αὐτοῦ κατηγορητέον, ὡς τὴν αὐτὴν οὐσίαν ἔχοντος τῷ ἰδιώματι τούτῳ – καὶ γὰρ τοῦτο ποιοῦσί τινες – ἀλλὰ μόνον ᾧ συμπλέκομεν τὸ ἴδιον τοῦτο καὶ παραμετροῦμεν, μάλιστα ἐπιλογιστέον.

« Et il ne faut pas changer les mots employés à son sujet pour d'autres, comme s'ils étaient meilleurs, mais il faut faire usage de ceux dont nous disposons ; ni attribuer au temps en soi quelque autre chose, comme si son essence était en réalité cette propriété-là (à la manière de certains) mais surtout inférer empiriquement à quoi nous relions ce caractère propre, et par quoi nous le mesurons[2]. »

ambiguïtés de la conception épicurienne du temps », *Revue philosophique de la France et de l'étranger*, 2/2002.

1 I, 462-463.

2 *Her.* 72, 6-11.

On ne pourrait ainsi rien prédiquer du temps parce que le temps lui-même est un prédicat d'un certain type. Prédiquer quelque chose au temps impliquerait en effet de trouver un prédicat qui serait de même nature que le temps – ce qui est impossible. En effet, une prédication semble ici revenir pour Épicure à attribuer à une réalité des caractéristiques propres à cette réalité. Mais si le temps en lui-même n'est pas une réalité, si même il n'est qu'une certaine façon de percevoir toutes les réalités possibles, quelle caractéristique pourra-t-on en bonne logique lui attribuer ? Le temps est déjà en soi une caractéristique attribuée ; tout prédicat du temps ne pourra être qu'un prédicat de prédicat.

Cependant cela ne signifie, ni que le temps doit être considéré comme inconcevable, ni qu'il n'a aucune espèce de réalité – il faut ici soigneusement distinguer en effet le fait d'être une réalité et le fait d'avoir de la réalité. La confusion est néanmoins possible ; le problème vient de ce que tout ce que l'on peut connaître en premier lieu des corps, ce n'est pas leur nature atomique – c'est-à-dire ce qui en fait « des réalités » – mais leurs attributs secondaires – qui par la perception, nous renseignent sur leur réalité. Par l'hypothèse du simulacre, cette inférence de l'impression sensible à la réalité des corps ne peut se faire que parce que la perception s'appuie elle-même sur un substrat atomique – « une réalité ». Or, si le simulacre est bien un corps, la sensation elle-même ne nous renseigne pas sur ce qui en lui est réellement corporel mais d'abord sur sa couleur, sa forme, etc. Les seuls attributs permanents des corps en eux-mêmes auxquels nous avons accès sont la tangibilité, la taille, le poids ; ce qui entre dans la définition pure du corps en tant que tel.

Dans l'appréhension du temps, il existe donc deux usages possibles de l'analogie. Un premier usage, trompeur, va confondre la réalité du substrat avec celle du prédicat qu'il s'agit de penser, hypostasie le prédicat et le transforme en substrat. Cette possibilité doit être connue, et évitée avec vigilance. Une analogie correcte me permettra en revanche de concevoir le temps comme prédicat réel, impossible et impensable par soi, mais déterminable par abstraction, à partir de la réalité séparée qu'il accompagne toujours en tant qu'elle est perçue par un être sentant. Ce que j'appellerai temps sera ainsi l'expression du jugement intérieur et nécessairement singulier qui me permet d'évaluer la qualité – brève ou longue – d'autres événements, en les mettant en rapport avec d'autres jugements singuliers semblables ou dissemblables. Et l'on reconnaît dans cette mise en rapport répétée faisant fond sur une mémoire des impressions, la structure même de l'épilogisme. L'analogie correspond donc ici au raisonnement par lequel mon esprit, juxtaposant par épilogisme des sensations passées de temps brefs ou longs à une sensation actuelle de durée, conçoit l'idée même de durée et par extension de ce que nous appelons « temps ».

Le cas du temps donne donc certaines précisions sur la façon dont les épicuriens articulent sans contradiction cette pratique conjointe de l'épilogisme et de l'analogie. Cependant, le témoignage le plus important à ce propos reste celui de Philodème de Gadara. Dans le livre sur l'*Inférence par signes*, le terme d'épilogisme revient très fréquemment, et est abondamment glosé.

Le paragraphe IX montre ainsi de façon très explicite le fonctionnement de la méthode par similarité (IX, 29) en en détaillant les étapes, et cherche à montrer que, si cette méthode ne peut aboutir, à cause de sa structure analogique, celle par élimination revendiquée par les stoïciens ne le pourra pas davantage, car elle sera elle aussi obligée d'avoir, dans certains cas, recours à une inférence de type analogique ; l'exemple ici exposé est celui de l'établissement de la proposition : « il n'y a pas de mouvement sans vide ».

- On établit par épilogisme toutes les conditions qui sont concomitantes aux objets mouvants que nous connaissons, et en l'absence desquelles on n'observe pas de mouvement ;
- puis, par analogie, on juge que tout objet mouvant est toujours mû de la même façon ;
- on en infère, toujours par analogie que c'est cette condition concomitante qui accompagne toujours le mouvement (ici, le vide) ;
- on pourra alors en déduire que le vide existe bien, puisque sans vide, pas de mouvement.

L'analogie intervient donc pour faire le lien entre le trait commun dévoilé par l'épilogisme, et la conclusion de la démonstration[1] ; elle est un épisode nécessaire ; car si elle n'établissait pas que tout se meut de la même façon, l'épilogisme (la constatation que le vide accompagne toujours le mouvement) ne serait pas à lui seul probant ; on pourrait

1 Je diverge donc légèrement ici de ce qu'indique E. Asmis dans son article « Epicurean semiotics », qui distingue au sein de l'inférence comme telle non pas des étapes (épilogisme, analogie, conlusion) mais des niveaux (inférence par similarité, positive, inférence par élimination, négative). *Cf.* « Epicurean Semiotics », in *Knowledge Through Signs, Ancient Semiotic Theories and Practices*, édit. by Manetti, Brepols, 1995, p. 155-185.

en effet envisager des cas dans lesquels le mouvement aurait lieu sans vide ; l'analogie épicurienne, en généralisant la constatation empirique[1], fonctionne ce faisant à la manière de notre moderne induction[2].

Le paragraphe XXIII, qui reprend une argumentation de Bromius, complète cette description par l'examen et la réfutation d'une nouvelle objection : les phénomènes ont tous des particularités individuelles ; comment donc trouver leurs points communs en étant sûr que ce faisant on ne trahit pas la particularité de l'objet ?

> À l'argument suivant nous répondons que dans la mesure où les choses qui ne sont pas évidentes pour les sens diffèrent, la personne qui infère correctement leur assignera ces différences, et dans la mesure où elles ont des qualités en commun avec ce qui est évident, elle ne les en privera pas. En ce cas il serait capable, en inférant à partir des feux dont nous avons l'expérience [...] tu dirais qu'ils durent plus ou moins et que tous montrent des variations. Cependant les mêmes substances ne sont pas brûlées par des feux particuliers de la même façon, et parmi les feux, certains s'éteignent aisément et d'autres non. Et en plus de ce changement d'intensité, les feux montrent aussi des changements de couleur suivant les différents carburants. Cependant celui qui fait un bon épilogisme réduira les variations apparentes des feux à des particularités individuelles, mais retiendra comme propriétés essentielles les traits communs à ce qui est évident, traits sans lesquels il n'est pas possible de concevoir quelque chose qui ait la nature du feu. Le même résultat tient pour les autres cas[3].

L'exemple choisi est celui des feux qui ne brûlent pas partout de la même façon ; mais ce sont bien tous des feux, et ils brûlent ; celui qui fait un épilogisme correct a tenu compte de ces particularités individuelles qui distinguent un feu de paille d'un feu de chêne ; mais il arrivera à trouver, derrière ces particularités, une propriété essentielle, le trait commun à tous ces phénomènes – le fait qu'il y ait à chaque fois combustion. Si maintenant on pose par analogie que tous les feux brûlent de façon similaire, on pourra, par exemple, en inférer que tout corps mis dans le feu finira par brûler ; ou bien, si on a retenu comme trait commun la fumée, que toute combustion dégagera de la fumée, en plus ou moins grande quantité. Le trait commun retenu par l'épilogisme

1 La généralisation, contrairement à ce que déclare Ph. De Lacy (« Epicurean EPILOGISMOS », *American Journal of Philology* 79, 1958), est bien le fait de l'analogie et non de l'épilogisme. L'épilogisme fournit en quelque sorte la matière première de la généralisation.

2 Mais ici Philodème va bien plus loin encore, et cherche également à montrer que la méthode par élimination doit elle aussi nécessairement passer par un épisode analogique si elle prétend prouver quoi que ce soit.

3 *Sign.* XXIII, 9 – XXIV, 10.

n'est ainsi pas n'importe quel trait commun : il s'agit du ou des traits en dehors desquels on ne peut pas concevoir ce qu'est le feu, ni quelque chose qui aurait la nature du feu ; quelque chose qui ne brûlerait pas et ne dégagerait pas de fumée, ne saurait être du feu. Si ce trait commun a été judicieusement choisi, l'analogie fonctionne parfaitement, car elle ne s'appliquera qu'à ce trait commun ; l'analogie se contente de supposer qu'en l'absence d'indices contraires, les phénomènes se produisent partout de la même façon, en raison des mêmes causes essentielles inhérentes à la nature des choses ; elle pose ainsi que, s'il y a des feux, ils brûlent ; et cela, parce que l'épilogisme a permis de dégager quel était le trait essentiel qu'il fallait associer à tous les feux, la ressemblance fondamentale entre tous les feux possibles.

Ces textes de Philodème, s'ils résolvent la question de la nature de l'épilogisme épicurien, ne permettent pas de dissoudre le paradoxe logique que nous essayons d'éclaircir. En effet, l'épilogisme, bien loin de se présenter comme une procédure fiable, ne permet semble-t-il pas même de se trouver lui-même. En d'autres termes, pour le rechercher, il faut déjà l'avoir trouvé. Cette difficulté est particulièrement flagrante dans le cas de l'analogie sur le vide. Si le vide est invisible, comment peut-on, par une simple analyse du mouvement tel qu'il se présente à nos yeux, en conclure que tout mouvement ne peut se produire que « dans le vide » ? Nous retombons finalement toujours sur la même difficulté qui nous avait mené à cette étude détaillée de l'épilogisme ; ce dernier semble promettre bien plus qu'il ne nous donne.

L'ÉPILOGISME, PROCÉDURE SCEPTIQUE OU DOGMATIQUE ?

Nous pouvons provisoirement proposer une première hypothèse quant à la circulation de l'épilogisme de l'épicurisme à la médecine empirique. Si les épicuriens souhaitent conserver le recours à l'analogie, c'est dans la mesure où leur empirisme assumé ne doit pour autant pas leur interdire de formuler des règles physiques générales. C'est assez évident dans le cas du mouvement et du vide. De même la question de la nature du temps doit pouvoir être résolue de façon claire et définitive, en déterminant la nature du temps. Les épicuriens manifestent ainsi une cohérence épistémologique importante, puisqu'ils maintiennent une orientation thérapeutique dont ils ont montré qu'elle passait par une abolition du doute. Or nous avons déjà vu que sur cette question les médecins Empiriques n'ont pas une démarche aussi claire, dans la mesure où leur empirisme les conduit à éviter justement les généralisations quant à la nature propre des phénomènes qu'ils observent. La reprise méthodologique de l'épilogisme s'accompagne alors nécessairement chez eux d'un affaiblissement important du recours à l'analogie, afin d'atténuer en un sens sceptique les conclusions des inférences qu'ils construisent. Le recours à l'épilogisme n'a donc pas le même sens dans les deux cas, alors même qu'il constitue une convergence tout à fait remarquable entre ces deux courants de pensée. La difficulté à assurer la consistance logique de l'empirisme n'est pas du tout un problème aussi aigu dans les deux cas ; si pour l'empirisme il ne s'agit là que de la marge d'incertitude propre à toute investigation théorique s'aventurant vers le non évident[1], pour l'épicurisme il s'agit là d'un point qui peut remettre en question la totalité de la démarche suivie.

Il est ainsi particulièrement suggestif de relever la présence de l'*epilogismos* dans plusieurs textes épicuriens de portée éthique, dont deux qui pointent des éléments tout à fait essentiels du *telos* indiqué par le philosophe du Jardin. Le premier de ces deux textes est le fameux passage de la *Lettre à Ménécée* qui énumère les quatre éléments du *tétrapharmakos*, le quadruple remède que propose l'épicurisme à l'humanité souffrante. L'« épilogisme » désigne la faculté de celui qui pratique le troisième point du remède, à savoir l'évaluation correcte des limites que la nature assigne aux biens comme aux maux – et qui par là les évalue en fonction de la recherche du plaisir et de la fuite de la douleur. Un tel homme « a inféré empiriquement la fin de la nature », τὸ τῆς φύσεως ἐπιλελογισμένου τέλος[2]. L'« épilogisme » est ainsi mis directement en rapport avec l'activité philosophique ou plus exactement physiologique, l'activité d'investigation et d'interprétation de la nature, seule capable d'apporter la paix de l'âme, et dont nous avons vu qu'elle était ce qui permettait d'identifier la *physiologia* à la pratique d'une *technè iatrikè*. En ce qui concerne la procédure au sens strict, on trouvera davantage de détails dans le deuxième texte, tiré de la série des *Maximes Capitales* :

> Τὸ ὑφεστηκὸς δεῖ τέλος ἐπιλογίζεσθαι καὶ πᾶσαν τὴν ἐνάργειαν, ἐφ' ἣν τὰ δοξαζόμενα ἀνάγομεν· εἰ δὲ μὴ πάντα ἀκρισίας καὶ ταραχῆς ἔσται μεστά.

---

1 Cette expression « marge d'incertitude » est une façon de laisser entendre une nouvelle fois que le scepticisme des Empiriques n'est sans doute pas un scepticisme pyrrhonien au sens propre ; il nous semble bien plus proche de celui de la Nouvelle Académie, qui consiste en une indécision qui n'interdit pas la poursuite d'enquêtes théoriques – alors même que le pyrrhonisme a pour débouché naturel l'aphasie. Ce point expliquerait peut-être la réticence de Sextus à envisager un rapprochement entre les démarches sceptiques et Empiriques…

2 *Men.* 133.

> « Il faut inférer empiriquement sur la fin qui nous est proposée, ainsi que sur l'évidence à laquelle nous confrontons nos opinions ; sinon, nous serons en toute chose livrés à l'indécision et au trouble[1]. »

L'épilogisme se pratique sur ce qui fait partie de l'évidence – c'est-à-dire sur du sensible –, et utilise cette évidence comme pierre de touche d'un contenu doctrinal. L'inférence procède en quelque sorte du concret à l'abstrait ; abstrait du sentiment de bon et de mauvais ramené au concret du plaisir et de la peine.

Nous touchons ici au moyen par lequel il nous semble qu'Épicure échappe grâce à l'épilogisme aux paradoxes de l'empirisme. Comment l'épilogisme parvient-il à être son propre garant ? En ce qu'il est une inférence empirique au sens fort ; inférence qui invite à garder les pieds sur terre, et à ne pas aller chercher trop loin ce qui est sous les yeux. Par l'interaction de l'observation et de la mémoire, par l'usage raisonné de l'expérience que suppose l'épilogisme, le sujet peut agir ; et c'est la structure même du champ de son action qui sert d'outil d'évaluation de la procédure. Car ce champ est avant toute chose champ matériel ; c'est pourquoi l'action insérée dans ce champ par l'être sentant engendrera nécessairement une réaction s'exerçant sur lui. Provoquant alors peine ou plaisir, et par là possibilité de poursuivre l'action ou nécessité de l'interrompre, c'est cette réaction qui permet à rebours d'évaluer la pertinence des inférences qui ont déterminé l'action en question. Et c'est bien ce qu'on observe dans les deux cas d'intervention de l'épilogisme que nous avons étudiés ; c'est évident en ce qui concerne le *tétrapharmakos*, ce l'est un peu moins pour le texte de Philodème. Pourtant si l'on y réfléchit, c'est bien la pratique quotidienne de l'observation et des conséquences des événements dans notre propre champ d'action (par exemple le fait qu'il y ait du mouvement) qui permet de construire l'épilogisme. On a vu déjà que l'inférence par similarité se distingue principalement de l'inférence stoïcienne par élimination en ce qu'il est impossible de la réduire à un pur calcul formel, où les membres de l'équation pourraient être remplacés par des symboles sans que le calcul soit invalidé. Une analogie s'exerce nécessairement sur des contenus, et c'est grâce à cela qu'elle peut échapper définitivement à l'accusation de faute logique. Les épicuriens cités par Philodème rejoignent alors à nouveau les Empiriques, et utilisent peu ou prou la même stratégie que Diogène le cynique face aux arguments de Zénon sur l'impensabilité

1 *Max. Cap.* XXII.

du mouvement ; ils se mettent à marcher ; et tout comme lui, se situant ainsi au-delà de la dialectique, ils échappent à ses règles.

C'est en ce sens que nous interprétons en définitive la dérivation du critère cognitif à partir du critère éthique, dérivation dans laquelle nous avions entrevu la racine du paradoxe de l'empirisme épicurien. Si le critère cognitif peut emprunter sa clarté au critère éthique, c'est bien parce qu'en dernier recours, le pratique sert dans l'empirisme épicurien d'évaluation au théorique.

Ce point confirmerait l'hypothèse selon laquelle les concepts et les procédures méthodologiques communs qui ont attiré notre attention dans les doctrines épicuriennes et médicales correspondent à des présupposés épistémologiques portant sur la *physis*. Il y a à chaque fois une relation d'interdépendance entre les thèses gnoséologiques soutenues, les pratiques de validation et de réfutation employées, et le cadre physique dans lequel ces thèses et ces pratiques s'inscrivent. L'usage empirique du pronostic articulé à l'épilogisme révèle le sens de ce processus ; il s'agit de mettre rationnellement en relation le passé et le présent, ce qui présuppose l'existence d'un tel lien entre les événements passés et ceux qui leur succèdent – en l'occurrence un lien de causalité horizontal, qui élimine du champ théorique toute intervention transcendante quelle qu'elle soit. La mise en évidence de cette structure rationnelle commune nous semble être un des acquis les plus importants de cette confrontation des deux corpus. Au-delà des divergences constatées entre médecins hippocratiques, alexandrins, Empiriques et philosophes épicuriens, cette tentative de conceptualisation d'une causalité naturelle sous un horizon thérapeutique semble être à présent la voie de recherche la plus urgente à explorer. Ce qui impose de situer les méthodes épicuriennes et médicales dans un cadre épistémologique plus général, et de poser la question de leur originalité.

LA MÉTHODE EMPIRIQUE ET L'EXPLICATION CAUSALE

Nous allons donc à présent nous intéresser au principe même de la physique en tant que science telle qu'Épicure la conçoit. Car la méthodologie épicurienne, pas plus que celle des médecins, n'est une activité gratuite. Elle ne se justifie qu'adossée à une physique, elle-même soumise dans sa totalité au projet thérapeutique qui l'ordonne : guérir l'âme des troubles vains, en lui appliquant le quadruple remède. Que peut-on démontrer dans le cadre de la physique ? Comment s'y prend-on ? Qu'a-t-on le droit de faire et que n'a-t-on pas le droit de faire ?

LA QUESTION DE LA PHYSIQUE : « POURQUOI » OU BIEN « À PARTIR D'OÙ » ?

> *Is tibi nunc animus quali sit corpore, et unde*
> *Constiterit, pergam rationem reddere dictis.*
>
> « À moi de t'expliquer à présent quel est le corps de l'esprit, et d'où il s'est constitué[1]. »

Le chant III du *De Rerum Natura* a pour objet la mortalité de l'âme ; il s'agit de fonder le troisième énoncé du *tetraphramakos* épicurien : « la mort n'est rien pour nous », en démontrant que puisque l'âme est mortelle, avec la mort disparaît toute sensibilité et toute conscience chez l'homme. Il n'y a donc aucune raison de craindre la mort, puisque véritablement, elle ne nous concerne pas. Le début du chant III est consacré à un examen de la nature de l'âme qui soit tel qu'il prépare la démonstration de sa mortalité. Lucrèce insiste donc sur deux points importants : la corporéité de l'âme ; et sa nécessaire union avec le corps

1 III, 177-178.

pour subsister – du fait de l'extrême volatilité de ses composants, le corps jouant ainsi le rôle d'une barrière.

Les vers que nous citons ici apparaissent après une très longue séquence argumentative qui vise à montrer que l'âme appartient au corps comme à une de ses parties ; c'est-à-dire qu'elle est elle-même un corps, un composé d'atomes. Au sein de ce composé Lucrèce distingue deux parties, *l'anima* et *l'animus*, qui sont unies quant à leur structure générale, mais qui ont des composés un peu différents et surtout qui diffèrent quant à leur fonction.

> *Nunc animum atque animam dico conjucta teneri*
> *Inter se atque unam naturam conficere ex se,*
> *Sed caput esse quasi et dominari in corpore toto*
> *Consilium quod nos animum mentemque vocamus.*
>
> « Je dis à présent que l'esprit et l'âme sont étroitement unis et ne forment qu'une seule nature ; mais celui qui en forme comme la tête, et qui la gouverne dans tout le corps, son conseil, c'est bien ce que nous appelons esprit ou intelligence[1]. »

L'*animus* désigne la fonction synthétique de l'âme, ce que Kany-Turpin traduit par l'esprit ; il s'agit de l'instance qui permet à l'homme d'appréhender ses pensées et ses sensations comme siennes, de ramener à lui ses impressions corporelles, bref de se concevoir comme une identité.

Or, dans les deux vers précédents, Lucrèce annonce pour commencer qu'il va procéder à une définition de l'esprit, en expliquant « quel » (*qualis*) il est – c'est-à-dire en indiquant sa nature ; puis il modifie immédiatement son annonce en juxtaposant à ce premier interrogatif un second, *unde* : la question « qu'est-ce que c'est » se transforme sous nos yeux en une autre question, « d'où ça vient, comment ça s'est composé ». Nous reconnaissons ici un procédé rhétorique classique qui consiste à présenter comme une simple coordination ce qui est en fait une progression, afin de préciser ce qui est dit ; Lucrèce nous fait comprendre de façon élégante que par *qualis* il entend en fait *unde.* Ces deux questions sont pourtant différentes, et ce glissement discret, qui pourrait passer inaperçu, nous semble révélateur. Il concentre en effet l'esprit de la physiologie épicurienne tout entière ; car la science de la nature fondée par Épicure consiste justement en une transformation du « qu'est-ce que c'est » en « d'où est-ce que ça vient ».

1 III, 136-140.

Nous trouvons chez Diogène Laërce un témoignage instructif sur ce point, attribué à Apollodore ; le jeune Épicure entrant à l'école l'aurait presque aussitôt quittée en claquant la porte.

> Apollodore l'épicurien dit, dans le premier livre de sa *Vie d'Épicure*, qu'il a embrassé la philosophie par mépris pour ses maîtres d'école, incapables de lui expliquer les <phrases> d'Hésiode sur le chaos[1].

Sextus rapporte le même événement de façon plus circonstanciée :

> Certains disent que c'est la cause de l'élan d'Épicure vers la philosophie. Car lorsqu'il était encore jeune, il demanda à son professeur de grammaire, qui commentait le vers :
>
> « *alors, premier de tous, fut engendré le Chaos* »
>
> de quoi avait été engendré le Chaos, s'il fut engendré le premier. Lorsque le maître lui répondit qu'enseigner ces choses n'était pas son travail, mais celui de ceux qu'on appelle philosophes : « alors, dit Épicure, je dois aller les rejoindre, si ce sont eux qui savent la vérité des choses[2]. »

Derrière l'anecdote, on peut sans doute lire ici le souci de la part de Sextus de souligner que dès le début, l'épicurisme assigne à la philosophie un champ d'investigation très précis, qui est celui de l'origine des choses[3]. D'où vient X ? Aucune réalité n'est de son propre fait, sans que l'on ne puisse faire dépendre son existence d'une autre réalité ; l'objet de la philosophie est de remonter le plus loin possible dans cette chaîne de raisons, de manière à trouver un principe premier duquel faire dépendre toutes les autres choses. Il s'agit là d'une appréhension tout à fait traditionnelle de l'activité réflexive, telle qu'a pu par exemple la synthétiser Aristote à plusieurs reprises[4]. Épicure, qui ce faisant n'est pas original, mais qu'on peut ainsi associer en amont à la première tradition ionienne des penseurs de la nature, prétend que ce principe sera un principe matériel de composition.

Dans le texte de Lucrèce, *unde* désigne en latin la provenance ; cette provenance n'aura rien de métaphysique, elle sera un principe ontologique dense, repérable spatio-temporellement, à l'origine d'une chaîne

1 Diogène Laërce, X, 2, 6-10 (trad. Balaudé).

2 *M.* X (*Contre les physiciens* II), 18.

3 *Cf.* le commentaire d'A. Laks sur ce passage, qui invite à « reconnaître le caractère paradigmatique de l'anecdote », dans son édition critique et commentée de la *Vie d'Épicure* (X, 1-34), in *Études sur l'épicurisme antique, Cahiers de Philologie* I, Presses universitaires de Lille, Lille, 1976.

4 Par exemple *Ph.* I, 184 a 10-15.

de composition dynamique qui va prendre le nom de « nature » (*physis*). Et en cela, Épicure s'oppose dans sa définition du savoir philosophique à une tradition établie depuis Platon mais surtout Aristote, qui identifie le discours scientifique à l'exposé logiquement réglé d'interactions formelles entre des essences, c'est à dire à ce que nous appelerions aujourd'hui une démonstration *more geometrico*. Cette méthode peut être dans une large mesure assimilée à la pratique du syllogisme démonstratif, associée chez Aristote à la constitution de définitions. Quand puis-je dire que je sais ? Lorsque je sais pourquoi la chose est telle, et ne peut pas être autrement – c'est-à-dire lorsque je possède une connaissance certaine de l'*aitia*, de la cause de la chose. La science est un savoir vrai, c'est-à-dire un savoir nécessaire ; or seul est nécessaire le savoir qui nous indique pourquoi l'objet est comme il est et pas autrement. Ainsi, ce qui finalement me permet de distinguer le savoir scientifique des autres, c'est sa certitude. On évaluera donc également un savoir en fonction de sa valeur de persuasion ; à celui qui me demande ce qu'est telle ou telle chose, il faut donner une réponse telle qu'il ne puisse absolument pas la mettre en doute, et qu'elle le satisfasse entièrement. C'est pourquoi après avoir indiqué le contenu du savoir scientifique, Aristote lui assigne immédiatement la forme spécifique du syllogisme démonstratif, procédure discursive capable de provoquer par sa structure même une certitude absolue chez celui qui le lit correctement et qui en connaît les règles de fonctionnement. Le discours scientifique doit se présenter sous une forme déductive très codifiée, qui garantit la valeur scientifique de ce qui est dit. En effet, la science qui veut donner l'explication des choses doit passer par un formalisme capable de souligner la nécessité de la liaison causale. Aristote, qui a beaucoup étudié les procédures dialectiques, a fait émerger dans ce domaine la supériorité absolue de la forme démonstrative (*apodeixis*). Alors que les syllogismes dialectiques, qui partent de prémisses seulement probables, n'entraînent qu'une certitude probable, le syllogisme démonstratif, construit à partir de prémisses nécessaires, entraîne mécaniquement une conclusion nécessaire. Ainsi l'*apodeixis* qui imite discursivement la causalité physique, sera la seule forme d'exposition possible de la science, car la seule capable d'entraîner une adhésion absolue chez celui qui en a saisi les règles de fonctionnement.

Comment articuler maintenant exigence de démonstration et exigence de définition ? Si l'on prend un exemple géométrique, la réponse est simple. La définition de l'angle comme « l'inclinaison, l'une sur l'autre, dans un plan, de deux lignes qui se touchent l'une l'autre et ne sont pas placées en ligne droite », ne donne pas simplement un contenu au mot angle – en ce cas elle ne serait qu'une définition nominale. Mais elle nous donne aussi des indications sur la façon dont on construira l'angle en question – c'est-à-dire sur ce qui sera sa cause. L'exemple que donne Aristote lui-même dans les *Seconds Analytiques* est celui de l'éclipse. À la question : « qu'est-ce qu'une éclipse ? », on répondra : la privation de lumière de la lune par une interposition. La réponse à la question : pourquoi y a-t-il une éclipse sera : parce qu'une interposition provoque une privation de lumière. La définition correcte de l'éclipse est celle qui fait valoir sa cause. Ce qui conduit Aristote à proposer une théorie de la démonstration scientifique comme d'un enchaînement rigoureux de définitions successives conduisant à une définition finale[1].

Épicure quant à lui va généraliser le champ d'application de la méthode de la science, mais pour mieux rejeter à la fois la distinction du savoir en domaines spécifiques, et la domination de la méthode déductive : pour Épicure, il n'y a pas lieu de distinguer des lieux du savoir dans lesquels, par extraordinaire, la méthode géométrique vaudrait quelque chose ; mais il y a bien une méthode qui vaut pour la totalité des objets – à savoir la méthode « physiologique ».

Si la méthode de la science n'est plus une méthode démonstrative, qu'est-elle donc ? Les doctrines épicuriennes et aristotéliciennes ont en commun le fait d'avoir placé au cœur de la démarche scientifique l'ambition de répondre à la question « pourquoi » plutôt qu'à la question « qu'est-ce que » ; mais la différence intervient dans la compréhension exacte de ce que doit recouvrir ce « pourquoi » que la *physiologia* adresse à la nature. Nous verrons donc comment l'épicurisme commence par éliminer de la causalité toute compréhension en terme de finalité ; mais comment cet abandon de la finalité n'aboutit pas à une réduction de la causalité à un simple mécanisme déterministe, mais à un modèle mixte de causalité, fonctionnant en réseau, proche de celui que conçoivent les médecins hippocratiques lorsqu'ils cherchent à dégager les causes possibles d'une maladie. La fin de ce chapitre sera consacrée à l'examen des conséquences de cette conception mixte de la causalité au niveau des étiologies concrètes proposées par les médecins et les épicuriens. Nous examinerons en particulier la notion de « concomitance », d'une grande importance dans ce contexte, et qui permet d'expliquer comment ces faisceaux de causes qui s'entrecroisent peuvent agir parallèlement sans

1 *Apo.* I, 2, 71b9. Ce texte d'Aristote indique très clairement les caractéristiques qui permettent d'identifier un savoir scientifique.

contradiction. Nous verrons enfin dans quelle mesure cette nouvelle conception de la causalité est toujours invoquée dans un but thérapeutique – lutter contre les ravages réels de l'explication finaliste.

LA CONCEPTUALISATION DE LA CAUSALITÉ NATURELLE

Nous avons jusqu'à présent déterminé ce que la méthode physique ne pouvait absolument pas être ; à savoir une méthode déductive, présentant ses résultats *more geometrico*, selon le modèle du savoir scientifique proposé par Aristote et inspiré par la puissance apparente de la méthode géométrique. Quels sont donc les principes positifs de la science épicurienne ?

Le savoir proposé au début de la *Lettre à Hérodote* est apparenté à un certain type de regard ; ce regard, cette saisie visuelle produit des appréhensions de deux types : des éléments et des formules. Les fondements de la physique épicurienne ont donc une double nature, ontologique et linguistique ; ce qu'on appelle « principes » désigne aussi bien les atomes et le vide, qui sont les raisons de tout ce qui peut être observé, que les formes linguistiques qui permettent de désigner ces principes[1] . Ces principes, à la fois ontologiques et linguistiques, ne doivent pas être saisis de façon démonstrative ; ils doivent être vus ; doivent-ils donc être saisis grâce à une intuition semblable à l'intuition platonicienne ? Les résultats précédemment établis nous interdisent de le supposer : toute connaissance pour Épicure prenant nécessairement sa source dans le sensible, rien ne peut être connu par une pure intuition intellectuelle. Est-ce donc par induction qu'on connaît les principes[2] ? Là encore, c'est impossible ; le raisonnement par induction nous permet d'inférer, à partir de cas multiples, l'extension générale d'un principe ; il ne nous permet pas de supposer l'existence même du principe. Épicure a besoin d'une procédure de saisie beaucoup plus puissante qu'une induction, car elle doit lui indiquer la nature même du principe et non le renseigner

---

1 *Her.* 38, 1-4.

2 Il existe une ambiguïté comparable chez Aristote, sur la question de la connaissance des principes premiers de la démonstration (*cf. Apo.* II, 14). J. Barnes a résolu cette difficulté en montrant la compatibilité des deux appréhensions par intuition intellectuelle et induction (*cf. Posteriors Analytics*, Clarendon press, Oxford, 1993). La question ne peut évidemment pas être résolue ainsi pour Épicure.

simplement sur sa valeur de vérité. C'est pourquoi cette saisie des premiers principes va s'effectuer en prenant pour point de départ ce qui est à expliquer, et non ce qui explique. L'exorde lucrétien est en ce sens extrêmement révélateur :

> *Nullam rem e nihilo gigni divinitus umquam.*
>
> « Rien de rien ne peut naître, par caprice divin[1]. »

Il s'agit bien de mettre à jour les causes des phénomènes, et de constituer le sensible comme tel – c'est-à-dire ce qui est observé, ce qui arrive, ce que l'on sent et ressent tous les jours – comme objet de science ; et le principe explicatif de ce sensible doit être trouvé à partir du phénomène lui-même. Épicure rejoint en cela le médecin Hérophile, qui semble avoir partagé cette conception de la primauté du phénomène dans la saisie du principe[2]. Le terme qualifiant ces principes dans la *Lettre à Hérodote*, *énargès*, signifie bien en grec « qui se passe de démonstration ». Mais ils s'en passent non pas au sens où ils sont premiers dans l'ordre logique, mais au sens où ils sont en dehors de toute préoccupation d'ordre logique.

Selon quelle modalité les atomes vont-ils maintenant valoir comme « principes » ? Sur cette question, la doctrine épicurienne est bien connue. Les principes engendrent les êtres au sens où ce sont les compositions atomiques qui permettent de rendre compte des caractéristiques des êtres naturels. Épicure revient à l'intuition fondamentale de l'atomisme, qui propose bel et bien un système élémentaire dont les principes, qui sont les moins qualifiés possibles, vont produire par combinaison des objets à la fois essentiellement autres, mais qui ont leur « raison » dans ces mêmes principes[3].

---

1 I, 150.

2 Von Staden, fr. 50 a, P. Londinensis 137.

3 En ce sens, si l'on reprend une distinction formulée par M. Frede, les causes telles que la physiologie épicurienne les envisage n'appartiennent pas à la catégorie des « événements », mais à celle des « objets capables d'engendrer un effet ». Frede fait de cette conception un schème général de la pensée antique, en s'appuyant sur un témoignage de Sextus Empiricus (P. III, 14) : « *despite all the differences among philosophers concerning causality we still might assume that they all agree on the following general characterization of a cause : the cause is that because of which in virtue of its being active the effect comes about.* » En dépit de toutes les différences entre les philosophes à propos de la causalité, nous devons toujours soutenir qu'ils s'entendent tous sur cette caractérisation générale d'une cause : la cause est ce à cause de quoi, en vertu de son activité, un effet se produit. *Cf.* « The original notion of cause », in *Doubt and Dogmatism*, Barnes, Burnyeat, Schofield (édit.), Oxford, Clarendon Press, 1979. Sur la question de la sous-qualification des principes de

> De sorte que les principes des corps sont nécessairement les corps insécables naturels[1].

Il faut ici être sensible à l'ambiguïté du mot « corps », qui semble renvoyer en même temps et sans contradiction à l'atome lui-même comme élément et à la somme constituée par l'agrégation de ces éléments ; ce qui ne doit pas nous étonner dans la mesure où Épicure, considérant bien l'atome comme élément, n'envisage pas de seuil ontologique séparant de façon irréductible le niveau atomique du niveau des composés[2]. Les atomes sont donc les causes premières des êtres, celles au-delà desquelles on ne peut remonter ; mais leur pouvoir causal provient du fait qu'ils sont eux-mêmes déjà des êtres. Le paradoxe vient de ce qu'ils ne sont pas causes du fait d'une supériorité essentielle – ils seraient plus « êtres » que les êtres qu'ils composent – mais au contraire d'un amoindrissement ontologique. Ils sont plus petits, plus uniformes, moins déterminés que les corps composés ; mais leur simplicité garantit en même temps leur solidité. Pour revenir au modèle de l'alphabet, les atomes sont principes des êtres au sens où les lettres sont principes des mots.

Cependant il y a là un problème. Nous avons en effet souligné que la question fondamentale de l'épicurisme est la question de l'origine des choses. Autrement il serait absolument impossible de concevoir comment des réalités peuvent bien être engendrées par les principes physiques choisis – ce que l'on doit bien admettre si l'on comprend que les éléments épicuriens diffèrent des éléments euclidiens au sens où ils communiquent aux êtres qu'ils engendrent leur réalité, et non leur vérité. Mais Épicure ne mélange-t-il pas là deux modèles étiologiques contradictoires ? Un modèle clairement atomiste, qui envisage toute production comme une composition à partir d'éléments simples ; et un modèle quasi génétique, qui pense cette production en terme de causalité par génération et non par simples mouvements réciproques.

---

l'atomisme, la critique des anciennes physiologies (Héraclite, Empédocle, Anaxagore) à laquelle se livre Lucrèce au début du poème repose fondamentalement sur ce point : les trois adversaires sont classés en fonction du degré de qualification de leur principe, et de la pluralité des principes choisis, ces deux thèmes se recoupant pour Lucrèce : on passe ainsi d'un modèle d'engendrement relativement simple – monisme héraclitéen, le feu primordal – à un modèle extraordinairement complexe – les homéoméries d'Anaxagore. L'atomisme se détacherait de ces physiologies traditionnelles par le choix qu'il fait de principes infinis en nombre, mais distingués plus faiblement sur le plan qualitatif.

1 *Her.* 40, 7 – 41, 5 (trad. Balaudé) ; nous supprimons dans le texte grec la Scholie.

2 *Cf.* Morel, « Corps et cosmologie dans la physique d'Épicure », *Revue de Métaphysique et de Morale*, 2003-1, p. 39.

En ce sens, la situation épistémologique de l'épicurisme est bien plus complexe qu'elle ne semble au premier abord. Le refus du modèle déductif reste bien établi, et l'abandon de la structure déductive comme structure essentielle du raisonnement scientifique est assurée ; mais la conservation du terme d'élément, et la réduction de cette notion à une entité primordiale que l'on peut retrouver au sein de l'être qu'elle compose par analyse oblige l'épicurisme à subvertir en quelque sorte son propre modèle. Comment concilier sans contradiction le remplacement de la déduction formelle par la causalité comprise comme genèse, alors même que cette causalité est pensée selon un schéma atomiste de composition élémentaire ?

Il va donc falloir comprendre plusieurs choses :

- comment peut-on rencontrer dans le corpus épicurien des formulations de cette causalité des atomes selon des lexiques évoquant tour à tour l'engendrement et la composition ? comment passe-t-on de l'un à l'autre ?
- quelle conséquence a cette réduction sur la notion même de causalité dans l'épicurisme ?

La contradiction apparente que nous avons relevée porte elle-même sur plusieurs niveaux. La question « pourquoi » est déjà une question à double sens ; chercher le pourquoi d'une chose, c'est aussi bien chercher son origine que sa fin ; le « à partir de quoi » peut se doubler très facilement d'un « en vue de quoi[1] ».

La liste de noms que propose Lucrèce pour désigner les principes des choses insiste visiblement sur le premier sens du pourquoi : *genitalia corpora, semina rerum, corpora prima*[2]. La référence à l'engendrement biologique est très appuyée ; les atomes sont des principes féconds, et l'usage du mot « semence » pourrait même faire penser à une parenté avec les *logoi spermatikoi* stoïciens, si l'on ne gardait pas à l'esprit que les atomes ne sont pas qualifiés, et qu'ils n'engendrent pas par développement d'un germe présent en eux, mais par composition et agrégation avec d'autres atomes.

La question pourquoi peut elle-même être retournée à la physiologie dans son ensemble : pourquoi fonder un autre modèle scientifique ?

---

1 Cette distinction est déjà présente d'une certaine manière dans la physique aristotélicienne, si l'on en croit L. Bourgey. Celui-ci relève dans *PA* I, 1, 642 a1-642 b2 qu'Aristote mentionne deux ordres de causalité : la cause « en vue de quoi » et la cause « par quoi ». *Cf.* Bourgey, *Observation et expérience chez Aristote*, Vrin, Paris, 1955, p. 118-119.

2 I, 58-61.

Pourquoi ne pas se contenter de refuser les savoirs traditionnels ? Autrement dit, il faut avoir conscience de ce que la connaissance scientifique elle-même appartient à l'économie générale de la nature ; elle a aussi une raison, dont il va falloir rendre compte.

Revenons brièvement à l'anecdote narrant la querelle d'Épicure et de son pédagogue à propos de l'origine du Chaos : le texte de Sextus que nous avons cité joue évidemment sur les mots de *genesis* et de *aitia*. La querelle qui oppose Épicure à son maître quant à l'origine du Chaos porte sur une question d'engendrement : quelle est la racine du Chaos, à quoi le rapporter qui ne soit pas lui-même. Mais elle est elle-même gouvernée par la détermination d'une autre origine, celle de la pratique de la philosophie par Épicure – pourquoi Épicure s'est-il mis à philosopher ? En combinant de façon assez complexe ces deux modes d'interrogation, l'épicurisme hérite vraisemblablement de controverses anciennes ayant pour objet la notion de cause, sur laquelle il nous faut à présent revenir[1].

C'est un lieu commun de dire qu'il est extrêmement difficile de déterminer logiquement la causalité. Le champ du discours n'est en effet pas strictement parallèle à celui de la causalité.

La cause qui répond à la question pourquoi en son premier sens est exprimée en grec par *aitia* ou *aition*. Ces deux termes sont eux-mêmes des dérivés du grec *aitios* qui signifie « coupable[2] ». Dans les contextes

1 On pourrait s'étonner, avant de commencer ce développement, de l'absence quasi-totale chez Asmis d'étude du terme *aitia* et du concept de cause dans la physique épicurienne ; le mot est absent même de l'index de *Epicurus' scientific method*. Pourtant l'étude du glossaire d'Usener (*Glossarium Epicureum* p. 26-27) fait valoir la fréquence du terme dans le corpus épicurien et autorise à identifier la physiologie d'Épicure à une étiologie. Le terme lui-même *d'aitiologia* est présent dans *Pyt.* 97. Il semble qu'E. Asmis soit conduite à cela par le privilège qu'elle accorde au modèle inférentiel dans la structure de la physique épicurienne – modèle mis en exergue comme on l'a déjà vu également par D. Sedley. Mais si la progression de l'exposition et de la validation de la doctrine est bien une progression qui suit un ordre inférentiel, en revanche cette doctrine elle-même met en avant la présence active au sein de la nature d'une causalité efficace qui permet de rendre raison des phénomènes ; la distinction scrupuleuse du niveau physique et du niveau méthodologique conduit paradoxalement Asmis à négliger le premier pour ne traiter exclusivement que du second ; or il semble étrange de ne pas faire valoir aussi dans quelle mesure les pratiques méthodologiques prétendent toujours dans l'épicurisme se fonder sur des processus physiques réels.

2 *Cf.* Lloyd, *Origines et développements de la science grecque*, ch. 1 p. 61 *sq.* : « on a reconnu depuis longtemps que, dans le développement des conceptions grecques de la causalité, une bonne part de la terminologie et certaines notions clés prennent leur source dans la sphère de l'humain. Parmi les mots qui finirent par s'appliquer à la causalité en général, *aitia* et l'adjectif apparenté *aitios* sont principalement utilisés, à l'origine, dans la sphère de l'agent individuel, où *aitia* peut signifier la "faute" ou la "culpabilité". (p. 63.)

juridiques et médicaux, l'explication que propose l'*aition* est celle qui désigne un responsable, l'agent par la faute de qui advient le crime ou la maladie. Ce qui doit laisser penser que les premiers scientifiques grecs qui ont mis en avant comme schème explicatif des événements naturels l'idée de causalité, ont pensé celle-ci sur le modèle de la responsabilité humaine ; ils ont discerné une similarité entre le mécanisme qui permet de lier entre eux des phénomènes, en faisant de l'un la raison de la survenue du second, et la tendance naturelle à recherche derrière une action celui qui l'a provoquée.

Comme le fait remarquer M. Frede dans « The original notion of cause », cette dérivation, à partir de l'époque classique, de l'agent responsable à l'agent causal favorise dans l'antiquité une perception de la cause en terme d'entités agissantes et non en terme d'événements ; c'est le cas aussi bien chez Platon et Aristote, que chez Épicure, qui lorsqu'il présente atomes et vide comme des causes les considère évidemment bien comme des entités n'ayant absolument pas une structure propositionnelle[1].

Aristote a cherché à établir une définition systématique de la notion de cause en accord avec sa définition de la science. Est scientifique le discours qui exhibe de façon démonstrative la cause de l'objet ; mais cette cause elle-même peut être considérée sous plusieurs angles différents, selon ce que l'on cherche précisément à expliquer[2].

Certains commentateurs relèvent une légère ambiguïté à propos de l'emploi de cause dans la physique aristotélicienne[3], liée au fait que sous

1 Frede dans son article étudie par la suite la modification de ce modèle par les apports de la logique stoïcienne qui tend justement à faire apparaître le concept d'évènement dans la réflexion causale ; nous n'aborderons pas ce point, qui nous entraînerait beaucoup trop loin par rapport à nos préoccupations initiales.

2 Sur ces quatre questions, on consultera Barnes *Posterior analytics* (préface), M. Schofield, « Explanatory projects in Physics 2.3 an 7 », OSAP suppt 1991 p. 29-40, Hankinson, « Philosophy of science » in *The Cambridge companion to Aristotle*, Barnes (édit.), Cambridge university press, Cambridge, 1993, p. 121-122.

3 J. Barnes préfère parler d'homonymie plutôt que d'ambiguïté (cf in *Cambridge companion to Aristotle.*, article « Metaphysics » p. 73) : le mot *aitia* n'est pas ambigu, car il n'a pas plusieurs significations possibles : les quatre causes sont bien toutes des causes. *« Rather, [Aristotle] seems to hold that there are four types or kinds of cause, so that he is committed to the view that the word "cause" or "aitia" [...] has a single meaning and is not ambiguous. But although the word "cause" has only one (pertinent) sense, what it is for x to be cause of y may be different from what it is for z to be cause of w ... »* Aristote semble plutôt soutenir qu'il y a quatre genres ou sortes de causes, de sorte qu'il en vient à supposer que le mot « cause » ou « *aitia* » n'a qu'un seul sens, et n'est pas ambigu. Mais bien que le mot « cause » n'ait qu'un seul sens (pertinent), ce que représente pour x le fait d'être cause de y peut différer de ce que représente pour z le fait d'être cause de w...

un même terme Aristote renverrait à quatre types d'explications différentes – même si elles ont toutes en commun le fait d'être des causes, c'est-à-dire justement des explications répondant de façon pertinente à la question pourquoi[1]. Le progrès indéniable de ce type d'étiologie, c'est qu'Aristote cherche à penser ce qui dans la cause la rend nécessaire ; la physique ne peut en effet se contenter d'une cause habituelle, qui ne nous renseignerait que sur « ce qui arrive le plus souvent », le commun, le banal ; un tel type de cause en effet laisse totalement échapper du cadre de la science l'accidentel, qui doit lui aussi être pensé. La conception aristotélicienne de la cause veut en penser l'universalité ; en cela elle dit s'opposer aux étiologies des physiologues qui le précèdent, en particulier à celle de Démocrite[2]. Démocrite est pourtant sans doute le physiologue qui a fondé le plus d'espoir sur une théorie explicative de la nature[3]. Comme on l'a indiqué à propos de la question de l'anticipation, son étiologie s'appuie principalement sur des régularités observées dans la nature. Toutefois, il est tout à fait probable qu'Aristote la considère comme incomplète, entre autres parce qu'elle isole comme seule cause possible des événements ce que nous pourrions appeler la cause motrice[4]. En imposant à la nature un mode de causalité purement mécanique, Démocrite élimine la cause finale – c'est-à-dire qu'il évacue de *l'aition* toutes les connotations de responsabilité et d'intention qui lui étaient rattachées.

Épicure hérite de cette situation épistémologique complexe. Sa propre conception de la causalité va chercher à louvoyer entre ces deux types d'étiologie ; et nous allons voir que le modèle explicatif qu'il choisit, qui est un modèle mixte tripolaire et non comme on pourrait le penser un modèle contradictoire bipolaire, est exactement le même que celui qui est présenté dans la littérature médicale de son temps[5].

1 *Ph.* II, 194 b 23-25.

2 *Ph.* VIII, 1, 252a32. On remarquera la traduction par « cause » de la première référence à l'*archè*, qui souligne sans doute cette identification repérée par Aristote chez les premiers physiologues entre la notion de « principe » et celle de « cause ».

3 « Démocrite disait qu'il aimerait mieux trouver une seule explication causale que devenir roi des Perses » (68 B 118).

4 DK 68 A 66 ; Aristote, *GA* E, 8, 789 b 2.

5 La complexité du concept épicurien de causalité a été relativement peu explorée, ce qui est somme toute assez curieux. Il semblerait qu'elle ait été voilée par l'objet surprenant qu'est le *clinamen*, sur lequel la littérature secondaire est en revanche considérable ; cependant le *clinamen* n'épuise pas les différents aspects de la causalité dans l'épicurisme, loin s'en faut. On trouve une tentative d'étude plus générale chez B. Gemelli, « Il concetto di causa in Epicuro », *Sandalion* II, 1979, p. 81-97 ; mais ce texte déjà ancien est loin d'explorer la totalité du sujet. On trouvera en dehors de cet article principalement des

L'ÉTIOLOGIE ÉPICURIENNE ENTRE ANTI-DÉTERMINISME ET ANTI-FINALISME

Épicure est-il mécaniste, au sens où l'est Démocrite ? Pour répondre à cette question, il faudrait commencer par s'entendre sur ce que l'on appelle mécanisme. Pour qu'il y ait mécanisme, il faut qu'il y ait des rouages. Un mécanisme est un agencement de pièces formant un système tel que la mise en mouvement de l'une d'elle fasse s'ébranler tout l'édifice et produise un certain effet – mouvement de rotation ou de translation par exemple. L'exemple classique de mécanisme est en ce sens l'automate ou la montre. Choisir alors d'identifier la physique épicurienne à une physique mécaniste pourrait paraître en contradiction avec l'épicurisme dont on a vu qu'il va s'appuyer également sur le modèle de la génération organique, et pas seulement sur celui de l'artefact. Cependant nous aimerions montrer que ce n'est pas entièrement le cas, et qu'on peut bien parler, dans une certaine mesure, de « mécanisme » à propos de la causalité épicurienne.

Les épicuriens ne peuvent de toute façon pas échapper à la machine, leur point de départ systématique les y oblige. D'abord parce qu'il n'y a que des corps, et que toute sensation est réductible à un toucher. Ensuite, parce que les composés sont justement des composés, c'est à dire des ensembles ayant vocation à se pulvériser car ils proviennent d'une multiplicité irréductible. L'accent mis par les épicuriens sur l'importance de la disposition, accent qui vient de Démocrite lui-même[1], est à comprendre comme une façon de penser l'unité de cette multiplicité. Pour qu'un ensemble d'éléments puisse constituer une unité fonctionnelle, il faut qu'il y ait un principe permettant de penser cette unité. Dans la mesure où l'atomisme démocritéen dont hérite Épicure choisit des éléments non qualifiés – ou plus exactement minimalement qualifiés – ce principe ne pourra résider dans la nature des éléments en question, mais dans leur disposition les uns par rapport aux autres. Ce qui distingue donc essen-

---

analyses portant sur l'articulation entre eux de divers modes de relations causales dans la physique épicurienne (causalité et finalité, nécessité et hasard, etc). *Cf.* par exemple Gigandet, « Providence et causes finales : une polémique épicurienne », in *L'Épicurisme antique, Cahiers Philosophiques de Strasbourg*, 15, Printemps 2003, p. 49-71 ; De Lacy, « Limit and variation in the Epicurean philosophy », in *Phoenix*, 23, 1969, p. 104-113 ; Long, « Chance and natural law in epicureanism », in *Phronèsis*, XXII, 1977, p. 63-88.

1 DK 68 A 6 en particulier.

tiellement les éléments les uns par rapport aux autres est ce qui permet de penser la différence entre les composés constitués par ces éléments ; la disposition se retrouve à la fois principe de distinction et principe de synthèse, principe de séparation des éléments entre eux, et de définition – ou détermination – des composés que constituent ces éléments. Dans l'épicurisme, ce pouvoir unificateur de la disposition se retrouve, au-delà du niveau métaphysique, à tous les stades de composition, aussi bien celui des créatures vivantes que celui du langage.

Or, pour en revenir à notre préoccupation initiale, cette disposition elle-même ne peut pas être comprise comme autre chose qu'un agencement de rouages ; en effet, sa seule motivation est son propre fonctionnement ; ce qui revient à dire qu'il s'agit bien là d'un mécanisme, c'est-à-dire d'une façon de comprendre le fonctionnement des composés qui échappe à tout modèle d'explication téléologique. Épicure comme Lucrèce sont à la suite de Démocrite de grands adversaires de l'idée de Providence Divine. La *Lettre à Pythoclès* peut être lue comme une série de thèses argumentées qui invalident l'idée d'une providence s'exerçant dans les mouvements du ciel et la structure de l'univers. Épicure propose bien une description des *meteora* comme relevant d'une mécanique céleste sans téléologie – d'une horloge sans horloger. On va retrouver exactement le même souci d'évacuer tout finalisme dans l'examen des mécanismes observables dans l'homme, ce que l'on voit chez Lucrèce qui polémique ardemment contre les causes finales au chant IV du *De Rerum Natura*. À l'occasion de l'évocation des différentes fonctions corporelles, Lucrèce critique un thème classique qui associe chaque organe à une fonction prédéfinie par une divinité bienveillante. Lucrèce héritier d'Épicure va s'attacher à fonder ce refus de toute finalité en construisant de façon assez rigoureuse le mécanisme épicurien.

> *Cetera de genere hoc inter quaecumque pretantur,*
> *omnia perversa praepostera sunt ratione,*
> *nil ideo quoniam natumst in corpore ut uti*
> *possemus, sed quod natumst id procreat usum.*
>
> « Dans tous les cas, les explications de ce genre sont en dépit du bon sens ; toutes elles inversent avec malice les vrais rapports d'un raisonnement. Car rien dans le corps n'est venu au monde pour un certain usage ; mais lorsqu'il vient au monde, il fait naître l'usage[1]. »

Le vocabulaire de la naissance n'est bien sûr pas innocent ; il y a génération des organes, et non invention par une divinité bienveillante,

1 IV, 832-835.

une force protectrice ; et cette génération se fait selon des combinaisons hasardeuses et spontanées, en plusieurs fois. Lucrèce étaie son raisonnement en utilisant un contre-exemple : celui des inventions techniques. L'homme a dormi bien avant d'inventer les lits, et c'est bien l'expérience du sommeil qui lui dicte l'invention du lit, le lit étant construit en vue du sommeil ; mais il serait tout à fait faux de concevoir sur ce modèle une hypothétique invention des organes.

Au contraire, le vrai modèle de composition de la nature c'est celui du mouvement perpétuel et anonyme[1]. Le schème qui vient finalement remplacer la providence dans cette nature atomiste, c'est celui qui est porté par la notion de limite : ce sont les « pactes de la nature » qui garantissent la cohésion de ces chocs et qui maintiennent une forme de permanence permettant à la fois le renouvellement des espèces et, au sein des espèces, l'adéquation progressive entre les organes et les fonctions : l'organe ne peut créer la fonction que dans la mesure où ceux qui le possèdent ont le temps – sur plusieurs générations – de se l'approprier. Cette garantie des pactes s'exerce elle-même de façon purement immanente : on ne sort toujours pas du modèle mécaniste.

Dans un autre domaine, à savoir la nature de l'esprit, nous pouvons comparer cette description de ce qui se situe au niveau atomique universel, à celle que propose Lucrèce pour évoquer les mouvements de l'âme. Ceux-ci résultent d'une interaction fondamentale entre trois entités corporelles : l'âme (*anima*), l'esprit (*animus*) et le corps. Pour qu'il y ait sensation consciente, il faut qu'un mouvement se communique de l'une de ces entités aux trois autres. Ce mouvement peut aussi bien être du corps vers l'âme que de l'âme vers le corps – ce qui nous permet de parler d'interaction. L'exemple donné par Lucrèce du deuxième type de transfert de mouvement est celui des manifestations corporelles de la terreur[2] : il s'agit alors d'une réaction en chaîne de type mécanique, qui s'adapte parfaitement au modèle de l'engrenage.

Ces différents aspects offrent l'image d'un Épicure plus démocritéen que Démocrite lui-même. Est-ce à dire que, refusant lui aussi toute la réflexion aristotélicienne sur la cause finale, il limite également l'*aition* à la cause motrice ? Cette conclusion demande à être nuancée.

Premièrement, notre définition de l'étiologie atomiste comme mécanisme soulève quelques difficultés, dans la mesure où, malgré sa priorité, la disposition néanmoins ne fait pas tout dans le processus. Si les atomes

1 *Her.* 44, 3-6.
2 III, 157-160.

sont minimalement qualifiés, ils le sont tout de même un peu. Épicure et Lucrèce insistent tous deux sur ce point de façon très ferme ; la seule restriction apportée en ce domaine par rapport au modèle démocritéen est la réduction du nombre de formes possibles des atomes, qui n'est plus infini, mais simplement indénombrable. La variété des atomes est doublement importante dans l'étiologie épicurienne :

- elle conditionne la possibilité d'une nature diverse ; la *varietas* naturelle ne peut provenir de principes uniformes, mais répond à une diversité au sein des principes eux-mêmes[1].
- elle permet de distinguer les productions naturelles, toutes différentes, des artefacts qui se caractérisent par leur monotonie du fait de leur nature de copie. Seule la nature possède une véritable puissance causale ; de ce fait, les êtres engendrés par l'artifice et la technique obéissent à un processus qui n'est plus une véritable causalité, mais un processus d'imitation ; et ce qui définit l'imitation, c'est la répétition du même[2].

Les seules qualités dont soient réellement privés les atomes, sont les qualités sensibles qui leur sont absolument refusées ; les atomes n'ont ni couleurs, ni odeurs, ni saveurs. Mais si la disposition atomique peut bien jouer le rôle étiologique qui lui est attribué, c'est dans la mesure où elle n'est pas une simple juxtaposition indifférente d'éléments identiques, mais une association organisée d'éléments variés – association qui obéit à des règles complexes d'accord et de désaccord. Ainsi, au « rien ne naît de rien » est aussitôt ajouté par Lucrèce le « n'importe quoi ne naît pas de n'importe quoi ». Si tout être peut être expliqué en termes de composition d'atomes élémentaires, cette explication doit aussi tenir compte de l'observation quotidienne de la nature, qui superpose à cette composition atomique apparemment anarchique la nécessaire appropriation de l'être ainsi constitué au monde dans lequel il évolue – appropriation qui se constitue selon un processus temporellement situé[3].

Deuxièmement, si les êtres se constituent d'abord au hasard, en revanche, une fois qu'un monde apparaît, c'est-à-dire une totalité stable qui acquiert une certaine autonomie, des règles de constitution nouvelles se mettent en place. Ces règles déterminent l'adaptation ou l'inadaptation des individus naissant ; et ces caractéristiques d'adaptation

1 II, 342-350.
2 II, 377-380.
3 V, 907-959.

et d'inadaptation se conservent progressivement, par la mise en place d'un nouveau processus causal naturel qui est celui de la génération. La génération et la composition ne sont donc pas contradictoires pour deux raisons :

- elles sont temporellement décalés et ne peuvent donc au niveau du monde tout entier entrer en rivalité ;
- elles sont conciliables en ce que la génération elle-même est à son tour pensée selon le schéma de la composition atomique ;

Ainsi le modèle causal de la disposition, dans la mesure où par la diversité atomique il préside à la formation de mondes et d'êtres variés, contient en lui-même le germe d'un modèle nouveau, qui introduit des présupposés contraignants : à savoir le modèle de la génération.

Une troisième raison interdit de réduire l'étiologie épicurienne à un mécanisme au sens strict : c'est justement le recul qu'Épicure lui-même prend explicitement vis-à-vis des présupposés du modèle démocritéen. Il semble qu'Épicure ait tenu compte des critiques aristotéliciennes, dans la mesure où il va considérer comme Aristote que la cause motrice ne suffit pas à répondre à la question « pourquoi ». La réfutation de cette erreur de Démocrite a lieu en deux temps :

- une critique de la Nécessité comme cause universelle ;
- une mise en exergue du mouvement contraire de l'initiative personnelle, mouvement inédit qui va transformer le modèle épicurien en modèle mixte.

On trouve une trace de cette critique de la nécessité dans les paragraphes de la *Lettre à Pythoclès* qui portent sur la définition et la formation des mondes.

> Οὐ γὰρ ἀθροισμὸν δεῖ μόνον γενέσθαι οὐδὲ δῖνον ἐν ᾧ ἐνδέχεται κόσμον γίνεσθαι κενῷ κατὰ τὸ δοξαζόμενον ἐξ ἀνάγκης, αὔξεσθαί τε ἕως ἂν ἑτέρῳ προσκρούσῃ, καθάπερ τῶν φυσικῶν καλουμένων φησί τις. τοῦτο γὰρ μαχόμενόν ἐστι τοῖς φαινομένοις.
>
> « En effet il ne suffit pas que se forme un agrégat ou un tourbillon dans le vide, là où un monde peut émerger, selon ce qui est considéré comme une nécessité, ni qu'il s'accroissent jusqu'à entrer en collision avec un autre, comme le dit un de ceux qu'on appelle physiciens. Ceci en effet entre en conflit avec les phénomènes[1]. »

1 *Pyt.* 89, 1 – 90, 5.

Épicure cherche ici visiblement à modérer dans la nature l'influence d'une puissance privilégiée par Démocrite, *l'anagkè*, qui pourrait ouvrir la voie à certaines ambiguïtés. Si Démocrite suppose que la nécessité préside à la formation des mondes, c'est apparemment du fait d'un mécanisme poussé à son extrême limite. Si seules les dispositions atomiques peuvent rendre raison des phénomènes observables, sans aucune autre intervention déterminante dans le processus, alors un certain type de disposition engendrera automatiquement un certain type d'entité. Épicure semble pressentir dans un tel modèle un danger ; ne peut-on en effet être alors tenté d'hypostasier la dite nécessité, et de la transformer, de puissance aveugle et automatique, en une instance toujours aveugle mais orientée de façon à privilégier tel ou tel type de combinaison ? En redonnant sa place au hasard, sous la forme d'une nécessaire convenance entre eux des atomes qui se rencontrent pour que ces rencontres soient fécondes, Épicure cherche de fait à empêcher définitivement toute réintroduction de Zeus dans la nature. Le déterminisme démocritéen n'est pour l'épicurisme qu'un nouveau piège de la téléologie.

Démocrite ne qualifie de cause que la cause motrice – le mouvement des atomes dans le vide. Par un mécanisme dialectique amusant, cette mise en exergue du hasard revient finalement à systématiser la nécessité comme règle de fonctionnement de l'univers. Il n'y a que des jeux d'atomes dans le vide, qui n'obéissent à aucune règle prédéterminée ; mais cette absence de règle prend le nom de nécessité ; toute chose advient selon une raison qui lui est antérieure et que l'on peut déterminer – en posant que la raison des choses, c'est la combinaison atomique qui les engendre ; il est ainsi toujours possible de remonter à ce d'où provient l'objet que l'on considère ; et cette provenance le détermine bien à être tel ou tel. L'enjeu de la physique d'Épicure est de conserver le hasard et la régularité qui en résulte en expulsant à la fois la providence et la nécessité ; s'il n'y a pas de règle prédéterminée qui explique le cours harmonieux de la nature, il n'y a pas non plus de mécanisme nécessaire qui enlève toute signification à la libre détermination.

Nous n'avons que très peu de textes suivis qui procèdent à une critique construite du déterminisme démocritéen. Le passage le plus souvent cité et commenté est la *Sentence Vaticane* 40 :

Ὁ λέγων πάντα κατ' ἀνάγκην γίνεσθαι οὐδὲν ἐγκαλεῖν ἔχει τῷ λέγοντι μὴ πάντα κατ' ἀνάγκην γίνεσθαι· αὐτὸ γὰρ τοῦτό φησι κατ' ἀνάγκην γίνεσθαι.

« Celui qui dit : "Tout arrive par nécessité" se trouve démuni devant celui qui lui répond : "Tout n'arrive pas par nécessité" ; en effet, <cette réponse> même selon lui doit se produire par nécessité[1]. »

La procédure dialectique de *peritropè* (auto-réfutation[2]) que cette sentence met en scène indique explicitement sur quoi se fonde cette hostilité d'Épicure – à savoir sur la nécessité de rendre raison d'un événement naturel inexplicable en terme de nécessité : le mouvement même qui pousse le déterministe à adopter ses thèses et à les faire siennes. Si Démocrite a tort, c'est parce que son étiologie ne tient pas compte d'un type de mouvement qui ne peut absolument pas être expliqué par la conception mécaniste de la causalité. Ce mouvement est celui de l'initiative personnelle, dont on ne peut rendre raison que par le *clinamen*, c'est-à-dire par un autre mouvement que l'on ne peut définir mieux que par l'idée de contrariété. L'expression de la volonté est en effet présentée la plupart du temps dans l'épicurisme comme un mouvement contraire qui vient parfois enrayer le mouvement régulier de la machine. L'esprit fonctionne selon une série d'impulsions engendrées par des chocs provenant de sources diverses ; il peut arriver que deux impulsions contraires aient lieu simultanément, lorsque par exemple je suis amené à choisir de croire quelque chose qui s'oppose à ce que me proposent mes sensations. Lucrèce rend raison de cette force contraire par le *clinamen*, déviation indéterminée qui rend possible un mouvement contraire au mouvement « naturel ». Force est néanmoins de constater que cette puissance d'autodétermination reste bien énigmatique ; s'applique-t-elle à tous les êtres de la nature ou simplement à l'homme, et aux *zoa* plus largement ? Comment en rendre compte avec précision, et en mesurer l'effet au sein du mécanisme général ? Sur ces questions et d'autres qui y touchent, les textes restent assez peu diserts[3]. Épicure ne veut pas ignorer ce type de causalité là. Et, comme

1 *Sent. Vat.* 40 (tra. Balaudé).

2 Cette procédure elle-même a fait l'objet d'un traitement très soigné de M. Burnyeat. Les articles de référence sur cette question sont : Burnyeat, « The upside-down back-to-front sceptic of Lucretius IV, 472 », *Philologus*, 1978, p. 197-206, Burnyeat, « Protagoras and self-refutation in Plato's Theaetetus », in *The philosophical review*, vol. 85, 1976, p. 172-195 et Burnyeat, « Protagoras and self-refutation in later greek philosophy », in *The philosophical review*, vol. 85, 1976, p. 44-69.

3 Demeure en particulier ouverte la question de savoir si le *clinamen* a lieu une fois pour toute, au niveau des mouvements atomiques primordiaux (thèse de Furley), ou s'il se

Aristote, il cherche bien à en faire un objet de sa physique ; c'est-à-dire qu'il considère que le discours sur la nature doit également être capable de rendre raison des intentions – ce que l'étiologie démocritéenne est incapable de faire[1]. La difficulté vient de ce qu'il s'interdit dans le même temps de le faire à la manière d'Aristote, c'est-à-dire en introduisant la finalité dans la physique.

Comment Aristote présente-t-il en effet la cause finale ? Comme une des façons possibles de répondre à la question pourquoi. Si une mère demande à son fils : pourquoi le vase est-il cassé, et qu'il lui répond en lui énonçant le principe de la chute des corps, on peut dire que l'enfant n'aura pas répondu à la question posée ; il n'y aura pas répondu, parce que la question ne cherchait pas à assigner à l'événement une cause motrice, mais bien une cause finale – un motif ou un agent. Pourquoi le vase est-il cassé signifie en fait : qui a cassé ce vase, et pour quel raison ? Et cette question mérite une réponse tout autant que la question première de la cause motrice de l'événement. Dans certains domaines de l'existence, ce genre de réponse est même beaucoup plus important et recherché que le premier[2].

En reliant le mouvement volontaire au mouvement spontané du *clinamen*, Lucrèce semble proposer un modèle d'explication très démocritéen – et donc sans doute peu satisfaisant pour un épicurien. Il semble en effet ramener ce faisant l'initiative de l'individu, non pas à l'expression d'une liberté comprise comme auto-détermination, mais plutôt à celle, hasardeuse, d'une spontanéité chaotique. Y a-t-il donc contradiction entre ce que m'indiquent mes impressions – JE prends une décision – et ce qui se passe réellement au sein de mon être ? La contradiction est-elle en fait le signe d'une incohérence de la doctrine épicurienne, qui prétend refuser le déterminisme démocritéen, mais qui de fait ne fait que rebasculer de la nécessité vers le hasard ?

---

produit continûment et régit chaque mouvement volontaire singulier (thèse de Fowler).

1 *Cf.* Bicknell, « Why atoms had to swerve : an exploration in Epicurean physics », in *Proceedings of the Boston Area Colloquium in Ancient Philosophy*, VI, 1992, p. 241-288.

2 Sur l'importance de la cause finale dans la physique aristotélicienne et sur l'opposition à ce sujet entre épicuriens et aristotéliciens, on pourra consulter l'article de D. Furley, « What kind of cause is Aristotle's final cause ? » in *Rationality in Greek Thought*, p. 59-81 : Furley y souligne justement à quel point la définition aristotélicienne de la cause finale dépend d'une appréhension des actes volontaires des vivants en terme d'intentionnalité ; contrairement au finalisme platonicien qui s'appuie sur un cosmos providentiellement organisé par un démiurge, Aristote ne choisit pas comme paradigme de la cause finale la production technique,, mais l'action volontaire déterminée par les désirs et les croyances chez les *zoa* (p. 64-65).

Nous allons tenter de montrer que cette incohérence apparente est d'abord due à la nature assez particulière de l'épicurisme en tant que doctrine constituée. Le système épicurien a une structure originale, qui ne fonctionne pas comme une arborescence, mais qui s'étale en cercles concentriques : il y a les points principaux et les étais de ces points[1]. Les stratégies argumentatives d'Épicure n'ont en ce sens aucune espèce d'autonomie. Cela a été très bien vu par Cicéron dans le *De Natura Deorum*[2], où il stigmatise une tendance épicurienne au colmatage – ce qu'il oppose à la grande rigueur du système stoïcien dont il fait l'apologie dans le *De Finibus*. Mais ce colmatage, contrairement à ce que pense Cicéron, ne vient pas d'une faiblesse dans la cohérence de la doctrine, mais obéit à un plan précis qui consiste à assurer deux points bien déterminés :

- sauver ce qui doit être sauvé ; il y a une hiérarchisation des thèses en fonction de leur importance par rapport à la vie heureuse ; les thèses primordiales en ce sens doivent être assurées à tout prix, quel que soit le coût en termes de cohérence générale ;
- renvoyer l'adversaire dans ses propres filets et le mettre en contradiction avec lui-même.

La deuxième stratégie est, on l'a vu à propos de l'auto-réfutation, celle qui est visiblement employée pour contrer le déterministe. Quant à la première, elle sous-tend l'apparente contradiction qui semble invalider le modèle étiologique de la physique épicurienne ; elle va nous permettre de comprendre pourquoi Épicure conçoit la causalité naturelle selon le double schéma de la disposition mécanique et de l'engendrement. En effet la physique épicurienne concentre sous ces deux points deux thèmes plus généraux, qui ne convergent pas, mais qui ne sont pas pour autant contradictoires :

- l'antitéléologie qui implique l'explication mécaniste par disposition, en fonction d'une composition déterminée qui advient de façon spontanée ;
- l'antidéterminisme qui permet de sauvegarder la liberté, et qui implique de faire appel au modèle de la génération.

1 C'est ce qui explique que le début de la *Lettre à Hérodote* puisse proposer plusieurs rythmes d'apprentissage à l'étudiant épicurien.

2 Cf la réfutation de Cotta (I, XXV, § 69 – 70) : il donne l'exemple du *clinamen*, thèse absurde ajoutée pour confirmer une autre thèse invraisemblable.

Ces deux présupposés peuvent être considérés comme relevant tous deux d'un modèle étiologique qui n'est pas celui du mécanisme démocritéen, mais qui a bien davantage à voir avec le modèle causal de la génération, qui suppose effectivement une transmission substantielle réelle, mais qui n'oblitère pas la singularité de l'être ainsi engendré.

L'épicurisme propose-t-il donc une description de la nature tout entière comme animée de tendances contradictoires ? Sans doute non. En revanche, ce double postulat quant à la nature de la causalité va impliquer la distinction au sein de la *physis* de niveaux ontologiques spécifiques, entre lesquels on va pouvoir mettre en lumière des effets de seuil très importants. De fait, si les deux exigences anti-téléologique et anti-déterministe s'appliquent toutes deux au sein de la nature aussi bien au niveau des composés qu'au niveau des atomes eux-mêmes, les deux régimes causaux distincts du mécanisme et de la génération sont quant à eux circonscrits de façon beaucoup plus ferme. Le premier joue principalement au niveau atomique ; le second ne peut intervenir qu'au niveau des composés. Ce qui complique singulièrement l'étiologie épicurienne dans sa totalité.

On distingue en effet à présent trois types d'explication causale, qui vont chacune intervenir à des moments distincts de la doctrine :

- l'explication causale mécaniste qui ramène l'être à la combinaison atomique qui le compose de façon hasardeuse, selon un principe général déterministe ; en ce sens, l'atome est cause de l'être, en tant qu'il est son principe élémentaire, selon la signification préalablement établie pour ces termes ;
- l'explication causale selon la génération, qui s'intéresse à la transmission de caractéristiques d'un être à l'autre, au niveau de la nature comprise non plus comme l'ensemble infini des atomes, mais comme le monde sensible que nous connaissons ; ce qu'on appellera cause sera toujours la configuration atomique, mais insérée au sein d'une nature organisée de façon immanente, orientée vers la reproduction de certaines combinaisons déterminées ;
- l'explication causale de tous les phénomènes apparentés à des manifestations de liberté – c'est-à-dire non pas de mouvements « spontanés », ce qui nous ramènerait au premier modèle, mais de mouvements volontaires ; intervient alors le modèle intentionnel qui ne s'adresse qu'aux êtres naturels doués de volonté – les *Zoa* et parmi eux principalement l'homme.

La difficulté n'est donc pas tant de comprendre chacun de ces modèles, mais bien de concevoir comment ne pas les faire entrer en contradiction les uns avec les autres. Ainsi, pour revenir à ce qui nous posait problème ci-dessus, le *clinamen* n'est pas un modèle qui explique directement le mouvement volontaire ; car en ce cas, il serait effectivement déficient. Le *clinamen* intervient seulement dans le texte de Lucrèce pour nous permettre justement de circuler sans contradiction du niveau atomique au niveau du composé humain ; ce n'est pas parce que des atomes déclinent que nous pouvons agir en fonction de notre intention, et non en fonction de nos impulsions ; mais la confrontation au niveau du composé ne pose pas problème, dans la mesure où cette confrontation existe à différents niveaux ontologiques sans pour autant mettre en péril la cohérence de ces différents niveaux[1]. Ainsi, le décalage qui est ressenti lorsque je décide de lutter contre ma nature, n'est pas une raison qui doive suffire à remettre en question l'existence d'une causalité mécanique déterminée, puisqu'au niveau des atomes eux-mêmes, le mécanisme déterministe induit par les dispositions coexiste

---

1 Nous pensons que notre interprétation permet en partie de résoudre le désaccord entre Furley et Fowler, et plus largement entre ceux qui supposent un *clinamen* ayant lieu une fois pour toute, et ceux qui pensent qu'il est réitéré pour chaque manifestation de volonté. Une étiologie mixte permet de sauvegarder la première interprétation, qui nous semble la plus proche de texte et la plus satisfaisante, sans pour autant dissoudre l'efficacité réelle du *clinamen*, selon le reproche adressé par Fowler ; ce dernier veut sauvegarder l'explication physique au niveau de chaque action particulière ; mais ce faisant, il est obligé de supposer, pour que la somme des actions de chaque individu garde une certaine cohérence, une hypothétique garantie par l'essence (ce qui est assez problématique) : *« on any particular occasion, what action the animal will take is unpredictable, but over a series of actions his reactions to the external world will be broadly consistent with the sort of being he is. »* « Dans chaque occasion particulière, l'action qu'accomplira l'animal est imprévisible, mais au delà d'une série d'action ses réactions au monde extérieur seront largement en accord avec l'espèce d'être qu'il est ». Quant aux solutions développées par Kleve et Sedley, qui consistent à promouvoir une approche quasi fonctionnaliste du *clinamen*, (Kleve posant que « la déclinaison représente des forces qui peuvent être utilisées », et Sedley déduisant de l'anti-réductionnisme épicurien l'idée que dans certains états complexes de la matière, cette dernière se voit attribuée des capacités non-physiques), elles nous semblent séduisantes, mais obligent à tordre les textes un peu plus que nécessaire. Nous exprimons des réserves quant à une compréhension trop systématique de ce que Sedley appelle « l'anti-réductionnisme » épicurien. Notre interprétation a selon nous l'avantage de remplacer une confrontation en terme de puissances causales, par une confrontation en terme de types de causalité – donc de déplacer la question du niveau ontologique au niveau strictement épistémologique. Notre démarche est ainsi assez proche de celle de M. Pope, même si nous n'en tirons pas comme lui la conclusion radicale selon laquelle toutes les tentatives pour comprendre les actions volontaires par le biais du *clinamen* sont nécessairement vouées à l'échec. Voir aussi Masi, *Epicuro e la filosofia della mente*, 2006 ; O'Keefe, *Epicurus on Freedom*, 2005.

sans difficulté avec un mécanisme chaotique antérieur qu'introduit la possibilité du *clinamen*.

Cette structure très complexe n'est pas pour autant d'une originalité absolue ; la médecine grecque, comme nous allons à présent le montrer, a également besoin de maintenir un régime mixte de causalité, qui soit à la fois déterministe, suffisamment souple pour maintenir au sein des régularités une marge d'incertitude, tout en s'interdisant de faire valoir comme principe explicatif un finalisme téléguidé par la providence divine. Nous avons plus haut indiqué que la double connotation de *l'aition* provenait en partie des textes médicaux. Il nous faut à présent revenir sur ce point, dans la mesure où des textes de la Collection Hippocratique, qui sont parcourus pour la plupart par des difficultés proches de celles que nous avons relevées, introduisent pour y remédier un modèle extrêmement proche du modèle épicurien que nous venons de présenter.

LES ÉTIOLOGIES MÉDICALES MIXTES : ISONOMIE, CAUSALITÉ ET CONCOMITANCE

Un concept commun gouverne les étiologies épicurienne et médicale : le concept d'isonomie. Cette convergence est souvent relevée mais peu souvent commentée. De même que dans l'étiologie épicurienne, l'isonomie va, pour les médecins hippocratiques, rendre possible une rationalisation efficace de la *physis*, condition de possibilité de l'exercice non contradictoire de plusieurs faisceaux de causalité.

Le texte le plus central concernant à la fois l'isonomie médicale et l'étiologie hippocratique est un commentaire doxographique des doctrines d'Alcméon de Crotone[1].

> Ἀ. τῆς μὲν ὑγιείας εἶναι συνεκτικὴν τὴν ἰσονομίαν τῶν δυνάμεων, ὑγροῦ, ξηροῦ, ψυχροῦ, θερμοῦ, πικροῦ, γλυκέος καὶ τῶν λοιπῶν, τὴν δ' ἐν αὐτοῖς μοναρχίαν νόσου ποιητικήν· φθοροποιὸν γὰρ ἑκατέρου μοναρχίαν. καὶ νόσον συμπίπτειν ὡς μὲν ὑφ' οὗ ὑπερβολῆι θερμότητος ἢ ψυχρότητος, ὡς δὲ ἐξ οὗ διὰ πλῆθος τροφῆς ἢ ἔνδειαν, ὡς δ' ἐν οἷς ἢ αἷμα ἢ μυελὸν ἢ ἐγκέφαλον. ἐγγίνεσθαι δὲ τούτοις ποτὲ

1 Aëtius, V. 30, 1 – *cf.* Diels, *Doxographi Graeci*, Reimer, Berlin, p. 442-443. Pour tous les fragments d'Alcméon, voir *Vorsokratiker*, Diels-Kranz. Sur Alcméon, *cf.* aussi Aristote, *Metaph.* A, 5, 986 a 22.

κἀκ τῶν ἔξωθεν αἰτιῶν, ὑδάτων ποιῶν ἢ χώρας ἢ κόπων ἢ ἀνάγκης ἢ τῶν τούτοις παραπλησίων. τὴν δὲ ὑγείαν τὴν σύμμετρον τῶν ποιῶν κρᾶσιν

« Alcméon dit que la santé consiste en un équilibre des qualités, humide, sec, froid, chaud, amer, doux, etc, et que la domination d'une de celles-ci cause la maladie ; en effet, la domination d'un des opposés est destructrice. Il dit aussi que la maladie arrive, quant à la cause, par l'excès de chaud ou de froid, quant à l'origine par l'abondance ou le manque de nourriture, quant aux lieux quand elle atteint le sang, la moëlle ou le cerveau. Mais les maladies peuvent aussi se produire par des causes extérieures, suivant la qualité des eaux, des régions, ou par des fatigues, des souffrances, ou les choses qui s'en rapprochent. La santé, en revanche, consiste dans le mélange bien tempéré des qualités[1]. »

On remarque ici que l'isonomie décrite consiste en une répartition de « puissances » ou « qualités », non de corps[2] – ce qui doit la distinguer essentiellement de l'isonomie atomiste qui ne peut quant à elle être comprise que comme équilibre matériel entre des entités distribuées au sein d'un espace neutre. Cependant, ce qui nous intéresse dans ce texte c'est bien la mise en relation directe qui est faite par Alcméon entre la description d'une constitution en terme d'isonomie, et l'étiologie pathologique qui est aussitôt introduite dans la suite du fragment. La nature du corps sain est d'être un corps équilibré selon les répartitions harmonieuses de qualités distinctes ; la maladie quant à elle procède d'une rupture de cet équilibre naturel[3].

1 DK 14 B 4.

2 À ce propos, *cf.* Jones, *The medical writings of Anonymous Londinensis*, Oxford, 1947. On relève parfois – plus rarement – le terme d'élément désignant les termes du mélange humoral ; "élément" est souvent employé lorsque les termes ne sont justement pas envisagés comme les fluides fondamentaux du corps – bile jaune, bile noire, sang et phlegme, ce qui est le cas dans *Nature de l'homme* par exemple – mais, comme dans le texte d'Alcméon ci-dessus, selon les qualités élémentaires bien distinguées depuis les premières *physiologia*. Un exemple remarquable du passage des qualités actives des fluides corporels, aux éléments fondamentaux de la nature, se trouve chez Galien : *De temperamentis*, I, 6 (Kühn I, 542) « lorsque l'on dit que les corps sont un mélange de chaud, de froid, de sec et d'humide, on signifie qu'il faut entendre par là des qualités extrêmes, c'est-à-dire les éléments eux-mêmes, que sont l'air, le feu, l'eau et la terre. » traduction Boudon-Millot. *Cf.* aussi Galien, *Methodo Medendi*, I, 2. Voir aussi une étude très intéressante de Miller qui porte sur l'identification de la nature à un ensemble de puissances dans *VM* (« Dynamis and Physis in *On Ancient Medecine* », in *Transactions and Proceedings of the American Philological Association*, édité par De Lacy, Washington University, vol. 83, 1952.)

3 *Cf.* Gourevitch, 1984, *Le triangle hippocratique dans le monde gréco-romain, Le malade, sa maladie et son médecin*, Bibliothèque des écoles françaises d'Athènes et de Rome, p. 220 qui explore les textes traitant de la goutte, maladie « idéale pour l'historien des idées scientifiques, parce qu'aucune autre maladie n'illustre mieux qu'elle la naissance des idées hippocratiques sur la pathogénèse, et qu'elle semble même en établir la validité :

Derrière l'apparente simplicité de ce modèle, le texte lui-même suggère un réseau de difficultés très important. En ce qui concerne d'abord cette première étiologie humorale, la comparaison de ce texte avec d'autres écrits médicaux pose problème, dans la mesure où le déséquilibre humoral n'est pas seulement à l'origine de pathologies, mais est aussi utilisé comme schème de compréhension des distinctions naturelles entre les individus, dans ce que l'on appelle la doctrine médicale des « tempéraments[1] ».

La cohabitation de ces deux usages de l'étiologie humorale – un usage strictement orienté vers la thérapeutique, et un usage beaucoup plus général au sein de véritables anthropologies – est un problème central de toute la médecine antique qui admet le modèle hippocratique des humeurs; c'est le problème de la différence entre un caractère ou tempérament, qui marque une singularité naturelle, et une pathologie, qui indique une anomalie. Comment comprendre l'action d'une cause de ce genre qui agit différemment selon son degré, et qui même parfois n'agit pas du tout ? Basculer d'une *eukrasie* toujours propre à un individu déterminé, donc toujours singulière, en une *dyscrasie* est un processus très complexe; et l'on peut supposer que c'est cette limite du modèle humoral qui invite les médecins grecs à ne pas se contenter de cette étiologie structurelle des maladies, mais à la compléter par un autre type d'explication causale, qui va pour sa part faire appel à des agents pathogènes extérieurs au malade.

Si on examine plus en détail le lexique des termes qui désignent le mélange de ces « qualités » ou humeurs, et en particulier les occurrences des termes qui le désignent le plus souvent, à savoir *crasis* et *physis*, on trouve trace de cette double étiologie. L'exemple le plus flagrant est sans doute le titre même du traité hippocratique le plus important consacré à la théorie humorale : *Nature de l'homme*, attribué à Polybe[2],

---

la dyscrasie des humeurs provoque des catarrhes, des flux, qui, à leur tour, entraînent des engorgements avec dépôt des éléments surabondants dans des lieux du corps très caractéristiques; en particulier, la tendance des humeurs à couler vers le bas explique la fréquence de la localisation au pied. »

1 *Cf.* Mansfeld, « Alcmaeon : Physikos or physician ? » in *Kephalaion. Studies in greek philosophy and its continuation*, offered to C.J. de Vogel, 1975 ; sur la réception du modèle d'Alcméon à Rome, *cf.* Mudry : « Sur l'étiologie des maladies attribuée à Hippocrate par Celse », in *Hippocratica, Actes du colloque hippocratique de Paris*, 1978.

2 Sur cette question on pourra consulter avec profit : Jouanna, « La notion de nature chez Galien », in *Galien et la philosophie*, entretiens sur l'antiquité classique de la fondation Hardt, 2003 Genève; Garofalo, « La nature d'Hippocrate chez les Alexandrins », *Le normal et le pathologique dans la Collection Hippocratique*, Actes du Xe Colloque International Hippocratique, oct. 1999 (Nice 2002).

où les deux mots sont explicitement liés comme désignant des notions qui se complètent. L'étiologie interne des humeurs est selon les termes employés considérée un peu différemment, soit comme configuration interne bonne ou mauvaise, soit comme équilibre instable contenant une potentialité de déséquilibre (*dynamis*, *crasis*), soit enfin avec le terme de *physis* comme un monde au sein du monde ; il y a deux natures concurrentes en quelque sorte au sein de la collection hippocratique, l'une qui se rapporte à la nature comme milieu et ensemble de forces, l'autre comme nature singulière de l'individu qui est soit conforme soit en désaccord avec la norme que représente la nature-milieu. Cette dernière est elle-même soigneusement étudiée par le médecin hippocratique en terme de « constitution » ; cependant on observe que ce même terme de constitution désigne aussi bien la configuration climatique et géographique d'un lieu donné, que les conséquences de cette configuration sur les habitants de la région étudiée. Ainsi on parle dans *Airs, Eaux, Lieux (De aëre, aquis, locis)* de constitution indifféremment pour désigner les caractéristiques d'un lieu, le type de complexion des personnes qui y vivent, et les maladies que la conjonction du lieu et des physiologies individuelles engendre.

Si l'on récapitule sur la base de cette dernière constatation, on supposera donc que l'étiologie mixte défendue par les médecins grecs admet trois agents causaux distincts :

- la nature en tant que milieu où apparaissent les maladies, qui impose certaines normes immanentes du fait de ses caractéristiques locales ;
- l'agent pathogène extérieur, dont la nocivité naturelle sera augmentée ou au contraire amoindrie par son insertion dans un certain type de milieu ;
- la nature en tant que constitution humorale de l'individu malade, qui a son tour pourra favoriser ou non l'apparition de certains troubles.

Ces trois causes qui interagissent perpétuellement, et qui manifestent ainsi l'intrication au sein du malade d'une extériorité active et d'une intériorité réactive, ne recouvrent pas totalement les trois causes que nous avons pu repérer dans l'étiologie épicurienne et qu'on peut rappeler ici :

- les atomes, puissance causale mécanique déterministe mais inaugurée par le choc aléatoire engendré par le *clinamen* ;

- les composés, qui peuvent interagir par transmission de caractères spécifiques selon le mouvement de la génération ;
- les vivants dotés de volonté, qui peuvent opposer aux deux premières causes l'initiative personnelle.

La différence tient essentiellement à l'opposition entre un modèle physique atomiste discontinu, et un modèle médical essentiellement continu – donc aux différents contenus que médecins et épicuriens accordent aux notions même de « corps » et de « nature », centrales dans les deux cas. Néanmoins on doit être sensible dès à présent à la proximité épistémologique de ces deux étiologies, qui toutes deux favorisent sur un plan général une interprétation mixte de l'explication causale, faisant valoir à chaque fois des réseaux d'agents parallèles qui peuvent soit se renforcer mutuellement, soit au contraire se contredire. Ainsi, de même que chez Lucrèce la configuration physiologique qui détermine le tempérament peut être modifiée par des mouvements atomiques propres à chaque individu, dans la collection hippocratique comme chez Galien on remarque que très régulièrement la constitution individuelle peut contrarier l'efficace d'un germe ou d'un poison, et entraver son action causale. Il ne s'agit donc pas ici de montrer une identité illusoire entre ces deux étiologies, mais de constater que la réponse à des difficultés communes – comment penser des régimes causaux distincts qui n'annulent pas la notion même de cause – engage épicuriens et médecins à concevoir des explications causales qui admettent une concomitance des pouvoirs causaux.

Cette notion de concomitance, nous l'avons déjà rencontrée ; elle a été mise en valeur par Galien à propos du problème de la cause antécédente. Il s'agissait d'expliquer comment certains organismes pouvaient ne pas développer de maladie en présence de circonstances pathogènes avérées : l'exemple privilégié par Galien était celui de la fièvre, qui n'est pas systématiquement engendrée par l'exposition de l'individu au froid.

Si l'on élargit les conséquences de l'introduction de l'idée de concomitance causale au sein de l'étiologie, on voit bien que c'est la notion même de cause qui se trouve par là modifiée. Comme Galien le souligne tout au long du traité *Sur la cause antécédente*, une cause ne se définit alors plus par sa faculté à agir systématiquement, mais par le fait qu'elle ne peut agir de façon isolée, mais doit nécessairement inscrire son efficace dans une structure naturelle générale qui n'entrave pas sa puissance d'agir.

Et les causes internes et externes, réactives et actives qui sont alors distinguées, ne sont pas exclusives l'une de l'autre ; elles peuvent soit collaborer, soit s'entraver mutuellement, totalement ou en partie. Le modèle épistémologique ainsi obtenu est extrêmement souple, et résout les difficultés rencontrées. La notion de concomitance ainsi comprise permet bien d'expliquer que certaines causes puissent ne pas agir. Elle est à la fois un foyer d'indéterminisme qui permet de penser l'absence de régularité métronomique dans l'apparition des maladies, et une garantie qui interdit à cet indéterminisme de basculer vers le chaotique : la présence de la cause n'implique pas son effectivité, mais cela ne veut pas dire que n'importe quoi peut advenir pour n'importe quelle raison. La concomitance nous indique aussi dans quelle mesure il est impossible de confondre cette pluralité étiologique là avec le régime aristotélicien des quatre causes, qui semble être lui aussi un régime mixte. La différence essentielle nous semble résider dans l'usage qui est fait au sein des doctrines de ces différentes étiologies. Les quatre causes aristotéliciennes ne correspondent vraisemblablement pas à des agents physiquement distincts ; on ne peut les isoler que dialectiquement – ce qui ne pose pas problème dans la mesure où leur raison d'être est bien uniquement dialectique ; les quatre causes sont invoquées comme quatre manières distinctes de répondre à la question « pourquoi », selon que le physicien cherche à considérer le processus causal selon tel ou tel de ses aspects. Dans le cas des étiologies épicuriennes et médicales, le schéma est tout à fait différent, puisque les agents distingués le sont quasiment substantiellement – au sens où ils correspondent dans les deux cas à des causes réelles, à des entités matérielles – corps insécables, fluides, composés, éléments de la nature – interagissant sur d'autres entités matérielles. On ne peut pas isoler la cause formelle comme on isole l'atome, l'espèce, l'humeur ou la chaleur du climat. En allant un peu plus loin, on pourrait presque dire que les étiologies épicuriennes et médicales développent, chacune à sa façon, en de multiples substrats la seule cause matérielle qui a toujours leur préférence, comme seule cause réelle possible.

Cependant cette concomitance ne se limite pas toujours, au niveau de la *physis*, à la rencontre de forces naturelles aveugles et spontanées. Si la convergence étiologique entre médecins et épicuriens nous semble remarquable, c'est dans la mesure où ces deux ensembles doctrinaux tiennent également compte de la possibilité d'un agent causal nouveau, que nous ne pourrons déterminer que comme un agent « conventionnel », pour l'opposer aux agents naturels précédemment envisagés. Ce rôle est joué dans l'épicurisme par l'esprit humain qui intervient pour contrarier le mouvement aveugle de la nature – que ce mouvement soit pensé selon le mécanisme des chocs, ou la génération ; dans la Collection Hippocratique, son intervention la plus remarquable a lieu dans le même traité *Airs, Eaux, Lieux* à propos de la constitution singulière de ceux que la tradition appelle « Macrocéphales[1] ».

> Abordant les peuples qui présentent de grandes différences dues soit à la nature, soit à la coutume, je dirai à leur propos ce qu'il en est ; et tout d'abord, à propos des Macrocéphales (« Longues Têtes »). Il n'existe aucun autre peuple qui ait une tête semblable à la leur. À l'origine, c'est la coutume qui était la cause principale de la forme allongée de leur tête ; mais à présent, la nature aussi apporte son concours à la coutume[2].

Ce texte nous indique plusieurs choses tout à fait suggestives. D'abord, il considère bien comme un point établi la pluralité de causes qui interviennent toujours dans les transformations physiologiques envisagées, qu'elles soient naturelles ou artificielles ; en témoigne le superlatif qui désigne le *nomos* comme cause « principale » et première de la modification – ce qui implique l'existence d'autres causes adjacentes qui ne sont pas moins causes parce qu'elles agissent moins.

Mais ce texte nous intéresse surtout dans la mesure où il introduit le *nomos*, c'est-à-dire ici la coutume ou convention – en l'occurrence l'habitude de comprimer la tête des nouveaux-nés –, comme cause nouvelle pouvant interagir sur un pied d'égalité avec les causes naturelles déjà relevées. Il n'y a dans ce texte aucune contradiction entre ces deux régimes causaux ; l'auteur n'oppose pas nature et convention comme deux ordres distincts, mais comme deux faisceaux agissant de façon similaire – au point que l'un peut successivement prendre la place de l'autre, ce qui serait impensable s'il y avait entre eux une véritable opposition de nature.

Il nous reste à comprendre à présent comment cette étiologie mixte permet bien aussi bien aux médecins qu'aux épicuriens de ne pas céder à la tentation finaliste.

Nous avons déjà pu montrer, à travers une étude des usages du « pronostic » médical dans l'épicurisme, comment Lucrèce pouvait rendre

---

1 *Cf.* Jouanna, note p. 224 : « le traité passe pour être le témoignage le plus ancien où apparaisse l'antithèse *physis/nomos*. »

2 *Aër.* XIV, 1-2 (trad. Jouanna).

compte rationnellement d'un événement comme la peste d'Athènes en remplaçant les explications providentialistes par une insertion de l'épidémie dans un ordre du monde entièrement immanent, et quelles étaient les conséquences thérapeutiques d'une telle stratégie. On remarquera ici tout d'abord que cet usage du pronostic est bien rendu possible dans le chant VI par la mise en valeur des causes de l'épidémie, mise en valeur qui n'est pas sans rappeler avec force la mise en place d'une « constitution » semblable à celles que l'on peut lire par exemple dans *Airs, Eaux, Lieux*.

Nunc ratio quae sit morbis, aut unde repente
mortiferam possit cladem conflare coorta
morbida vis hominum generi pecudumque catervis,
expediam. Primum multarum semina rerum
esse supra docui quae sint vitalia nobis,
et contra quae sint morbo mortique necessest
multa volare. Ea cum casu sunt forte coorta
et pertubarunt caelum, fit morbidus aer.
Atque ea vis omnis morborum pestilitasque
aut extrinsecus ut nubes nebulaeque superne
per caelum veniunt, aut ipsa saepe coorta
de terra surgunt, ubi putorem umida nactast
intempestivis pluviisque et solibus icta.
Nonne vides etiam caeli novitate aquarum
temptari procul a patria quicumque domoque
adveniunt, ideo quia longe discrepitant res ?
[...]
Proinde ubi se caelum quod nobis forte alienum
commovet, atque aer inimicus serpere coepit,
ut nebula ac nubes paulatim repit, et omne
qua graditur conturbat et immutare coactat.
[...]
Nec refert utrum nos in loca deveniamus
nobis adversa et caeli mutemus amictum,
an caelum nobis ultro natura coruptum
deferat, aut aliquid quo non consuevimus uti,
quod nos adventu possit temptare recenti.

« À présent, j'expliquerai la raison de l'épidémie, d'où peut soudain provenir la force morbide qui souffle désastre et mort sur les troupes d'hommes et de bêtes. Tout d'abord, les semences de nombreuses choses, comme je l'ai montré, nous sont bénéfiques ; à l'opposé, il est donc nécessaire qu'en voltigent beaucoup aussi qui soient nocives et funestes. Lorsque par hasard elles s'attroupent et troublent le ciel, elles rendent l'air morbide. Et toute cette force néfaste, cette pestilence soit vient de l'extérieur, lorsque nuages et brumes arrivent du haut du ciel, soit surgit de la terre elle-même, lorsque sous l'effet de pluies et de

> canicules intempestives, humide, elle entre en putréfaction. Ne vois-tu pas aussi que tous ceux qui s'éloignent de leur patrie ou de leur demeure sont éprouvés par la nouveauté du ciel et des eaux, à cause du grand écart ainsi créé entre les choses <qui les affectent>[1] ? »

On remarque deux choses :

L'épidémie se définit, comme c'est bien le cas aussi dans la collection hippocratique, selon un lieu déterminé qu'elle affecte. Ce qu'on appelle épidémie ne désigne pas une maladie donnée, mais une limite géographique au sein de laquelle les hommes tombent diversement malades. C'est d'ailleurs bien cette détermination géographique qui, dans la littérature mythique, stigmatise l'épidémie comme une réponse divine à de mauvais comportements localement concentrés ; ainsi la peste frappant les Grecs sous les remparts de Troie, ou les Thébains sous la royauté d'Œdipe. Cependant, nous voyons ici que cette divinisation de l'épidémie est interdite par une étiologie qui fait intervenir la notion de « constitution », que Lucrèce associe ici à une appréhension des lieux qu'il cite comme d'autant d'« enveloppes », *amictum caeli* – ce qui est une façon d'adapter l'étiologie médicale à la cosmologie épicurienne, puisqu'Épicure définit bien un monde, c'est-à-dire une totalité ayant une cohérence propre, comme une « enveloppe de ciel[2] ».

Lucrèce croise ici de façon évidente les modèles explicatifs épicuriens et médicaux[3]. Il fait bien usage de la concomitance médicale, par la distinction des causalités internes et externes ; mais il en modifie le sens. La causalité interne ne correspond pas à la crase humorale propre à l'individu, mais à la constitution du milieu elle-même : nature de l'homme et nature de la « terre » sont deux faisceaux causaux superposables. La causalité externe quant à elle va être décrite en termes épicuriens, car elle fait intervenir directement les atomes comme principes morbides pouvant « attaquer » les organismes.

Cette rhapsodie apparente est ce qui autorise P. H. Schrijvers à lire la physiologie de Lucrèce comme un agglomérat assez hétéroclite de contenus doctrinaux variés. Nous pensons pour notre part que Lucrèce ici ne mélange pas n'importe quoi n'importe comment. De fait,

1 VI, 1090-1105.

2 *Pyt.* 88.

3 Debru, « L'air nocif chez Lucrèce ; causalité épicurienne, hippocratisme, et modèle du poison », in *Maladie et maladies dans les textes latins antiques et médiévaux, Actes du Ve colloque international « Textes médicaux latins », 4-6 septembre 1995, Bruxelles*, C. Deroux (édit.), Latomus, Bruxelles, 1995, p. 95-104.

l'hypothèse de Schrijvers suppose qu'à la rhapsodie lucrétienne s'oppose nécessairement des doctrines entièrement cohérentes, aussi bien chez les médecins auxquels il emprunte, que chez le fondateur du Jardin que Lucrèce prétendrait ainsi compléter. Mais il ne peut s'agir là que d'une illusion ; l'étiologie médicale comme la première étiologie d'Épicure imposent toutes deux des processus mixtes, et prétendent justement introduire dans l'interprétation des phénomènes une complexité absente des modèles physiques simples – qu'ils soient scientifiques ou religieux. Lucrèce exploite plutôt ici à son profit, comme un complément compatible avec l'orthodoxie épicurienne, la souplesse de l'étiologie médicale, dans la mesure où derrière les divergences de détail, cette étiologie lui permet d'introduire un modèle commun de la *physis* conçue comme puissance immanente des contraires.

De fait, les interprétations finalistes d'événements catastrophiques comme les épidémies sont toutes motivées par le scandale que semble constituer au sein de la nature, ensemble harmonieux et équilibré – donc nécessairement divinement organisé –, l'émergence d'un tel mal absolu, qui touche indifféremment coupables et innocents. L'épidémie ne peut être qu'un accident, dont l'origine sera par conséquent autre que « naturelle ». Les étiologies anti-finalistes s'insurgent contre une interprétation de ce genre, qui se fonde sur une réduction de l'*aitia* à ses emplois judiciaires primitifs. Ainsi, alors même que la peste devrait interdire toute lecture providentialiste de la nature, elle peut servir paradoxalement à soutenir l'hypothèse de l'intervention du divin par son aspect dramatique lui-même.

En réaction, l'étiologie épicurienne comme l'étiologie médicale se donnent comme objectif d'attribuer à la nature le pouvoir, apparemment contradictoire, de provoquer de façon indifférente les biens et les maux, que ces maux soient spectaculaires et ponctuels, ou banals et quotidiens[1]. C'est ce qui permet sans contradiction aux médecins hippocratiques, par exemple, de déclarer régulièrement que l'art médical a bien une réalité, et qu'il consiste quand il est bien compris à « suivre la nature » ; la nature « responsable » du mal est aussi, en tant que puissance des contraires, capable de rectifier ce mal[2].

---

1 Galien *Methodo medendi* I, 2, SVF II, 411 : les médecins hippocratiques ont, avant les stoïciens, parlé de *physis technikè*, de nature artiste ou démiurgique.

2 *Epid.* VI, § 1 : la nature est « méthode de guérison ». Les « voies » trouvées par la nature sont des voies au sens propre : la puissance naturelle creuse dans le corps des canaux par lesquels s'écoulent les fluides dont l'accumulation serait nocive : larmes, cérumen, morve, salive, mais aussi sang menstruel, urine, etc. C'est en ce sens que la méthodologie médicale

Un exemple illustre bien comment, chez les épicuriens, comme chez les médecins hippocratiques, l'étiologie bien pensée peut permettre l'évacuation des interprétations religieuses. Il s'agit de l'exemple de l'épilepsie, ou « maladie sacrée » qui, avec l'épidémie de peste, est la maladie pour laquelle l'intervention surnaturelle est le plus souvent invoquée. L'épilepsie est en effet à la fois le signe, comme toute maladie, d'une défaillance de la providence, mais aussi, par ses manifestations spectaculaires, d'une présence du surnaturel au sein de la nature. Si elle ne peut donc être, comme la peste, interprétée selon la finalité, comme la peste également elle réintroduit le divin comme agent ponctuel et non plus comme structure permanente de la nature.

Cette évacuation du caractère religieux de l'épilepsie est au principe de l'écriture même du traité hippocratique *De la maladie sacrée*, comme le montre fort bien le début de ce texte, on ne peut plus explicite.

> Sur la maladie dite sacrée, voici ce qu'il en est. Elle ne me paraît nullement plus divine que les autres maladies ni plus sacrée, mais de même que toutes les autres maladies ont une origine naturelle à partir de laquelle elles naissent, cette maladie a une origine naturelle et une cause déclenchante[1].

Ce qui stigmatise d'abord l'épilepsie comme signe de la présence divine, c'est son étrangeté ; étrangeté dont l'auteur du traité s'empresse de signaler qu'elle n'a rien d'exceptionnel dans le domaine médical, où l'exception est dans une certaine mesure la règle.

La suite de l'argument est pour nous fort intéressante ; l'auteur fait en effet remarquer que, si tant est qu'une divinité puisse causer quoi que ce soit dans l'ordre de la nature, il serait fort étonnant qu'elle soit cause d'impuretés.

L'argument suit deux étapes :

- si les rites expiatoires utilisés par les mages qui prétendent guérir l'épilepsie sont réellement efficaces, alors les prêtres capables de tels prodiges sont supérieurs aux dieux eux-mêmes ; de tels rites, qui rendent le dieu responsable du mal tout en le dépossédant de sa puissance absolue, sont impies ;

---

est naturelle ; c'est pourquoi, comme l'a fort bien montré L. Ayache (in « Hippocrate laissait-il la nature agir ? » in *Actes du VII*^e^ *colloque international hippocratique*, 24-29 septembre 1990, Madrid), il n'y a aucun sens à supposer un « naturalisme » hippocratique, puisque la nature hippocratique ne rencontre aucune altérité à laquelle elle puisse s'opposer dans le cadre médical. C'est pourquoi la suite de ce texte des *Épidémies* indique que la nature fait tout cela sans être « instruite ». Rien ne vient indiquer sa méthode à la nature.

1 *Morb. Sacr.* I, 1 (trad. Jouanna).

– si ces rites sont efficaces, ils supposent le dieu responsable de la souillure ; mais comment le divin pourrait-il souiller l'humain ? ne faudrait-il pas plutôt supplier le dieu d'effacer une souillure humaine, que de croire qu'il est possible à un homme d'évacuer une malédiction divine ? Là encore, derrière de soi-disant pratiques religieuses, se dissimule une réelle impiété.

Certes, l'auteur de *La maladie sacrée* concède que si la divinité n'a aucun pouvoir malfaisant, elle peut néanmoins purifier ; ce qui est une nuance importante. Néanmoins dans les deux cas, une dissociation très importante est établie entre le lieu naturel de l'enchaînement des causes physiques, où intervient l'origine de la maladie, et le lieu surnaturel de l'intervention divine, qui ne s'y superpose absolument pas. La souillure dont préservent les dieux est une souillure morale et non physique.

Passons à présent à l'étiologie propre à l'épilepsie ; dans quelle mesure illustre-t-elle de façon tout à fait éclatante le remplacement du finalisme par la notion de « réseau causal » ou d'étiologie mixte ? L'expression « mal sacré » est utilisée en deux sens par l'auteur du traité ; elle désigne tantôt une particularité structurelle congénitale de certains organismes, tantôt la crise en elle-même, parfois indiquée par l'expression « accès ».

> Son point de départ, comme pour les autres maladies, est dans l'hérédité. Car si d'un phlegmatique naît un phlegmatique, et d'un bilieux un bilieux, d'un phtisique un phtisique, et d'un splénique un splénique, qu'est-ce qui empêche que dans le cas où le père ou la mère étaient atteints de cette maladie-là, un de leurs enfants en soit aussi atteint[1] ?
>
> [...] Mais si le phlegme, coupé de ces passages, effectue son flux descendant dans les vaisseaux que j'ai mentionnés plus haut, le sujet perd la parole et étouffe, l'écume coule de sa bouche, ses dents sont serrées, ses mains se rétractent, ses yeux divergent, il perd totalement connaissance ; chez certains même il y a évacuation d'excréments par le bas. Et cela se produit tantôt du côté gauche, tantôt du côté droit, tantôt des deux côtés à la fois. Je vais expliquer comment se produit chacun de ces accidents[2].

On voit de façon extrêmement claire que l'épilepsie dans ses deux acceptions est expliquée, d'une part selon le modèle humoral, comme disposition congénitalement pathologique de l'organisme, d'autre part,

1 *Morb. Sacr.* II, 2 (trad. Jouanna).

2 *Morb. Sacr.* VII, 1-2 (trad. Jouanna).

selon un modèle causal bien plus proche d'un certain mécanisme, comme ensemble ponctuel d'événements ou « accidents » dont chacun s'explique selon des raisons proprement physiologiques que l'auteur va détailler[1].

L'intrication de ce modèle très général avec un modèle mécaniste qui s'intéresse aux événements singuliers et qui les met tous en relation les uns avec les autres, abolit de façon définitive toute possibilité d'interprétation finaliste de la maladie – en ouvrant en particulier, par la compréhension du mécanisme, des perspectives de guérison.

Qu'en est-il dans l'épicurisme ? On retrouve chez Lucrèce l'exemple de l'épilepsie[2].

> *Desipientia fit, quia vis animi atque animai*
> *Conturbatur, et, ut docui, divisa seorsum*
> *Disiectatur eodem illo distracta veneno.*
> *Inde ubi jam morbi reflexit causa, reditque*
> *In latebras acer corrupti corporis umor,*
> *Tum quasi vacillans primum consurgit et omnis*
> *Paulatim redit in sensus, animamque receptat.*

> « Le délire provient de ce que la force de l'esprit et de l'âme se trouve perturbée et, comme je l'ai montrée, divisée, elle se trouve comme déchirée sous l'effet du poison et par là dispersée. Ensuite, lorsque la cause du mal s'est repliée, que l'âcre humeur du corps corrompu s'est retiré sans ses secrets replis, alors <le malade> comme chancelant se redresse, petit à petit recouvre ses sens et réunit son âme[3]. »

Lucrèce est ici à un moment important de la démonstration du chant III sur la mortalité de l'âme ; après avoir insisté sur le développement conjoint de l'âme et du corps, il s'agit à présent d'insister sur leur sympathie essentielle ; âme et corps sont de nature proche,

1 Nous n'en citerons qu'un, remarquable par sa précision : « le sujet perd la voix parce que le phlegme, descendant tout à coup dans les veines, intercepte l'air, qui n'est plus reçu dans le cerveau, ni dans les veines caves, ni dans les cavités, la respiration étant interceptée. En effet, quand on aspire le souffle par la bouche et les narines, ce souffle va d'abord au cerveau ; puis la plus grande partie va dans le ventre, et le reste dans le poumon et dans les veines ; de là il se répand, par les veines, dans les autres parties. La portion qui va dans le ventre rafraîchit le ventre et n'a pas d'autre usage. Mais l'air qui va dans le poumon et dans les veines, s'introduisant dans les cavités et dans le cerveau, concourt et produit ainsi l'intelligence, et, dans les membres, le mouvement. »

2 *Cf.* Segal, « Lucretius, epilepsy and the Hippocratic *On breaths* », (*Classical Philology*, LXV, 1970, p. 180-182), qui considère ce texte comme un calque littéral du traité *Des vents* ; c'est une hypothèse philologiquement intéressante, mais qui n'apporte pas grand-chose du point de vue herméneutique, sinon la confirmation d'une connaissance étendue des thèses médicales hippocratiques par Lucrèce.

3 III, 499-505.

car ils se réjouissent et souffrent ensemble ; la mortalité leur est donc commune, de même que la peine et le plaisir. L'épilepsie vient clore une série d'exemples qui, du délire fiévreux à l'ivresse, témoignent de cette communication du trouble du corps au trouble de l'âme.

Que remarque-t-on dans ce bref paragraphe ? Deux points attirent notre attention.

- l'entité appelée *umor* est la cause physique de la maladie (le terme de « causa » est cité) ;
- elle semble à la fois appartenir au corps et s'en distinguer.

Ces deux points soulignent de façon évidente qu'ici aussi, une double causalité régit l'épilepsie. L'*umor* cause de l'épilepsie semble renvoyer aux deux étiologies mentionnées dans *De la maladie sacrée* : elle est un élément du corps lui appartenant structurellement mais qui, sous l'effet de circonstances non élucidées par Lucrèce, se transforme en élément toxique provoquant une fragilité permanente. Cette transformation n'est pas une transformation de *l'umor* au sens où cette *umor* changerait nécessairement de nature ; elle consiste plutôt semble-t-il en une modification du rapport de l'*umor* avec les autres parties du corps – visiblement un déplacement conduisant à un isolement. Lucrèce dans ce texte reprend donc de façon très claire l'explication hippocratique de la maladie comme résultant d'une désunion au sein de la *crase* humorale d'un ou plusieurs de ses constituants fondamentaux.

Il nous semble tout à fait révélateur que Lucrèce fasse usage d'un tel modèle d'explication dans une démonstration visant à affirmer la mortalité de l'âme. Resitué dans l'économie d'ensemble du chant III, l'exemple de l'épilepsie est particulièrement efficace pour substituer à tout fantasme d'élection divine ou d'irruption de la providence dans le cours de l'existence humaine, la seule véritable fin : la mort, c'est-à-dire l'inéluctable plongée dans un néant insensible.

Cependant, la mixité de l'étiologie n'est pas suffisante pour évacuer définitivement le finalisme ; on a vu qu'Aristote justement propose un modèle étiologique pluraliste au sein duquel la finalité prend une place prééminente, en ce qu'elle gouverne toutes les autres causes en dernière instance. La finalité d'Aristote est une finalité « moderne », qui élimine les possibilités d'interventionnisme divin surnaturel et les explications religieuses ; mais le divin reste présent, sous la forme du principe du meilleur, qui ordonne la nature et l'oriente nécessairement de façon rationnelle, en évitant les aberrations – ce qui explique le désarroi du biologiste face aux « monstres », et l'obligation de les expliquer comme des « ratures » de la nature, des échecs dans les processus causaux.

La différence tient en ce que les étiologies épicuriennes et médicales font émerger comme cause possible le « hasard », qui se profile derrière la concomitance que nous avons envisagée. La complexité de l'étiologie aristotélicienne lui permettait de définir le hasard comme un résidu de ce que la raison n'a pas encore réussi à déterminer en fait – alors qu'en droit, il y a toujours une cause assignable qui intervient à l'origine d'un événement et qui pourrait permettre d'en rendre compte ; et lorsque cette cause première échappe absolument à la raison, la finalité vient au secours de cette dernière pour rendre, quasi-miraculeusement, raison de ce qui est apparemment « sans raison ». La complexité des étiologies épicuriennes et médicales joue un rôle inverse, dans la mesure où elle insiste perpétuellement sur l'impossibilité de ramener l'apparition d'une maladie ou d'un être quel qu'il soit à une cause première totalement déterminée. Dans le cas de l'étiologie épicurienne, c'est le *clinamen* qui introduit cet interdit ; dans le cas de l'étiologie médicale, c'est la multiplicité infinie des faisceaux causaux qui se croisent et interfèrent entre eux, et le refus de les ordonner selon une providentielle finalité, qui entrave la possibilité de poser un diagnostic définitif[1].

La nature dans la littérature médicale comme dans l'épicurisme est donc « aveugle » ; ce qui implique deux choses importantes. Les notions de « bien » et de « mal », et donc par extension de « santé » et de « maladie » n'ont aucun sens si l'on en reste au niveau de la nature comprise comme milieu et puissance des contraires. C'est l'émergence au sein de cette nature-milieu d'êtres sensibles, capables de souffrir et de jouir, qui donne sens à ces notions et qui justifie par dérivation la naissance de thérapeutiques qui prétendent approprier davantage la nature singulière de l'individu à la nature universelle. Au sein de cette nature universelle, les différents processus causaux qui ont été relevés ne sont pas gouvernés selon une structure générale providentialiste, mais selon une structure hasardeuse. Rien ne prédétermine l'individu à être fondamentalement approprié ou inapproprié à son milieu. Il arrive donc que des « monstres » émergent ; mais cela ne pointe pas une défaillance de la nature, puisque la nature peut aussi bien et de la même façon engendrer le propre et l'inapproprié. Cependant, la fréquence moindre de l'apparition des monstres est expliquée par l'émergence spontanée

1 En ce sens, l'extrême rareté de textes méthodologiques médicaux portant sur le diagnostic ne doit pas étonner, puisqu'il s'agit là d'un savoir quasi impossible à atteindre.

de « pactes de la nature », de principes de régularité qui s'expliquent par des interactions stabilisées entre les différents processus causaux. Mais ces pactes eux-mêmes sont « hasardeux », au sens où ils ne sont déterminés qu'*a posteriori*, et varient effectivement selon les époques, les lieux et les individus qu'ils contraignent.

Ainsi, la structure commune qui permet de rapprocher les étiologies médicales de l'étiologie épicurienne, est une structure que l'on pourra finalement qualifier de polémique : dans les deux cas, la causalité est pensée de manière à faire barrage à des interprétations rivales, caractérisées par la mise en valeur de la finalité, soit conjoncturelle, soit permanente, au sein de la nature. Cependant, cette mise au ban de la finalité comme explication possible des êtres naturels ne signifie pas sa disparition absolue. Comme nous l'avons déjà remarqué, l'explication en terme de motif ou d'intention n'est pas exclue comme fondamentalement invalide par Épicure ; elle est simplement réservée à l'interprétation de certains phénomènes relatifs à l'esprit « animal » : à savoir la volonté, et en général la capacité à déterminer une action en vue de fins, c'est-à-dire de résultats espérés au vu d'un calcul rationnel. Si donc le modèle de l'intervention régulatrice ne vaut rien pour rendre compte de ce qui est « physique », il peut être utilisé pour rendre compte de ce qui est de l'ordre de l'humain – c'est-à-dire en fin de compte, de l'éthique.

Cependant, comme nous avons également eu l'occasion de le signaler, rien n'est pour Épicure hors de la nature, rien ne peut échapper à la *physiologia*. L'épicurisme introduit donc certaines puissances nouvelles au sein de la nature, qui peuvent dans un second temps autoriser une explication « physique » plus satisfaisante de la volonté et de l'orientation éthique de l'action – le *clinamen* constituant l'exemple le plus fameux de ces puissances adjacentes. Ces explications physiques sont bien pour Épicure les seules qui soient des explications réelles, et l'explication « finaliste » ne vaut que de façon métaphorique, et seulement une fois reconnue et établie la suprématie de l'explication physique.

CONCLUSION

Le rapprochement entre épicurisme et doctrines médicales révèle dans ces deux ensembles une posture philosophique commune, construite sur une théorie originale de la causalité physique, développée à partir d'un traitement renouvelé de la notion de « principe ». C'est pourquoi les conceptions épicuriennes et médicales de la *physis*, définie dans les deux corpus comme puissance immanente des contraires, peuvent également se rapprocher à un niveau ontologique. Se dévoile ainsi la nature propre des étiologies épicuriennes et médicales, qui sont des étiologies mixtes, faisant cohabiter le hasard et la nécessité, et par là capables de concurrencer efficacement les modèles d'explications finalistes.

Cette confrontation philosophique s'avère bien féconde sur le plan épistémologique ; mais qu'en est-il alors du point de vue de l'historiographie ? Si les inspirations et les contaminations réciproques entre l'empirisme médical (qu'il s'agisse des pratiques d'observation et d'induction des médecins hippocratiques, de la science expérimentale rêvée par les alexandrins, ou de l'empirisme technique constitué par la secte éponyme) et l'empirisme épicurien que nous avons déterminées s'avèrent relativement convaincantes, quelle figure nouvelle peuvent-elles donner à la reconstitution d'une histoire philosophique des idées dans la période qui nous occupe ?

Nous avons mené notre investigation autour de la notion d'empirisme et de ses applications à des ensembles doctrinaux à vocation explicitement pratique – si l'on veut bien considérer le projet thérapeutique défini par l'épicurisme comme un projet pratique. Toutefois il ne s'agit pas de mettre les auteurs confrontés en correspondance réciproque absolue, comme si l'on pouvait retrouver terme à terme l'épicurisme dans la collection hippocratique et la médecine Empirique dans l'épicurisme. Nous avons bien plutôt cherché à reconstituer des réseaux intellectuels favorables à la circulation de certains concepts et de certaines procédures méthodologiques. Mais cela n'exclut pas de tenir compte d'une nécessaire logique historique. En effet, étudier l'épicurisme sans se soucier du paysage philosophique et scientifique au sein duquel il apparaît, revient à assumer sans nuance les déclarations péremptoires d'Épicure sur son originalité absolue – alors même que cette posture se trouve réfutée par les principes d'une physique qui pose d'emblée que « rien ne naît de rien. »

Une figure majeure se détache à l'issue d'une première lecture synthétique de l'ensemble des textes que nous avons rassemblés ; celle de Démocrite, qui semble être le foyer des premières convergences que nous avons pu établir entre l'épicurisme et la méthodologie médicale. Les textes de Démocrite portent souvent, d'une façon ou d'une autre, sur la question du rapport que l'art, ou le savoir de type pratique, doit avoir aux autres savoirs déterminés comme savoirs théoriques. À cette première distinction entre savoir théorique et savoir pratique, s'ajoute chez l'Abdéritain une seconde division qui fait correspondre à la constitution de ce pôle pratique, l'application de méthodologies scientifiques de nature empiriques. Cependant, tandis que dans le corpus démocritéen, il semble que ces deux ensembles n'aient jamais eu vocation à se confondre, et que la hiérarchie des savoirs soit restée largement en faveur du pôle théorique, nous avons vu qu'Épicure quant à lui inversait cette hiérarchie, et que ce faisant il excluait la philosophie elle-même du champ des savoirs strictement théoriques. Nous avons présenté ce choix comme motivé par la finalité explicitement thérapeutique de la philosophie épicurienne ; mais nous avons également montré que l'accomplissement de cette fin de la philosophie aboutissait à un nouveau rapprochement des systèmes épicuriens et démocritéens, puisqu'il était conditionné dans les deux cas par la constitution d'étiologies physiques. Ces étiologies reposent sur une conception particulière de la nature, lieu matériel d'application de forces et d'influences qui interagissent de façon strictement immanente. Cependant, là encore, Épicure se démarque de son prédécesseur, dans la mesure où l'abolition de la démarcation entre savoir empirique et savoir théorique le conduit à proposer un modèle étiologique beaucoup plus complexe que le modèle démocritéen – modèle mixte dont on a pu mesurer en partie l'étendue de ce qu'il empruntait aux étiologies médicales. Alors que chez Démocrite la démarche étiologique reste figée par l'écueil déterministe, épicuriens et médecins adoptent une étiologie souple qui sauvegarde l'accidentel, le fortuit et l'irrégulier.

Ce qu'Épicure aurait alors emprunté au système démocritéen, c'est à la fois un cadre épistémologique fondamental – l'atomisme et la pratique du raisonnement physique causal – et une orientation philosophique déjà très sensible, consistant à voir dans les procédures techniques des objets possibles de la réflexion philosophique. Il s'en éloigne cependant, en choisissant d'appliquer au sein de ce cadre épistémologique des méthodes strictement empiristes, et en faisant de la technique non plus un objet possible mais la forme même de la pratique philosophique. C'est ce qui explique que la médecine, qui reste pour Démocrite un simple matériau intellectuel, une source d'exemples et de modèles de raisonnements spécifiques, puisse devenir pour les épicuriens un véritable paradigme philosophique. Mais en refusant la démarcation stricte du théorique et du pratique, Épicure ne tient pas compte du risque représenté par l'empirisme – à savoir l'impossibilité pour toute approche strictement empiriste du savoir de ne pas dégénérer immanquablement en scepticisme. C'est en fait la possibilité sceptique elle-même qu'Épicure ne peut pas admettre, dans la mesure où le caractère pratique de la philosophie ne doit pas pour les épicuriens en atténuer la valeur de vérité. C'est la garantie de vérité qui conditionne en effet l'efficacité de la thérapie. Force est alors de constater qu'on ne retrouve pas un tel refus dans les doctrines médicales. Ce constat est évident si l'on considère la secte empirique, dont l'approche nous a paru être la plus proche de ce que l'on a pu comprendre de la méthodologie scientifique épicurienne ; mais dès la période hippocratique, les textes posent déjà la question de la valeur de vérité des énoncés sur lesquels repose le savoir médical – et l'on a vu à quel point, à la période alexandrine, cette problématique avait pris une place prépondérante. Ces énoncés sont déterminés comme essentiellement relatifs, et de ce fait, ils n'ont de valeur qu'en fonction de la singularité du cas auquel ils s'appliquent. Si la démarche du médecin n'est ainsi pas « sceptique » au sens strict, elle laisse néanmoins ouverte la question du degré de fiabilité des conclusions formulées dans son cadre d'exercice. Seuls les dogmatiques ont semble-t-il échappé à cette difficulté, au prix d'un renoncement définitif et quelque peu absurde aux ressources de l'expérience.

Cependant, cette tendance à questionner l'extension exacte de la valeur de vérité d'une hypothèse médicale n'est pas aussi sensible dans tous les courants étudiés. Est-ce à dire que ce que nous venons de suggérer ne peut être appliqué qu'à une petite partie au sein de l'immense océan que constitue « la » médecine antique ? Là encore, il n'est sans doute pas besoin d'aller jusqu'à l'identification formelles de « sectes » ou de « courants » pour justifier ces divergences dans l'appréhension du degré de fiabilité du savoir médical. Nous pouvons ainsi avancer à l'issue de ce livre deux thèses. Premièrement, si plusieurs écoles hippocratiques puis hellénistiques se sont affrontées, les textes semblent indiquer assez clairement que la pierre d'achoppement n'est pas à rechercher du côté de l'opposition entre expérience et savoir théorique – dans la mesure où très rares sont les textes qui prétendent que le médecin puisse se passer absolument de l'une comme de l'autre. Deuxièmement, il existe néanmoins une véritable querelle, mais qui s'est plutôt jouée autour de l'appréciation de la médecine comme art dogmatique ou art conjectural. La médecine existe-t-elle ? A-t-elle une efficace réelle ? Construit-elle des hypothèses ? Peut-elle donner lieu à des pronostics ? C'est à la lumière de ces questions que les appels des uns et des autres à plus d'expérience ou plus de théorie prennent sens. Il s'agit à chaque fois de déterminer où se trouvera pour le médecin le meilleur refuge contre l'erreur ; et surtout il s'agit d'évaluer quelle tolérance à l'erreur aura le médecin. On pourra avoir en ce cas aussi bien des praticiens d'inspiration empiriste, mais dogmatiques quant à leurs résultats, que des théoriciens chevronnés amenés à relativiser les postulats sur lesquels ils s'appuient. Les travaux d'Hérophile de Chalcédoine ou d'Erasistrate semblent bien être le résultat de telles oscillations. Néanmoins, par une sorte de régularisation immanente, on va progressivement constater que le choix de pratiques plus empiriques va la plupart du temps de pair avec le constat résigné des limites intrinsèques de l'art médical ; le pronostic du meilleur médecin du monde reste un pronostic, il n'est pas une prédiction. La convergence avérée à la période hellénistique entre l'empirisme et une certaine forme de scepticisme a ainsi ses racines dans la collection hippocratique elle-même, dans l'antique débat épistémologique portant sur le degré de certitude du savoir médical, débat implicite qui préfigure les controverses de la période suivante sur la notion de critère et le problème de l'évidence.

On constate surtout que ce glissement sceptique va constituer à la période hellénistique une tentation très forte, à laquelle peu de domaines du savoir vont échapper. Comme tous les spécialistes de la médecine empirique l'ont fait remarquer, si l'on doit identifier derrière ceux que Galien nomme les « dogmatiques », des médecins qui réagissent de façon parfois fort diverses à cette tentation sceptique, la réaction est nécessairement postérieure à un règne assez absolu des pratiques empiriques dans le champ médical. Ce pôle de résistance prend plusieurs formes – et les contradictions de la physiologie lucrétienne témoignent sans doute des difficultés engendrées par cet infléchissement de l'empirisme en scepticisme. Le système d'Asclépiade de Bythinie, considéré comme un des fondateurs possibles du méthodisme médical, en est un des avatars les plus intéressants. Asclépiade, qui a peut-être suivi un enseignement d'inspiration épicurienne, choisit en effet de fonder une médecine sur des principes philosophiques dogmatiques qu'il emprunte au matérialisme le plus orthodoxe. Cette décision s'accompagne d'un abandon de l'empirisme comme méthodologie et également de l'abandon du continuisme hippocratique en faveur du discontinuisme épicurien. Faut-il ici suivre les conclusions de J. Pigeaud, qui décrit ce moment important de l'histoire médicale comme celui de l'abandon du vitalisme au profit du mécanisme ? Nous retiendrons pour notre part de cet épisode que le dogmatisme en matière médicale a été un choix tardif. Ainsi, si l'on doit accepter l' hypothèse de contaminations conceptuelles réciproques entre l'épicurisme et la médecine antique, il faudra également admettre que l'épicurisme s'est en partie construit en exploitant des méthodes et des notions teintées de scepticisme – et que ce faisant, il porte en lui un germe de contradiction interne assez grave. Certes, l'épicurisme échappe en partie à cet écueil, dans la mesure où son dogmatisme est principalement orienté vers le contenu éthique de la doctrine. En d'autres termes, les incohérences de la méthodologie scientifique épicurienne ne lui portent pas préjudice, dans la mesure où l'exigence de certitude ne porte pas tant sur les résultats positifs de la *physiologia*, que sur leur efficacité thérapeutique ; ainsi, la notion même de dogmatisme épicurien mérite-t-elle d'être soigneusement réenvisagée, et vraisemblablement atténuée sur le strict plan épistémologique. Il n'empêche qu'on ne peut décemment qualifier Épicure de sceptique, même selon une compréhension atténuée de ce scepticisme. De ce fait, nous ne pouvons que souligner le grand désarroi qui saisit l'exégète, confronté à cette proximité très surprenante de l'épicurisme et de la médecine empirique. Cette contradiction interne nous semble propre à toute doctrine empirique non sceptique. Cependant elle n'est pas à nos yeux le symptôme d'une faiblesse de l'épicurisme qui le rendrait définitivement caduc ; considérons-la plutôt comme le prix à payer pour un choix épistémologique très audacieux, celui de la sensation comme critère du vrai.

BIBLIOGRAPHIE

SOURCES

ÉPICURE

ARRIGHETTI, Graziano, *Epicuro Opere*, Turin, Einaudi, 1973.
BAILEY, Cyril, *Epicurus, the extant remains*, Oxford, Oxford University Press, 1926.
BALAUDÉ, Jean-François, *Épicure, Lettres, maximes, sentences*, Paris, Livre de Poche, 1994.
BIGNONE, Ettore, *Epicuro, opere, frammenti, testimonianze*, Bari, Laterza, 1920.
CONCHE, Marcel, *Épicure, Lettres et maximes*, Paris, Presses universitaires de France, 1987.
DELATTRE, Daniel et PIGEAUD, Jackie (dir.), *Les Épicuriens*, Bibliothèque de la Pléiade (No 564), Paris, Gallimard, 2010.
GOULET-CAZÉ, Marie-Odile (dir.), *Diogène Laërce, Vies, doctrines et sentences des philosophes illustres*, Paris, Livre de Poche, 1999.
LAKS, André, « Édition critique et commentée de la "vie d'Épicure" dans Diogène Laërce (X, 1-34) », in *Études sur l'épicurisme antique, Cahiers de Philologie* I, Lille, Presses universitaires de Lille, 1976, p. 1-118.
VON DER MUEHLL, Peter, *Epicurus, Epistulae tres et ratae sententiae*, Leipzig, Teubner, 1923.
MARCOVICH, Miroslav, *Diogenis Laertis vitae philosophorum*, (3 t.), Stuttgart, Teubner, 1999-2002.
SEDLEY, David, « Epicurus On Nature XXVIII », *Cronachè Ercolanesi*, 3, 1973, p. 5-83.
USENER, Hermann, *Epicurea*, Leipzig, Teubner, 1887.
VERDE, Francesco, *Epicuro : Epistola a Erodoto*, intr. di Emidio SPINELLI, Roma, Carocci editore, 2010.

DIOGÈNE D'ŒNOANDA

SMITH, Martin Ferguson, *The Epicurean inscriptions*, Naples, Bibliopolis, 1993.

LUCRÈCE

BAILEY, Cyril, *Titi Lucreti Cari, De rerum natura libri sex*, Oxford, Oxford University press, 1947.
KANY-TURPIN, José, *Lucrèce, De la nature*, Paris, Garnier-Flammarion, 1998.
PAUTRAT, Bernard, *De la nature des choses*, Alain GIGANDET (préf.), Paris, Librairie Générale Française, 2002.

PHILODÈME DE GADARA

DELATTRE, Daniel, *Philodème de Gadara : Sur la musique (Livre IV)*, Paris, Les Belles-Lettres, 2007.
KONSTAN, David, *On frank criticism*, Atlanta, Scholars press, 1998.
DE LACY, Philipp et Estella, *Philodemus, On methods of inference*, Naples, Bibliopolis, 1978.
OLIVIERI, Alessandro, *Philodemi Peri parrhèsias*, Leipzig, Teubner, 1914
SUDHAUS, Siegfried, *Philodemi Volumina Rhetorica*, vol. I, Leipzig, Teubner, 1892 ; vol. II, 1896 ; réimpr. Amsterdam 1964.

COLLECTION HIPPOCRATIQUE

JOUANNA, Jacques, *Airs, Eaux, Lieux*, Paris, Belles-Lettres, 1996.
JOUANNA, Jacques, *De l'ancienne médecine*, Paris, Belles-Lettres, 1990.
JOUANNA, Jacques, *Des Vents-De l'Art*, Paris, Belles-Lettres, 1988.
JOUANNA, Jacques, *La Maladie sacrée*, Paris, Belles-Lettres, 2003.
LITTRÉ, Émile, *Hippocrate, Œuvres complètes, édition et traduction*, Paris, J. B. Baillière, 1839-1861.

MÉDECINS ALEXANDRINS

DEICHGRÄBER, Karl, *Die griechische Empirikerschule, Sammlung der Fragmente und Darstellung der Lehre*, Berlin, Weidmannsche, Buchhandlung, 1930.
GAROFALO, Ivan, *Erasistrati Fragmenta*, Pisa, Giardini, 1988.
VON STADEN, Heinrich, *Herophilus, The Art of Medicine in Early Alexandria*, Cambridge, Cambridge University Press, 1989.

MÉDECINS ROMAINS

BENDZ, Gerhard, *Caelius Aurelianus, Akute Krankheiten, I-III, (Caelii Aureliani « Celerum passionum » libri III ; Chronische Krankheiten, Buch I-V. Teil I, Akute Krankheiten I-III, Chronische Krankheiten I-II)*, Berlin, Akademie-Verlag, 1990.
MUDRY, Philippe, *La préface du De Medicina de Celse, texte, traduction et commentaire*, Rome, Institut suisse de Rome, 1982.
SERBAT, Guy, *Celse, De la Médecine*, Paris, Belles-Lettres, 1995.

GALIEN

BOULOGNE, Jacques, DELATTRE, Daniel (édit.), *Systématisation de la médecine*, Lille, Presses universitaires du Septentrion, 2003.

FREDE, Michael, WALZER, Richard, *Three treatises on the nature of science*, Indianapolis, Hackett publishing company, 1985.

HANKINSON, Robert James, *Galen. On Causes Antecedent*, Cambridge, Cambridge University Press, 1998.

HANKINSON, Robert James, *On the therapeutic method*, Oxford, Clarendon, 1991.

HELMREICH, Georg, *Claudii Galeni Pergameni, Scripta Minora*, Leipzig, Teubner, 1891-1893.

KÜHN, Karl Gottloeb, *Galeni opera omnia*, Leipzig,, Car. Cnoblochii, 1821-1833.

PELLEGRIN, Pierre, DALIMIER, Catherine, LEVET, Jean-Pierre, *Galien, Traités logiques et philosophiques*, Paris, Garnier-Flammarion, 1998.

ARISTOTE ET AUTRES SOURCES PHILOSOPHIQUES

BARNES, Jonathan, *Aristotle's posterior analytics*, Oxford, Clarendon Press, 1994.

BEKKER, Immanuel, *Aristotelis Opera*, (5 t.), Berlin, De Gruyter, 1960-1961.

BRUNSCHWIG, Jacques, *Les Topiques (I-IV)*, Paris, Belles-Lettres, 1967.

DIELS, Hermann, *Doxographi Graeci*, Berlin, Reimer, 1879, (repr. De Gruyter, 1965).

DIELS, Hermann, KRANZ, Walther, *Die Fragmente des Vorsokratiker*, (3 t.), Berlin, Akademie-Verlag, 1952.

DORION, Louis-André, *Réfutations sophistiques*, BRUNSCHWIG, Jacques (préf.), Vrin, Presses universitaires de Laval, 1995.

MOREL, Pierre-Marie, *Petits traités d'histoire naturelle*, Paris, Flammarion, 2000.

PELLEGRIN, Pierre, *Seconds analytiques (Organon IV)*, Paris, Flammarion, 2005.

PELLEGRIN, Pierre, *Physique*, Paris, Garnier-Flammarion, 2000.

ROSS, William David, *Aristotle's Metaphysics*, (2 t.), Oxford, Clarendon Press, 1953 (repr.).

ROSS, William David, *Parva Naturalia*, Oxford, Clarendon Press, 1955.

ROSS, William David, *Aristotelis politica*, Oxford, Oxford University Press, 1957.

ROSS, William David, *Aristotelis Topica et sophistici elenchi*, Oxford, Oxford University Press, 1958.

ROSS, William David, *Aristotelis Analytica priora et posteriora*, Oxford, Clarendon Press, 1964.

SEXTUS EMPIRICUS

BARNES, Jonathan, *Sextus Empiricus, Outlines of scepticism*, Cambridge, Cambridge University Press, 2002.

BLANK, David, *Sextus Empiricus, Against the grammarians*, Oxford, Clarendon Press, 1998.

MUTSCHMANN, Hermann, MAU, Jürgen, JANACEK, Karel, *Sexti Empirici Opera*, (4 t.), Leipzig, Teubner, 1954-1962

PELLEGRIN, Pierre, *Sextus Empiricus, Esquisses Pyrrhoniennes*, Paris, Seuil, 1997.

PELLEGRIN, Pierre, *Sextus Empiricus, Contre les professeurs*, Paris, Seuil, 2002.

OUVRAGES DE RÉFÉRENCE, OUVRAGES COLLECTIFS

BALANSARD, Anne (dir.), *Le travail et la pensée technique dans l'Antiquité classique : lecture et relecture d'une analyse de psychologie historique de Jean-Pierre Vernant*, Ramonville-Saint-Agne, Eres, 2003

BARNES, Jonathan (édit.), *The Cambridge Companion to Aristotle*, Cambridge, Cambridge University Press, 1993.

BRUNSCHWIG, Jacques (édit.), *Les Stoïciens et leur logique : actes du colloque de Chantilly, 18-22 septembre 1976*, Paris, Vrin, 1978.

CANTO-SPERBER, Monique, BARNES, Jonathan, BRISSON, Luc, BRUNSCHWIG, Jacques, et VLASTOS, Gregory, *La philosophie grecque*, Paris, Presses universitaires de France, 1998.

EVERSON, Stephen (édit.), *Epistemology – Companions to ancient thought* I, Cambridge, Cambridge University press, 1990.

GOURÉVITCH, Danielle (édit.), *De l'Art médical*, introduction par GOURÉVITCH, Danielle, GRMEK, Mirko et PELLEGRIN, Pierre, Paris, Livre de Poche, 1994.

KEYSER, Paul, IRBY-MASSIE, Georgia, *Greek science of the Hellenistic era : a sourcebook*, Londres, Routledge, 2002.

LÉVY, Carlos, *Les Philosophies hellénistiques*, Paris, Livre de Poche, 1997.

LÉVY, Carlos, BESNIER, Bernard et GIGANDET, Alain (édit.), *Ars et ratio : sciences, art et métiers dans la philosophie hellénistique et romaine :* actes du colloque international organisé à Créteil, Fontenay et Paris du 16 au 18 octobre 1997, Bruxelles, Latomus, 2003.

LÖBL, Rudolf, *Technè – Untersuchungen zur Bedeutung dieses Wortes in der Zeit von Homer bis Aristoteles. T. I : Von Homer bis zu den Sophisten*, Würzburg, Königshausen & Neumann, 1997-.

LONG, Anthony, SEDLEY, David, *The hellenistic philosophers*, (2 t.) Cambridge, Cambridge university press, 1982.

LONG, Anthony, SEDLEY, David, *Les philosophes hellénistiques*, BRUNSCHWIG, Jacques, PELLEGRIN, Pierre (trad.), t. I, Paris, Garnier-Flammarion, 2001.

USENER, Hermann, *Glossarium Epicureum*, GIGANTE, Marcello (édit.), Rome, Schmid, 1977.

WARREN, James, *The Cambridge Companion to Epicureanism*, Cambridge, Cambridge Companions to Philosophy, 2009.

ARTICLES ET MONOGRAPHIES

ÉPICURE ET L'ÉPICURISME, GÉNÉRALITÉS, HISTOIRE DE L'ÉCOLE ÉPICURIENNE

ASMIS, Elizabeth, « Philodemus' Epicureanism », in *Aufstieg und Niedergang der Römischen Welt*, II, 36.4, 1990, p. 2369-2406.

BLANK, David, « La philologie comme arme philosophique : la connaissance technique de la rhétorique dans l'épicurisme », in *Cicéron et Philodème. La polémique en philosophie*, AUVRAY-ASSAYAS, Clara et DELATTRE, Daniel (édit.), Paris, Presses de l'École normale supérieure, 2001, p. 241-259.

BIGNONE, Ettore, *L'Aristotele perduto e la formazione filosofica di Epicuro*, Florence, Nuova Italia, 1973.

CAPASSO, Mario, « Les livres sur la flatterie dans le *De Vitiis* de Philodème », in *Cicéron et Philodème, la polémique en philosophie*, AUVRAY-ASSAYAS, Clara et DELATTRE, Daniel (édit.), Paris, Presses de l'École normale supérieure, 2001, p. 179-195.

DELATTRE, Daniel, *La Villa des papyrus et les rouleaux d'Herculanum : la bibliothèque de Philodème*, Cahiers du Cedopal nº 4, Université de Liège, 2006.

ERLER, Michael, « *Philologia medicans* : Wie die Epikureer die Schriften ihres Meisters lase », in *Scriptoralia* 61, VOGT-SPIRA, Gregor (édit.), 1993, p. 281-303

ERLER, Michael, « *Philologia medicans* : comment les épicuriens lisaient les textes de leur maître ? », in *L'Épicurisme antique*, Cahiers Philosophiques de Strasbourg, nº 15, printemps 2003, p. 217-255.

GIGANTE, Marcello, *Ricerche filodemee*, Naples, G. Macchiaroli, 1969.

GIGANTE, Marcello, *Scetticismo e epicureismo*, Naples, Bibliopolis, 1981.

GIGANTE, Marcello, GRIMAL, Pierre, *La bibliothèque de Philodème et l'épicurisme romain*, Paris, Belles-Lettres, 1987.

GIGANTE, Marcello, « Quelques précisions sur le scepticisme et l'épicurisme », in *Le scepticisme antique, perspectives historiques et systématiques, actes du colloque international sur le scepticisme antique, Université de Lausanne, 1-3 juin 1988*, VOELKE, André-Jean (édit.), Cahiers de la revue de Théologie et de philosophie, Lausanne, 1990, p. 69-83.

GOTTSCHALK, Hans, « Philosophical innovation in Lucretius ? », in *Polyhistor. Studies in the history and historiography of ancient philosophy*, ALGRA, Keimpe, VAN DER HORST, Pieter, RUNIA, David (édit.), Leiden, Brill, 1996, p. 231-242.

HUBY, Pamela, « Epicurus' attitude to Democritus », in *Phronèsis*, 23, 1978, p. 80-86.

ISNARDI-PARENTE, Margherita, « I democritei e l'antiscetticismo di Epicuro (*Ratae sententiae* XXIII-XXIV) », in *La storia della filosofia come sapere critico. Studi in onore di Mario dal Pra*, Milan, Angeli, 1984, p. 106-121.

ISNARDI-PARENTE, Margherita « *Chronos epinooumenos* ou *nooumenos* in Epicuro pap. Herc. 1413 », *Parola del Passato* 167 (1976, XXI), p. 168-175

DE LACY, Philip, « Colotes' first criticism of Democritus » in *Isonomia, Studien zur Gleichheitvorstellung im grieschichen Denken*, MAU, Jürgen et SCHMIDT, Ernst Günther (édit.), Berlin, Akademie-Verlag, 1964, p. 67-78.

LEONE, Giuliana, « Epicuro, Della Natura, libro XI », in *Cronachè Ercolanesi*, 14, 1984, p. 17-107.

LÉVY, Carlos, « Lucrèce avait-il lu Énésidème ? », in *Lucretius and his intellectual background*, Amsterdam, 1997, p. 115-124.

LONGO AURICCHIO, Francesca, « I filosofi megarici nella retorica di Filodemo », in *Cronachè Ercolanesi*, 5, 1975, p. 143-150.

MONNET, Annick, « La Flatterie de Philodème et l'organisation des Vices : réponse à Mario Capasso », in *Cicéron et Philodème. La polémique en philosophie*, AUVRAY-ASSAYAS, Clara, et DELATTRE, Daniel (édit.), Paris, Presses de l'École normale supérieure, 2001, p. 195-203.

RIST, John Michael, *Epicurus, an introduction*, Cambridge, Cambridge University Press, 1972.

RODIS-LEWIS, Geneviève, *Épicure et son école*, Paris, Gallimard, 1975.

SCHRIJVERS, Piet Herman, « Philosophie et paraphrase : Lucrèce et les sceptiques », in *La langue latine, langue de la philosophie*, École Française de Rome, 1992, p. 125-140.

SCHRIJVERS, Piet Herman, *Lucrèce et les sciences de la vie*, Leiden, Brill, 1999.

SEDLEY, David, « The structure of Epicurus' *On Nature* », in *Cronachè Ercolanesi*, 4, 1974, p. 89-92.

SEDLEY, David, « Epicurus and the mathematicians of Cyzicus », *Cronachè ercolanesi*, 6, 1976, p. 23-54.

SEDLEY, David, « The character of Epicurus' *On Nature* », in *Atti del XVII Congresso internazionale di papirologia, 19-26 mai 1983*, Naples, Bibliopolis, 1984, p. 381-387.

SEDLEY, David, *Lucretius and the transformation of greek wisdom*, Cambridge, Cambridge University Press, 1998.

TEPEDINO GUERRA, Adele, « Il contributo di Metrodoro di Lampsaco alla formazione della teoria epicurea del linguaggio », *Cronachè Ercolanesi*, 20, 1990, p. 17-25.

VANDER WAERDT, Paul, « Colotes and the Epicurean refutation of Skepticism », in *Greek, Roman and Byzantine Studies*, 30, 1989, p. 225-267.

HISTOIRE DE LA MÉDECINE, GÉNÉRALITÉS

DILLER, Hans, *Die Anfänge der abendländischen Medizin*, Reinbek, Rowolt, 1962.

DUCATILLON, Jeanne, « Qui est l'auteur du traité hippocratique De l'Art ? » in *Corpus Hippocraticum, Actes du colloque hippocratique de Mons, 22-26 septembre 1975*, JOLY, Robert (édit.), 1977, Université de Mons, p. 148-158.

EDELSTEIN, Ludwig, *Ancient medicine, selected papers*, TEMKIN, Owsei et TEMKIN, Clarisse Lilian (édit.), Baltimore, John Hopkins press, 1967.

FLEISCHER, Ulrich, *Untersuchungen zur den pseudohippocratischen schriften, Parangeliai, Peri iètroi, und Peri egskmosunhès*, Berlin, Junker & Dünnhaupt, 1939.

GAROFALO, Ivan, « La nature d'Hippocrate chez les Alexandrins », in *Le normal et le pathologique dans la Collection Hippocratique*, Actes du Xe Colloque International Hippocratique, oct. 1999, THIVEL, Antoine et ZUCKER, Arnaud (édit.), Paris, C.I.D. Diffusion, 2002, 2 vol., p. 753-758

JONES, W. H. S., *The medical writings of Anonymous Londinensis*, Cambridge, Cambridge university press, 1947.

JOUANNA, Jacques, *Pour une archéologie de l'école de Cnide*, Paris, Belles-Lettres, 1974.

LLOYD, Geoffrey E. R., « Who is attacked in *On Ancient medicine* ? », in *Phronèsis*, 8, 1963, p. 108-126.

LONIE, Ian, « The Cnidian treatises of the "Corpus Hippocraticum" », in *Classical Quarterly*, XV, 1965, p. 1-30.

STOK, Fabio, « La scuola medica Empirica a Roma : problemi storici e prospettive di ricerca », in *Aufstieg und Niedergang der Römischen Welt*, 37.1, 1993, p. 600-645.

TEMKIN, Owsei, « Celsus' *On medicine* and the ancient medical sects », in *Bulletin of the Institute of the History of Medicine* 3, 1935, p. 249-264.

THIVEL, Antoine, *Cnide ou Cos ? : Essai sur les doctrines médicales dans la collection hippocratique*, Paris, Belles-Lettres, 1981.

VALLANCE, John, *The lost theory of Asclepiades of Bithynia*, Oxford, Clarendon Press, 1990.

VAN DER EIJK, Philippus Johannes, « Towards a rhetoric of ancient scientific discourse : some formal characteristics of Greek medical and philosophical texts (Hippocratic corpus, Aristotle) », in *Grammar as interpretation : Greek literature in its linguistic contexts*, BAKKER, Egbert (édit.), Leiden, Brill, 1997, p. 77-129.

VAN DER EIJK, Philippus Johannes, « Historical awareness, historiography and doxography in Greek and Roman medicine », in *Ancient histories of medicine, essays in medical doxography and historiography in classical antiquity*, VAN DER EIJK, Philippus Johannes (édit.), Leiden, Brill, 1999, p. 1-31.

VINCENTELLI, Céline, « Pour une unité de la médecine hippocratique, *Airs, Eaux, Lieux* et *Maladies I* », in *History and philosophy of the life sciences*, 12, 1990, p. 249-259.

ÉPISTÉMOLOGIE DE LA MÉDECINE,
HISTOIRE DES TECHNIQUES MÉDICALES

AYACHE, Laurent, « Hippocrate laissait-il la nature agir ? », in *Tratados hipocráticos : actas del VIIe colloque international hippocratique, Madrid, 24-29 de septiembre de 1990*, Madrid, UNED, 1992, p. 19-35.

AYACHE, Laurent, « Le cas de Démocrite : du diagnostic médical à l'évaluation philosophique », in *Hippokratische Medizin und antike Philosophie, Actes du VIIIe colloque international hippocratique, Staffelstein, 23-28 septembre 1993*, WITTERN, Renate et PELLEGRIN, Pierre, Olms, Hidelsheim, 1996, p. 63-75.

BARNES, Jonathan, « Medicine, Experience and Logic », in *Science and Speculation : Studies in Hellenistic Theory and Practice*, BARNES, Jonathan, BRUNSCHWIG, Jacques, BURNYEAT, Myles et SCHOFIELD, Malcolm (édit.), Cambridge-Paris, Maison des sciences de l'homme, 1982, p. 24-68.

CAPPELLETTI, Angel, « Anatomia, fisiologia e psicologia e Alcmeon de Crotona », in *Ciencia jonica y pitagorica*, 1980, Universidad Simon Bolivar, p. 69-87.

DEBRU, Armelle, « L'air nocif chez Lucrèce : causalité épicurienne, hippocratisme, et modèle du poison », in *Maladie et maladies dans les textes latins antiques et médiévaux, Actes du Ve colloque international « Textes médicaux latins », 4-6 septembre 1995, Bruxelles*, Deroux, Carl (édit.), Bruxelles, Latomus, 1995, p. 95-104.

DUCATILLON, Jeanne, « Le médecin opsimathe d'après le chapitre 13 du traité des *Préceptes* », in *Hippocratica – Actes du Colloque hippocratique de Paris, 4-9 septembre 1978*, GMERK, Mirko (édit.), CNRS, 1980, p. 113-133.

ESCANDE, Georges, « Histoire de la dissection », in *Les dossiers d'archéologie*, 231, mars 1998, p. 40-49.

FREDE, Michael, « The empiricist attitude towards reason and theory », in *Method, medicine and metaphysics*, HANKINSON, Robert James (édit.), volume special de la revue *Apeiron*, XXI, 2, 1988, p. 79-97.

FREDE, Michael, « An empiricist view of knowledge : memorism », in *Epistemology*, Everson, Stephen (édit.), Cambridge, Cambridge University press, 1990, p. 225-250.

GOMPERZ, Theodor, *Die Apologie der Heilkunst, eine griechischen Sophistenredes ds V. Vorchislichen Jahrhunderts*, Wien, F. Tempsky, 1890.

GOURÉVITCH, Danielle, *Le triangle hippocratique dans le monde greco-romain. Le malade, sa maladie et son médecin*, Bibliothèque des Écoles françaises d'Athènes et de Rome, 1984.

GRMEK, Mirko, *Le chaudron de Médée – L'expérimentation sur le vivant dans l'Antiquité*, Le Plessis-Robinson, Synthélabo, 1997.

HANKINSON, Robert James, « The growth of medical empiricism », in *Knowledge and the scholarly medical tradition*, BATES, Don (édit.), Cambridge, Cambridge University Press, 1995, p. 60-83.

HEIDEL, William Arthur, *Hippocratic medicine*, New York, Arno Press, 1981.

JAEGER, Werner, « Aristotle's use of medicine as model in his ethics », in *Journal of Hellenistic studies*, London, 1957 (77), p. 54-61.

JOUANNA, Jacques, « La notion de nature chez Galien », in *Galien et la philosophie*, Genève, Entretiens sur l'Antiquité classique de la fondation Hardt, 2003, p. 229-262

KUDLIEN, Fridolf, « Medicine as a "liberal art" and the question of the physicians income », in *Journal of the History of Medicine and allied sciences*, vol. 31, 1976, p. 448-459.

KUDLIEN, Fridolf, « Endeixis as a scientific term : a) Galen's usage of the word » in *Galen's method of Healing : proceedings of the 1982 Galen symposium*, DURLING, Richard et KUDLEIN, Fridolf (édit.), Leiden, Brill, 1991.

LONGRIGG, James, « Death and epidemic disease in Classical Athens : epidemics, ideas, and Classical Athenian society », in *Epidemics and Ideas : essays on the historical perception of pestilence*, RANGER, Terence et SLACK, Paul (édit.), Cambridge University Press, 1992, p. 21-44.

MACKINNEY, Loren, « The concept of *isonomia* in greek medicine », in *Isonomia, studen zur Gleichheitvorstellung in grieschen denken*, MAU, Jürgen (édit.), Berlin, Schmidt, 1971, p. 79-88.

MANDRESSI, Rafael, *Le regard de l'anatomiste : dissections et inventions du corps en Occident*, Paris, Seuil, 2003.

MANSFELD, Jaap, « Alcmaeon : physikos or physician ? » in *Kephalaion. Studies in greek philosophy and its continuation, offered to C.J. De Vogel*, MANSFELD, Jaap et RIJK, Lambertus (édit.), Van Gorcum, 1975, p. 26-38.

MUDRY, Philippe, « Sur l'étiologie des maladies attribuée à Hippocrate par Celse », in *Hippocratica, Actes du colloque hippocratique de Paris, 4-9 septembre 1978*, GMERK, Mirko (édit.), CNRS, 1980, p. 409-416.

PIGEAUD, Jackie, *La maladie de l'âme. Étude sur la relation de l'âme et du corps dans la tradition medico-philosophique antique*, Paris, Belles-Lettres, 1989.

PIGEAUD, Jackie, « L'introduction du méthodisme à Rome », in *Aufstieg und Niedergang der Römischen Welt*, 37.1, 1993, p. 565-599.

RAWSSON, Elizabeth, « The life and death of Asclepiades of Bithynia », in *Classical Quarterly*, 32, 1982, p. 358-370.

ROESCH, Paul, « Médecins publics dans les cités grecques », in *Histoire des sciences médicales*, XVIII, 1984, p. 279-293.

SEGAL, Charles, « Lucretius, epilepsy and the Hippocratic *On breaths* », in *Classical Philology*, LXV, 1970, p. 180-182.

TEMKIN, Owsei, *On second thought and other essays in the history of medicine and science*, Baltimore, Johns Hopkins University Press, 2002.

TRIEBEL-SCHUBERT, Charlotte, « Der begriff der *Isonomie* bei Alkmeion », in *Klio*, LXVI, 1984, p. 40-50.

VAN DER EIJK, Philippus Johannes, « The Methodism of Caelius Aurelianus : some epistemological issues », in *Medicine and Philosophy in Classical Antiquity – Doctors and Philosophers on Nature, Soul, Health and Disease*, Cambridge University Press, 2005, p. 299-328.

VANCAMP, Bruno, « Hippocrate et son temps », in *Hippocrate et sa postérité*, BYL, Simon (édit.), Bruxelles, Ousia, 2001, p. 15-22.

VEGETTI, Mario, « La polemica di Galeno contro la medicina metodica », in *Siculorum Gymnasium*, XXXIII, 1980, p. 427-435.

VEGETTI, Mario, « L'épistémologie d'Érasistrate et la technologie hellénistique » in *Clio medica*, 1995, vol. 28, p. 461-472.

VEGETTI, Mario, « Entre le savoir et la pratique : la médecine hellénistique », in *Histoire de la pensée médicale en Occident*, t. 1, GRMEK, Mirko (édit.), Paris, Éd. du Seuil, 1995.

VON STADEN, Heinrich, « The discovery of the body : human dissections and its cultural contexts in ancient Greece », in *Yale journal of biology and medicine*, vol. 65, 1992, p. 223-241.

VON STADEN, Heinrich, « Experiment and Experience in Hellenistic Medicine », in *Bulletin of the Institute of Classical Studies of the University of London*, 22, 1975, p. 178-199.

VON STADEN, Heinrich, « Body, soul and nerves : Epicurus, Herophilus, Erasistratus, the Stoics and Galen », in *Psyche and Soma : physicians and metaphysicians on the mind-body problem from Antiquity to Enlightenment*, WRIGHT, John P. et POTTER, Paul (édit.), Oxford, Oxford University press, 2000, p. 79-116.

PHILOSOPHIE DES SCIENCES, ÉPISTÉMOLOGIE, GNOSÉOLOGIE ANTIQUES

ALLEN, James, *Inference from signs – ancient debate about the nature of evidence*, Oxford, Clarendon press, 2001.

ANNAS, Julia, *Hellenistic Philosophy of mind*, Berkeley, University of California press, 1992.

ASMIS, Elizabeth, *Epicurus' scientific method*, Cornell studies in classical philology (42), Cornell University Press, 1984.

ASMIS, Elizabeth, « Epicurean Semiotics », in *Knowledge Through Signs : Ancient Semiotic Theories and Practices*, MANETTI, Giovanni (édit.), Brepols, 1995, p. 155-185.

AUVRAY-ASSAYAS, Clara, « L'évidence de la sensation épicurienne : le témoignage de Cicéron », in *Dire l'évidence : philosophie et rhétorique antiques*, LÉVY, Carlos et PERNOT, Laurent (édit.), Paris, L'Harmattan, 1997, p. 157-175.

AVOTINS, Ivars, « Notes on Lucretius, II, 251-93 » in HSPh 84, 1980, p. 76-79.

BARNES, Jonathan, « Epicurean signs », *Oxford studies in ancient philosophy*, suppl., Oxford, 1988, p. 91-134.

BARNES, Jonathan, « Ancient scepticism and causation » in *The skeptical tradition*, BURNYEAT, Miles (édit.), Berkeley, University of California press, 1983, p. 149-203.

BARNES, Jonathan, « The size of the sun in Antiquity », in *Acta Classica Universitatis Scientiarum Debrecensis*, Debrecen, 25, 1989, p. 29-41.

BENATOUIL, Thomas, « La méthode épicurienne des explications multiples », in *L'épicurisme antique*, Cahiers Philosophiques de Strasbourg, 15, 2003, p. 15-47.

BICKNELL, Peter J., « Why atoms had to swerve : an exploration in Epicurean physics », in *Proceedings of the Boston Area Colloquium in Ancient Philosophy*, VI, 1992, p. 241-288.

BOURGEY, Louis, *Observation et expérience chez Aristote*, Paris, Vrin, 1955

BROCHARD, Victor, « La méthode expérimentale chez les Anciens », RMM tome XIII, 1887, p. 37-49.

BRUNSCHWIG, Jacques, « Sextus Empiricus et la notion de *Kritérion* », in *Études sur les philosophies hellénistiques*, Paris, Presses universitaires de France, 1995.

BRUNSCHWIG, Jacques, « L'argument des berceaux dans l'épicurisme et le stoïcisme », in *Études sur les philosophies hellénistiques*, Paris, Presses universitaires de France, 1995.

BURNYEAT, Miles, « The origins of non-deductive inference » in *Science and speculation*, BARNES, Jonathan, BRUNSCHWIG, Jacques, BURNYEAT, Miles et SCHOFIELD, Malcolm (édit.), Paris, Maison des sciences de l'homme, 1982, p. 193-238.

BURNYEAT, Miles, « The upside-down back-to-front sceptic of Lucretius IV, 472 », in *Philologus*, 1978, p. 197-206.

BURNYEAT, Miles, « Protagoras and self-refutation in Plato's Theaetetus », in *The philosophical review*, vol. 85, 1976, p. 172-195

BURNYEAT, Miles, « Protagoras and self-refutation in later greek philosophy », in *The philosophical review*, vol. 85, 1976, p. 44-69.

CANGUILHEM, Georges, *Le Normal et le pathologique*, Paris, Presses Universitaires de France, 1998.

CHARRAK, André, *Empirisme et théorie de la connaissance*, Paris, Vrin, 2009.

DELATTRE, Daniel, « Le Sage épicurien face à la colère et à l'ivresse : une lecture renouvelée du *De ira* de Philodème », in *Cronachè Ercolanesi* 39, 2009 p. 71-89.

DELEUZE, Gilles, *Empirisme et subjectivité*, Paris, Presses universitaires de France, 1993.

DROZ-VINCENT, Gabriel, « Les *fœdera naturae* chez Lucrèce », in *Le concept de nature à Rome : La physique*, LÉVY, Carlos (édit.), Paris, Presses de l'École Normale Supérieure, 1996, p. 191-211.

FOWLER, David, « Lucretius on the clinamen and "free will" », *SYZETESIS, Studi sull'epicureismo greco e romano offerti a Marcello Gigante*, Napoli, Macchiaroli, 1983, p. 329-352.

FREDE, Michael, « Stoics and Sceptics on clear and distinct ideas », in *The skeptical tradition*, BURNYEAT, Miles (édit.), University of California Press, 1983, p. 65-93.

FREDE, Michael, « The original notion of cause », in *Doubt and dogmatism. Studies in Hellenistic epistemology*, BARNES, Jonathan, BURNYEAT, Miles, et SCHOFIELD, Malcolm (édit.), Oxford, Clarendon Press, 1979, p. 217-249.

FURLEY, David, « What kind of cause is Aristotle's final cause ? » in *Rationality in Greek Thought*, FREDE, Michael et STRIKER, Gisela (édit.), Oxford – New-York, Oxford University Press, 1996, p. 59-81.

FURLEY, David, *Two studies in Greek atomists*, Princeton University Press, 1967.

GEMELLI, Benedino, « Il concetto di causa in Epicuro », in *Sandalion* II, 1979, p. 81-97

GIGANDET, Alain, « Providence et causes finales : une polémique épicurienne », in *L'Épicurisme antique*, Cahiers Philosophiques de Strasbourg, 15, Printemps 2003, p. 49-71.

GIGANTE, Marcello, « "Philosophia medicans" in Filodemo », in *Cronachè Ercolanesi* 5, 1975, p. 53-63.

GIOVACCHINI, Julie, « Sur une concordance textuelle entre Épicure et la collection Hippocratique », REA, t. 108 (2), 2006, p. 453-469.

GOLDSCHMIDT, Victor, *La doctrine d'Épicure et le droit*, Bibliothèque d'Histoire de la Philosophie, Paris, Vrin, 1977.

HANKINSON, Robert James, « Philosophy of science » in *The Cambridge companion to Aristotle*, BARNES, Jonathan (édit.), Cambridge, Cambridge University Press, 1993, p. 121-122.

INWOOD, Brad, et MANSFELD, Jaap, *Assent and Argument : Studies in Cicero's Academic book*, Brill, 1997.

ISNARDI-PARENTE, Margherita, *Technè, momenti del pensiero greco da Platone ad Epicuro*, Florence, Nuova Italia, 1966.

KLEVE, Knut, « The epicurean isonomia and its sceptical refutation », in *Symbolae Osloenses*, LIV, 1979, p. 27-35.

KONSTAN, David, « Commentary on Morel : Method and evidence : on Epicurean preconception », in *Proceedings of the Boston Area colloquium of Ancient Philosophy*, CLEARY, John J., et GURTLER, Gary M. (édit.), volume 23, Brill, 2007, p. 49-55.

DE LACY, Philipp, « Limit and variation in the Epicurean philosophy », in *Phoenix* 23, 1969, p. 104-113.

DE LACY, Philipp, « Epicurean EPILOGISMOS », in *American Journal of Philology* 79, 1958, p. 179-183.

LÉVY, Carlos, *Cicero Academicus : Recherches sur les Académiques et sur la philosophie cicéronienne*, Paris, De Boccard, 1992.

LLOYD, Geoffrey E. R., *Polarity and Analogy : two types of argumentation in early Greek thought*, Cambridge, Cambridge university press, 1966.

LLOYD, Geoffrey E. R., *Magie, raison et expérience : origines et développement de la science grecque*, Paris, Flammarion, 1990

LLOYD, Geoffrey E. R., *Ancient worlds, modern reflections : philosophical perspectives on Greek and Chinese science and culture*, Oxford, Clarendon Press, 2004.

LLOYD, Geoffrey E. R., *Origines et développements de la science grecque*, Paris, Champs Flammarion, 1979.

LONG, Anthony A., « *Aisthèsis*, *Prolepsis* and Linguistic theory in Epicurus », in *Bulletin of the Institute of Classical studies* 18, 1971, p. 114-133

LONG, Anthony A., « Chance and natural law in Epicureanism », in *Phronèsis*, XXII, 1977, p. 63-88.

LONGO AURICCHIO, Francesca, TEPEDINO GUERRA, Adele, « Per un riesame della polemica epicurea contro Nausifane », in *Sic. Gymn.* XXXIII, 1980, p. 467-477.

MACÉ, Arnaud, « La vitesse de la pensée ; sur la pensée épicurienne de la co-affection », in *L'épicurisme antique*, Cahiers Philosophiques de Strasbourg, n° 15, 2003, p. 119-165.

MOREL, Pierre-Marie, « Method and evidence : on the Epicurean preconception », in *Proceedings of the Boston Area Colloquium in Ancient Philosophy*, CLEARY, John J., et GURTLER, Gary M. (édit.), volume 23, Brill, 2007, p. 25-48.

MOREL, Pierre-Marie, « Démocrite et l'objet de la philosophie naturelle : à propos des sens de *phusis* chez Démocrite » in *Democritus : Science, the arts, and the care of the soul*, BRANCACCI, Aldo et MOREL, Pierre-Marie (édit.), Brill, 2007, p. 105-125.

MOREL, Pierre-Marie, « Technique et nécessité : le modèle de l'adaptation de Démocrite à Vitruve » in *Ars et ratio : Sciences, art et métiers dans la philosophie hellénistique et romaine*, LÉVY, Carlos, BESNIER, Bernard et GIGANDET, Alain (édit.), Bruxelles, Latomus, 273, 2003, p. 207-220.

MOREL, Pierre-Marie, « Corps et cosmologie dans la physique d'Épicure », in RMM janvier-mars 2003, p. 33-49.

MOREL, Pierre-Marie, « Les ambiguïtés de la conception épicurienne du temps », in *Revue philosophique de la France et de l'étranger*, 2002 (2), p. 195-211.

NARCY, Michel, *Le philosophe et son double*, Paris, Vrin, 1984.

NUSSBAUM, Martha, « Therapeutic arguments : Epicurus and Aristotle » in *The Norms of Nature : Studies in hellenistic ethics*, SCHOFIELD, Malcolm et STRIKER, Gisela (édit.), Cambridge, Cambridge University Press, 1986, p. 31-74.

SALEM, Jean, *Tel un dieu parmi les hommes. L'éthique d'Épicure*, Paris, Vrin, 1989.

SCHOFIELD, Malcolm, « *Epilogismos* : an appraisal » in *Rationality in Greek Thought*, FREDE, Michael et STRIKER, Gisela (édit.), Oxford, Oxford University Press, 1996, p. 221-239.

SCHOFIELD, Malcolm, « Explanatory projects in Physics 2.3 an 7 », in OSAP suppt 1991 p. 29-40.

SEDLEY, David, « On Signs », in *Science and Speculation : Studies in Hellenistic Theory and Practice*, BARNES, Jonathan, BRUNSCHWIG, Jacques, BURNYEAT, Myles et SCHOFIELD, Malcolm (édit.), Cambridge-Paris, Maison des sciences de l'homme, 1982, p. 239-272.

SEDLEY, David, « The inferential foundation of epicurean ethics », in *Epicureismo greco e romano, atti del congresso internazionale di Napoli, 19-26 mai 1993*, GIANNANTONI, Gabriele et GIGANTE, Marcello (édit.), Naples, Bibliopolis, 1995, p. 313-339.

STRIKER, Gisela, « The Problem of the Criterion », in *Epistemology, Companions to ancient thought I.*, EVERSON, Stephen (édit.), Cambridge University Press, 1990, p. 143-160.

STRIKER, Gisela, *Essays on Hellenistic Epistemology and Ethics*, Cambridge University Press, 1996.

TARRANT, Harold, *Scepticism and platonism ? The philosophy of the Fourth Academy*, Cambridge University Press, 1985.

TAYLOR, Alfred Edward, *Varia Socratica*, Oxford, J. Parker & Co, 1911.

TAYLOR, Christopher C. W., « All Perceptions are True » in *Doubt and Dogmatism : studies in Hellenistic epistemology*, SCHOFIELD, Malcolm, BURNYEAT, Miles, et BARNES, Jonathan (édit.), Oxford, Clarendon Press, 1980, p. 105-124.

TRÉDÉ, Monique, *Kairos : L'à-propos et l'occasion*, Paris, Klincksieck, 1992.

TSOUNA, Voula, *The Ethics of Philodemus*, Oxford University Press, 2007

VLASTOS, Gregory, « *Isonomia politikè* », in *Isonomia, Studien zur Gleichheitvorstellung im grieschichen Denken*, MAU, Jürgen et SCHMIDT, Ernst Günther (édit.), Berlin, Akademie-Verlag, 1964, p. 1-36.

WARREN, James, « Democritus on social and psychological harm » in *Democritus : science, the arts and the care of the soul*, Brill, 2007, p. 87-105.

WELLESLEY, Kenneth, « Lucretius 1, 469-470 » in *Classical review* n.s., 13, 1963, p. 16-17.

WOLFF, Francis, *L'Être, l'homme, le disciple*, Paris, PUF, 2000

WOLFF, Francis, « Maîtres et disciples » in *Magazine Littéraire*, 425, novembre 2003, p. 36-39.

INDEX LOCORUM

Aëtius
V, 30, 1 : 186n

Aristote
Analytica posteriora – I, 2, 71b9 : 167n ; II, 7, 92 b 4-18 : 70n ; II, 14 : 168n
Sophistici elenchi – XI, 171b30-35 : 45n ; XXIV, 179 a 34 : 148n
Metaphysica – A 1, 980 b 25 : 60n ; A, 1, 981 b 13-24 : 42n ; A, 5, 986 a 22 : 186n
De memoria – 453 a 9-15 : 75n
De sensu – 436 a 16-20 : 45n
Topica – I, 11, 104 a 5 – 37 : 94n ; 1, 12 105 a 10 : 75n ; V, 8, 138 b 24 : 94n
Rhetorica – 1356 b 12-18 : 94n
Politica – VI, 8, 1322 b 36 : 140n
Physica – I, 184 a 10-15 : 165n ; II, 194 b 23-25 : 174n ; VIII, 1, 252 a 32 : 174n
De partibus animalium – I, 1, 642 a1-642 b2 : 171n
De generatione animalium – E, 8, 789 b 2 = DK 68 A 66 : 174n

Celse
De medicina – Préface 6-7 : 45n ;
Préface 12 : 45n ;
Préface 29 : 46n ;
Préface 47 : 46n

Chrysippe
Fragmenta logica et physica – 94, 2 : 61n

Cicéron
De finibus – III, 33 : 81n
De divinatione – I, 57, 131 : 100
De natura deorum – I, XXV, 69 – 70 : 183n

Clément d'Alexandrie
Stromateis – 2, 4, (Us. 255) : 33n

Collection Hippocratiques
De arte – II, 2 : 53n ; V, 16-20 : 43n ; XII, 1-3 : 54n
De uetere medicina – I, 3 : 52n ; III, 1 : 43n ; VII, 1-2 : 94n ; IX, 3 : 52n ; XII, 2 : 84n ; XX, 1-2 : 47n
Praeceptiones – I, 1-11 : 73
De officina medici – I, 1-14 : 76n
Prognosticum – Prog. I : 118n ; Prog. II : 118n
De aëre, aquis, locis – XIV, 1-2 : 192n
Epidemiorum liber VI – VI, 1 : 195n
De morbo sacro – I, 1 : 196n ; II, 2 : 197n ; VII, 1-2. : 197n

Damascius
In Platonis Phaedonem – 285, 7 : 36

Démocrite
DK 68 A 6 : 175n ; DK 68 A 66 : 174n ; DK 68 A 138 : 100, 115 ; DK 68 B 6-11 : 110n ; DK 68 B 118 : 174n ; DK 68 B 147 : 99n

Diodore de Sicile
Bibliothèque historique – I, VIII 1-9 : 83n

Diogène Laërce
VII, 52, 17 : 71n ; VII, 53, 1-27 : 71n
X, 1, 34 : 165n ; X, 2, 6-10 : 165n ; X, 22 : 35n ; X, 30 : 21n ; X, 31 : 23n ; X, 31, 3-5 : 21n ;X, 32 : 29, 69n ; X, 32, 8-12 : 22n ; X, 33 : 30n

DIOGÈNE D'ŒNOANDA
Fr 9 : 32n ; Fr 12 col I l. 13 à col II l. 11 : 79n ; Fr. 13, col. II, l. 1-8 : 131n ; Fr. 43 : 125

ÉPICURE
Epistula ad Herodotum – Her. 38 : 30n, 109n, 123n ; Her. 38, 1-4 : 168n ; Her. 40, 7, 41, 5 : 170n ; Her. 44, 3-6 : 177n ; Her. 45 : 68n ; Her. 49. : 31n ; Her. 49-50 : 23n ; Her. 51 : 31 ; Her. 56-58 : 88n ; Her. 69 : 23n ; Her. 72 : 30, 141, 153n ; Her. 72, 6-11 : 154n ; Her. 75 : 74, 79n, 85n ; Her. 83 : 69n
Epistula ad Pythoclem – Pyt. 85, 8-11 : 132n ; Pyt. 86, 1-8 : 132n ; Pyt. 88 : 194n ; Pyt. 89, 1–90, 5 : 179n ; Pyt. 91 1-7 : 133n ; Pyt. 97 : 172n
Epistula ad Menoeceum – Men. 122 : 10n ; Men. 128 : 10n ; Men. 129 : 148n ; Men. 133 : 159n
Ratae sententiae – XXII : 160n ; XXIV : 23n, 31n ; XXV : 123n
Gnomologium Vaticanum Epicureum – 40 : 180-181 ; 54 : 10n
De natura – XXVIII, Fr. 13 col. X sup., 5-9 : 146, 149n

GALIEN
Subfiguratio empirica – III, 47 : 60 ; V, 52 : 106n ; VI, 47, 11-18 : 120n ; VII, 48, 21-27 : 144n ; XI, 82, 10-20 : 58n ; XI, 82, 20-31 : 58n
De experientia medica – VII, [2] : 62, 63n ; XII, [1] : 127n ; XVII, [7] : 66n ; XXVI, [1] : 126n
Hippocratis de medici officina liber et Galeni in eum commentarius – I,I, [6] : 62n
Systématisation de la médecine – 290 : 119n ; 292 : 120n
De usu partium – VII, 8 : 124n
De Causis procatarcticis – VIII, 107-108 : 136n ; XIII, 170 : 137n ; XVI, 197 : 137n
De sectis ad eos qui introducuntur – V, 10 : 143n ; V, 11 : 144n
Methodo medendi – I, 2 = SVF II, 411 : 187n, 195n

LUCRÈCE
I, 58-61 : 171n ; I, 150 : 169n ; I, 462-463 : 154n
II, 112-124 : 91n ; II, 342-350 : 178n ; II, 377-380 : 178n
III, 136-140 : 164n ; III, 157-160 : 177n ; III, 177-178 : 163n ; III, 499-505 : 198n ; III, 830-842 : 101n
IV, 30-34 : 111n ; IV, 54-66 : 111n ; IV, 352-363 : 28n ; IV, 469-506 : 26n ; IV, 483 : 130 ; IV, 499 : 28n ; IV, 762-767 : 36n ; IV, 832-835 : 176n
V, 181-186 : 35n ; V, 907-959 : 178n ; V, 937-957 : 80n ; V, 1056-1061 : 85n
VI, 24-34 : 116n ; VI, 83-89 : 105n ; VI 271-322 : 114n ; VI, 1090-1105 : 194n ; VI, 1192-1195 : 119n

PHILODÈME
De signis (Pherc.1065) – IX, 29 : 156 ; XXIII, 9 – XXIV, 10 : 157n ; XXXV, 5-22 : 104n ; XXXVI, 9-17 : 109n

PLATON
Gorgias, 465a : 63n
Protagoras, 345 b : 69n

PLINE L'ANCIEN
Histoire naturelle – XVIII 273 = DK 68 A 17 Démocrite : 99

PLUTARQUE
Contradictions des stoïciens – 1041e-1042b : 20n
Notions communes contre les stoïciens – 1076a-c : 20n
Tuend. San. – 129 A = DK 68 B 147 Démocrite : 99n

PORPHYRE
Epistula ad Marcellam – 31 : 10n

SÉNÈQUE
Quaestiones naturales – I, 1, 4 : 115n ; II, 22, 1-2 : 113n ; II, 32, 2-4 : 114n

De prouidentia – 1, 3 : 114n

SEXTUS EMPIRICUS
Aduersus mathematicos – I, 57, 1-5 : 33n ; I, 61, 1-27 : 61n ; I, 65, 5-7 : 34n ; III, 5, 5 : 125n ; III, 40, 1-5 : 70n, 88n ; III, 43-44 : 87n ; VII, 24-25 : 97n ; VII, 140 : 38n ; VII, 203 : 38n ; VII, 211-216 : 24n ; VII, 241, 5 – 251, 9 : 18n ; VIII, 9 : 23n ; X, 18 : 165n
Pyrrhonianae institutiones – I, 14, [144] : 70n ; II, 3, [15] : 19n ; II, 3, [16] : 19n ; II, 3, [37-42] : 20n ; II, 10, [100-101] : 142n ; II, 22, [245] : 51n

TABLE DES MATIÈRES

ABRÉVIATIONS 7

INTRODUCTION 9

L'EXPÉRIENCE ET LA SENSATION : RACINES D'UN PROBLÈME 17

Qu'est-ce qu'un critère de vérité ? 17

Le *Canon* d'Épicure 21

LES LIEUX ANTIQUES DE L'EMPIRISME : LE CAS DE L'EMPIRISME MÉDICAL 41

La médecine comme art 41

L'héritage d'Aristote et la « révolution hérophiléenne » 48

L'empirisme médical et le problème de l'évidence 52

Technè, *tribè*, *empeiria* : les sens de l'expérience médicale et philosophique 60

LA GNOSÉOLOGIE, SUPPORT PHYSIQUE DE LA MÉTHODE EMPIRIQUE 67

La naissance des notions 68

Gnoséologie et anthropologie 78

La dérivation des notions : rapports respectifs dans les doxographies de la *metabasis* et de l'analogie 85

L'analogie épicurienne 90

DE L'ANALOGIE À L'ANTICIPATION : LA SÉMIOLOGIE EMPIRISTE 97

Enjeux théoriques de l'anticipation 98

L'inférence par signes : nature et usage de la *séméiosis* dans l'épicurisme 106

Sémiologie atomiste contre sémiologie stoïcienne : enjeux éthiques 112
La sémiologie médicale et le pronostic 116
Érasistrate et les « concepts théoriquement observables » 122

LES PARADOXES DE L'EMPIRISME ET LEUR RÉSOLUTION 129
Le paradoxe de l'immanence 129
Une première solution : les explications multiples 131
Le *telos* de la science : pétition de principe ou sauvetage de l'expérience ? 134
La solution de l'*epilogismos* 139

LA MÉTHODE EMPIRIQUE ET L'EXPLICATION CAUSALE 163
La question de la physique : « pourquoi » ou bien « à partir d'où » ? 163
La conceptualisation de la causalité naturelle 168
L'étiologie épicurienne entre anti-déterminisme et anti-finalisme 175
Les étiologies médicales mixtes : isonomie, causalité et concomitance 186

CONCLUSION 203

BIBLIOGRAPHIE 209

INDEX LOCORUM 223